郑州大学当代资本主义研究中心资助

郑州大学政治学丛书
Zhengzhou University Political Science Series

中国国家治理的传统智慧及当代变迁

何欣峰 / 著

中国社会科学出版社

图书在版编目（CIP）数据

中国国家治理的传统智慧及当代变迁／何欣峰著 . —北京：中国社会科学出版社，2019.12

（郑州大学政治学丛书）

ISBN 978-7-5203-5536-0

Ⅰ.①中⋯ Ⅱ.①何⋯ Ⅲ.①国家—行政管理—研究—中国 Ⅳ.①D630.1

中国版本图书馆 CIP 数据核字（2019）第 247650 号

出 版 人	赵剑英
责任编辑	赵 丽
责任校对	杨 林
责任印制	王 超

出　　版	中国社会科学出版社
社　　址	北京鼓楼西大街甲 158 号
邮　　编	100720
网　　址	http://www.csspw.cn
发 行 部	010-84083685
门 市 部	010-84029450
经　　销	新华书店及其他书店
印　　刷	北京明恒达印务有限公司
装　　订	廊坊市广阳区广增装订厂
版　　次	2019 年 12 月第 1 版
印　　次	2019 年 12 月第 1 次印刷
开　　本	710×1000　1/16
印　　张	21.25
字　　数	306 千字
定　　价	119.00 元

凡购买中国社会科学出版社图书，如有质量问题请与本社营销中心联系调换
电话：010-84083683
版权所有　侵权必究

总 序 一

2016年5月16日，习近平总书记在哲学社会科学工作座谈会上的重要讲话中呼吁包括政治学在内的哲学社会科学创新，这对充分体现新时代中国特色、中国风格、中国气派的政治学的发展，提出了新的更高的要求。

什么是政治学？在弄清什么是政治学之前，需要先弄清什么是政治。早在1940年，毛泽东在《新民主主义论》中就指出："一定的文化（当作观念形态的文化）是一定社会的政治和经济的反映，又给予伟大影响和作用于一定社会的政治和经济；而经济是基础，政治则是经济的集中的表现。这是我们对于文化和政治、经济的关系及政治和经济的关系的基本观点。那末，一定形态的政治和经济是首先决定那一定形态的文化的；然后，那一定形态的文化又才给予影响和作用于一定形态的政治和经济。"毛泽东这段著名论述告诉我们，一个大社会，是由经济、政治、文化三个部分组成。经济是基础，经济基础决定上层建筑，不仅决定政治的上层建筑，而且进而决定文化的上层建筑。但政治是经济的集中表现，在一定条件下，政治对经济、政治的上层建筑对经济基础又起着决定性的反作用。一定形态的政治又与一定形态的经济一道首先决定一定形态的文化。所以，一定的政治在一定的社会形态中，占有十分重要的不可替代的作用。

为了进一步弄清什么是政治学，让我们进一步从习近平总书记"5·17"讲话中寻找答案。习近平总书记指出："马克思主义理论体系和知识体系博大精深"，"涉及历史、经济、政治、文化、社会、生态、科技、军事、党建等各个方面";"中国特色哲学社会科学"应该"体现系统性、专业性。中国特色哲学社会科学应该涵盖历史、经济、政治、文化、社会、生态、军事、党建等各领域,囊括传统学科、新兴学科、前沿学科、交叉学科、冷门学科等诸多学科,不断推进学科体系、学术体系、话语体系建设和创新,努力构建一个全方位、全领域、全要素的哲学社会科学体系"。在列举的所有学科中,习近平总书记没有直接讲到法学,这决不是总书记的疏漏。法学本身不是一个领域,它仅是渗透到社会各个领域的一个工具,是阶级斗争的工具,是阶级意志的体现。法学也十分重要。但在总书记的讲话中,法学在哪,我个人理解,法学涵盖在政治学的之中。

无论从毛泽东的论述,还是习近平的论述,都说明我们不能把政治学的内涵理解得过于狭窄甚至偏颇。政治学的研究领域十分广阔,其研究对象应该是经济、政治和文化这三者组成中的"政治"即也可以称之为"大政治",应是与历史、经济、文化、社会、生态、军事、党建等各个领域相并列的政治领域,而不是仅仅限定于公共政策、公共管理、人事管理、社会调查与社会统计等方面的"小政治"。具体而言,政治学就是研究群众、阶级、领袖、政党、国家、政府、军队、法律以及统一战线、战略策略等方方面面发展变化着的活动及其联系并上升到规律和本质的学问。仅仅研究公共政策、公共管理、人事管理、社会调查与社会统计等方面的"小政治"学,既不能有效地为坚持和发展中国特色社会主义服务,也不利于中国特色、中国风格、中国气派政治学的创新发展。

政治学作为治国理政的学问,其研究应当顺应历史趋势、围绕时代主题、坚持问题导向、满足人民期待。新时代中国政治学的创新需要适应新形势新任务的要求,紧随时代步伐,站在历史高度,坚持正确的政治方向、理论方向和学术方向,从理论与实践的结合上总结和提升马克思主义中国化的经验,在与政治建设和政治发展的互动中繁荣发展中国特色、中国风格、中国气派的政治学。

中国政治学研究的根本任务是为坚持和发展中国特色社会主义政

总序一

治制度服务，把马克思主义的基本原理与当今世情、国情、党情相结合，不断解决坚持中国特色社会主义政治制度和依法治国中的重大理论问题和实践问题。在经济全球化、政治多极化、文化多样化、社会信息化的当今世界，在改革开放和中国特色社会主义现代化建设的关键时刻，政治学研究者应该进一步增强责任感和使命感，坚定马克思主义信仰、坚定正确的政治立场、坚持理论与实践相结合，把政治学放到世界和中国发展大历史中去创新，着力建构中国特色社会主义的政治学。

郑州大学政治学团队正是立足"大政治学"的研究视野，服务国家和区域经济社会发展，着力研究"互联网国际政治学""政治安全学""文化政治学"，并取得了阶段性的丰硕成果。其中，余丽教授经过多年潜心研究出版了一部开创性学术著作《互联网国际政治学》，并入选2016年度"国家哲学社会科学成果文库"，这在一定程度上填补了业界空白，对我国国际政治学科的建设和发展都具有较为重要的作用。在郑州大学政治学学科荣获河南省重点学科之际，郑州大学政治学学科团队出版"郑州大学政治学丛书"，助力推进郑州大学"双一流"建设。

李慎明
2019年7月于北京

总 序 二

政治学是研究社会政治关系及其发展规律的学问,改革开放四十年来,在党和政府领导下,在前辈学者开拓和建设的基础上,在政治学同人的共同努力下,政治学已经成为我国哲学社会科学领域的重要学科,成为我国治理现代化建设的支撑学科,培养了一大批治国理政和政治学学术人才。

在习近平新时代中国特色社会主义思想指引下,构建具有科学性、民族性、原创性、时代性和专业性的中国特色社会主义政治学学科体系,建设具有中国特色、世界水平的一流政治学学科,是新时代政治学学科发展和建设的目标之所在。

同时,我们清醒认识到,我国政治学学科发展和建设面临的任务相当艰巨,所涉及的内容和范围也十分广泛。从宏观来看,按照社会科学发展的基本规律,任何一门社会科学学科的发展,首先集中在学科基本理论的发展和突破、研究方法的更新和扩展、重要研究领域的选择和深化这三个方面。按照这一基本规定性,可以认为,我国政治学的学科发展,应该把着眼点放在基础理论的深化发展、研究视角和方法的拓展以及具有重大现实和实践价值的领域确定和研究方面。这就要求我们首先要基于时代的发展和政治实践的进步,深入研究政治学的基本理论问题,以期在政治学基本理论研究方面取得突破性进展,进而形成具有相对成熟和科学的政治学基本理论。其次,在马克思主义政治理论和方法指导下,围绕政治学基本理论问题,结合时代和实践,针对新时代中国特色社会主义现代化和改革开放事业发展提出的重大实践问题，展开深入研究，力求获得重大突破。最后，需要对中国特色社会主义政治实践形成的经验加以总结提炼，上升为政治学的理论形态。

政治学本质上是经世致用之学。政治学的生命力不仅在于其学术价值和理论价值，更在于其实际应用价值，这是政治学研究保持强大生命力的原动力。在这其中，尤为重要的是，我国政治学研究应该特别关注中国社会和政治发展的独特性。中国作为具有五千年文化传统的东方文明古国，作为中国共产党领导人民在半殖民地半封建社会基础上建设起来的社会主义国家，作为从传统计划经济转向社会主义市场经济的国家，它的社会、政治、经济、文化诸方面都具有自身的特殊属性，其发展和变革在人类社会文明发展史上亦具有独特之处，其在发展和变革过程中面临的许多问题，更是史无前例。这些独特之处，既是我国政治学学科发展和建设的巨大挑战，又为政治学科的发展和建设带来了独特机遇。

中国特色社会主义发展的新时代，为我国政治学人提供了前所未有的广阔舞台，也呼唤着政治学研究者的新探索、新理论、新创造和新贡献。作为习近平新时代中国特色社会主义事业发展的纲领性文件，党的十九大报告具有鲜明的政治特性，集中展现了中国共产党人新时代锐意开拓发展的中国立场、中国气派、中国风格和中国智慧，周详阐述了新时代中国特色社会主义政治建设和发展的目标任务、总体布局、战略布局、发展方向、方式动力和实际步骤，是新时代中国政治学发展前行的航标和指南针，确立了中国政治学研究的历史方位、根本依据、指导思想、人民属性、主要命题、总体目标、核心精髓以及重大使命。

在新时代的历史方位下，我国政治学人应该坚持辩证唯物主义和历史唯物主义，以人类社会历史发展为宏远视野，以习近平新时代中国特色社会主义思想为指导，根据中国社会主义经济政治社会的历史发展变化，深入研究共产党执政规律、社会主义社会政治建设规律和人类社会政治发展规律，紧紧把握"新时代治理什么样的国家和怎样治理这样的国家"这一重大时代和实践课题，从政治意义上分析和定性新时期、新阶段和新时代的各种矛盾，推进人民民主与国家治理的有机结合，为深入研究中国特色社会主义新时代的治理模式和深入探索中国特色社会主义政治发展道路贡献智慧和力量。

郑州大学政治学团队坚持本土化与国际化相结合，立足扎根中国的深厚土壤，以中国的实际问题为首要关切，着力研究"互联网国际政治学""政治安全学""文化政治学"，已经取得了阶段性成果。其中尤其值得一提的是，本学科带头人余丽教授的专著《互联网国际政治学》入选2016年度"国家哲学社会科学成果文库"，对学术前沿问题互联网国际政治学、网络空间政治安全管理进行了探索性、战略性、前瞻性的基础理论研究和应用研究，研究报告多次被中共中央和国务院相关部门采纳。

在郑州大学政治学学科荣获河南省重点学科之际，郑州大学政治学学科团队出版"郑州大学政治学丛书"，相信必将助力推进郑州大学的"双一流"建设，必将助力我国政治学科的发展和建设。为此，特联系我国政治学科发展的时代和实践使命，以序志贺，并且与全国政治学界同人共勉！

王浦劬
2019年8月于北京

前　言

　　数千年的中华文明孕育了深厚的治理思想，历代统治者的治理实践积淀了丰富的治理经验，形成了中国国家治理的传统智慧。新时代国家治理体系和治理能力现代化建设的过程中，我们依然可以从传统的国家治理智慧中汲取养分。本书分为上、下两篇，上篇为"中国国家治理的传统智慧"，下篇为"中国国家治理的当代变迁"。

　　上篇旨在探讨中国古代的治理思想和治理实践，以荒政理论和救荒实践为重点。君主专制是中国封建政治制度最基本的特征，《先秦儒家尊君以德和法家尊君以势之比较——先秦儒法尊君思想略论》阐述了先秦尊君思潮兴起的背景，分析了儒家、法家尊君的内容、特征以及合流的趋势。中国古代监察官制度完备而严密，对于维护封建统治起到了重要的作用。《中国古代监察官制度浅探》分析了中国古代监察官的地位、选拔标准、任用途径、管理方式等，以期对当前国家监察官制度建设有所启示。荒政建设及其实践是中国古代国家治理的重要内容。《董煟〈救荒活民书〉荒政思想研究》与《林希元〈荒政丛言〉荒政思想研究》阐述了宋、明两部著名的荒政著作的荒政思想和救荒之法。《明代河南灾荒及其治理研究综述》梳理了近百年有关河南灾荒及其治理的研究成果。《明代县域灾荒及其治理比较研究——以新乡、长垣、范县为例》，深入分析了明代不同地方尤其是相邻省份在灾荒治理方面的措施及其绩效的异同。此外，《北宋的奢靡之风及其治理》分析了北宋奢靡之风兴起的历程、原因及其治理措施和成效。

前 言

　　下篇旨在探讨变化环境中中国国家治理面临的新问题及其应对，重点关注地方政府、社会力量在社会治理中的地位和作用，以及新媒体对国家治理的影响。《中国地方政府制度创新研究》综合运用制度分析与利益分析相结合的方法，剖析了中国地方政府制度创新中存在的主要问题，并对如何完善中国地方政府的制度创新进行了探索。《社区社会组织有效参与基层社会治理的途径分析》分析了制约社区社会组织参与基层治理的因素，探讨了推进社区社会组织有效参与社区治理的路径。《政府向社会力量购买公共服务的现实困境及改进路径》分析了中国政府向社会力量购买公共服务过程中存在的问题，并从观念、机制、法律等层面尝试提出相应的措施和建议。《大数据时代的政府治理分析》认为大数据时代的到来，给政府治理带来了重大的变化，推动建立大数据战略、整合大数据资源、推动大数据的合理使用，是提升大数据环境下政府治理能力的有效途径。《微博时代中国突发事件应对机制研究》认为微博在突发事件中的作用正如一把双刃剑，既可以化危机于无形，又可能对危机推波助澜。微博时代的突发事件应对有必要构建系统的事前预防机制、事中处理机制和事后恢复机制。《新媒体环境下公众如何有效参与公共决策——以有效决策模型为分析视角》认为在新媒体环境下公民有效参与公共决策需要明确界定相关公众的两个标准、把握参与程度的两个要素、构建强有力的政府与公众的合作关系。此外，下篇其他论文还探讨了公共管理中的政府利益与公共利益、契约制在公共部门治理中的应用及限制等问题。

　　本书中的部分文章已经在学术期刊发表，其他则为笔者对中国国家治理传统智慧及当代变迁的最新思考。这些成果或有一孔之见，更多浅陋谬误，尚请读者朋友们批评、指正。

目 录

上篇 中国国家治理的传统智慧

先秦儒家尊君以德和法家尊君以势之比较
  ——先秦儒法尊君思想略论 …………………………………（3）
中国古代监察官制度浅探 …………………………………………（19）
北宋的奢靡之风及其治理 …………………………………………（34）
董煟《救荒活民书》荒政思想研究 ………………………………（54）
林希元《荒政丛言》救荒思想研究 ………………………………（64）
明代河南灾荒及其治理研究综述 …………………………………（73）
明代县域灾荒及其治理比较研究
  ——以新乡、长垣、范县为例 …………………………………（119）

下篇 中国国家治理的当代变迁

论公共管理中的公共利益与政府利益 ……………………………（151）
试析契约制在公共部门治理中的应用与限制 ……………………（158）
社区社会组织有效参与基层社会治理的途径分析 ………………（164）
政府向社会力量购买公共服务的现实困境及改进路径 …………（174）
"中国梦"背景下公众参与生态文明建设浅谈 ……………………（185）
中国地方政府制度创新研究 ………………………………………（192）
大数据时代的政府治理分析 ………………………………………（249）

目 录

浅析微博与政治 …………………………………………（260）
微博时代中国突发事件应对机制研究 ……………………（269）
浅析新媒体在公众参与公共决策中的作用 ………………（296）
新媒体环境下公众如何有效参与公共决策
　　——以有效决策模型为分析视角 ……………………（306）

参考文献 …………………………………………………（317）

后　记 ……………………………………………………（326）

上 篇

中国国家治理的传统智慧

先秦儒家尊君以德和法家尊君以势之比较*
——先秦儒法尊君思想略论

一 尊君思潮的兴起

在西周分封盛世，周王名为天下"共主"，独居崇高之位而行礼乐征伐之权。王权源于神授，君神合为一体，故周王在礼仪上备受尊崇。然而在王权行使过程中，却要受到诸多限制：一方面，周王与诸侯、世卿分权守位，内外相维，上下各有定界，诸侯、世卿自下而上给王权以直接限制；另一方面，民心之背向，天命之予夺，鬼神之赏罚，卜筮之吉凶，也对王权有一定的间接限制作用。故周天子与诸侯共治天下，专断而不独治，尚无独尊之势。

春秋时期，王道式微，诸侯强盛。天子依附于诸侯而勉强维持天下"共主"之虚名，实已沦为一般诸侯，屡受侵侮。郑人射肩于前，楚子问鼎于后。齐桓公虽然高举"尊王攘夷"的旗帜，外御戎狄，内合诸侯，救亡兴绝，实则"挟天子以令诸侯"，假王命以行礼乐征伐之权，本无尊王的诚意。此后，群龙无首，诸侯力征，互相兼并，大国诸侯明尊王暗图霸，天子不能禁止。于是，五霸代兴，此起彼伏，霸道取代王道，主宰着春秋的政局。

---

* 本文在写作过程中得到了郑州大学政治与公共管理学院常培军老师的指导，特致谢意。

在诸侯争霸的同时，其国内君臣之间的争权夺位也日趋激烈。先是世卿权臣侵君，继则家臣凌主，导致威权逐渐下移。诸侯外有强敌，内有强臣，顾此而失彼，君微而政乱。弱小的诸侯被吞并，大国诸侯因争霸而相互削弱，晋、齐被卿大夫瓜分或篡代。整个"春秋之中，弑君三十六，亡国五十二，诸侯奔走不得保其社稷者，不可胜数"。[①] 侥幸而存者，也不免君弱臣强。

进入战国时代，宗法分封崩毁，世卿灭亡殆尽。昔日分散独立的小邦，合并为方圆千里的大国，诸侯林立的状态，趋于局部的统一。国际上的攻守皆有赖于富国强兵而取决于实力的强弱，君臣之间的争斗依其权力的大小而决定胜负。为应世变致富强，为集权而行专制，新旧诸侯先后进行了变法运动。地方权力向中央集中，中央权力向君主集中，中央集权体制逐渐在区域内形成。战国七雄国富兵强，君权伸张，僭称王号，互争雄长。上无天子拘束，下无世卿牵制，君主权势独操，决事独断，独居崇高之位而行赏罚于万众。君主专制，名实并具。尊君为时势所趋，不仅是政治的需要，而且成为政治的目的。

在王道衰微之际，霸道初兴之时，统治集团内部的一些有识之士开始从自然与社会、历史与现实的纵横关系中分析世乱之由，并欲从中寻求拨乱反正的济世良方。君主因其独一无二的地位和作用，成为人们研究政治问题的重点。疑天思想的产生，破除了天的神秘性，也剥去了罩在君主身上的神圣外衣，使君主走下神坛，成为人们可以认识的对象。面对君弱臣强所造成的社会持续动乱，当时人们普遍意识到非尊君无以致太平，于是一股扶衰君抑强臣的尊君思潮悄然兴起。

尊君思潮促成了各国的变法运动，而变法又彻底改变了君弱臣强的政治格局，强化了人们的尊君观念。在"百家争鸣"局面形成后，游学四起，处士横议，士人思想解放，学术自由，人们通过对君主的

---

① 《史记·太史公自序》。

起源、君主的条件、君主的地位和作用,以及君臣关系、君民关系、先王与时君的关系等一系列问题广泛深入的讨论,提出了各种尊君主张:或尊先王,以古非今;或尊时君,厚今薄古;或尊君以德,明尊君暗限君;或尊君以势,阳重法而阴尊君。"王道""霸道""帝道""君道""先王之道""圣王之道"等概念的出现,就是各种尊君理论的具体概括,反映了先秦诸子对君主的认识和对未来社会的希望。这是他们理性思考的结晶,也反映了他们之间存在的分歧。

先秦诸子在尊君以德还是尊君以势问题上进行过激烈争论,前者以儒家为代表,后者为法家一贯之主张。儒家重道义,认为一个人受尊与否,不在其权力大小和地位高低,而应依其道德品质而定。故儒家尊君非尊其势位,而尊其德行,反对君主独尊,欲以道义来限制君权。法家既尊君又重法。一方面主张法律至上,要求君主立法自守。另一方面又认为君主受尊不在其个人道德,而在于法律所规定的权力和地位。法律必须人人遵守,君主也必须无条件服从,故法家尊君尊其势位。儒法尊君看似泾渭分明,形同水火,实则殊途同归。在秦始皇吞并六国后,乱世之争鸣趋于统一后的合流,儒法相争产生的合力,最终被秦始皇所利用,促成了"独制于天下而无所制"的绝对君主专制局面的形成。儒法等尊君理论也成为中国封建社会君主专制主义的重要内容。

二 儒家尊君以德理论的主要内容

(一) 尊君以德的理论依据

1. 为政在人,人存政举,人亡政息

儒家认为,国之治乱主要在人而不在制度。在孔子看来,"周礼"是三代最完备的制度,但是,行之数百年后仍不免君微政衰,究其原因是"为政之人"贪欲太多,失德乱政造成的。制度是由人来制定的,也须由人来贯彻执行。故鲁哀公问政,孔子对曰:"文武之政,布在方策。其人存,则其政举;其人亡,则其政息……故为政在人,取人以身，修身以道，修道以仁。"① 为政在人，强调执政者尤其是君主在政治活动中的主观能动性和决定作用，亦即"人治"。荀子上承孔子之教，而有"治生乎君子，乱生乎小人"之论。他在《君道》中指出："法不能独立，类不能自行，得其人则存，失其人则亡。法者，治之端也；君子者，治之原也。故有君子，则法虽省，足以遍矣；无君子，则法虽具，失先后之施，不能应事之变，足以乱矣。""故有良法而乱者，有之矣；有君子而乱者，自古及今，未尝闻也。传曰：'治生乎君子，乱生乎小人。'此之谓也。"②

儒家既然认为徒法不足以自行，君子足以为治，人的作用超过制度的规定，制度有赖于君子而存在。那么"人治"成败的关键则主要取决于"为政之人"的道德品质，理想的"人治"应是圣王独操权力，以治人行治法。

2. "修身以道，修道以仁"

在道德和权力关系上，儒家认为"为政之人"的个人道德品质远比其权力更重要，这是君主掌握和运用权力的前提条件。所以，他们向执政者提出了极高的道德标准，要求执政者修身养性。孔子提出"修身以道，修道以仁"，把"仁"视为"道"的核心，用仁来概括孝、悌、忠、义、勇、恭、宽、信、敏、惠等诸种美德善行。仁的主要内容是"爱人"，其方法是"忠恕"，即"己欲立而立人，己欲达而达人"和"己所不欲，勿施于人"。君子修身，须先培养其主观的仁心，然后按其能力推己及人地扩充其客观的仁行，始于在家之孝悌，终于博施济众，天下归仁。"身修而后家齐；家齐而后国治；国治而后天下平。"③ 即是对仁心向仁行延伸这一逻辑的最好注解。

儒家深信政治关系是一种道德感化关系，政治过程是一个由己及人的过程。孔子曾说："苟正其身矣，于从政乎何有？不能正其身，

---

① 《中庸·二十章》。
② 《荀子·王制》。
③ 《大学·经文》。

如正人何？"① 正己是正人的前提，君主只有通过修身提高自己的道德水平，而后才能正人。故而当季康子向他问政时，孔子对之曰："政者，正也。子帅以正，孰敢不正？"② 而且榜样的力量是无穷的，君主"其身正，不令而行；其身不正，虽令不从"。③ 修己以正人，足以感化他人，而收无为而治之效，故"一正君而国治矣"。

3. "为政以德"，"为国以礼"

儒家的道德，就个人修养而言，是私人道德情操；若付诸实践，则为社会伦理道德规范和政治的最高原则。所以，孔子提出"为政以德""为国以礼"的政治主张。

"为政以德"，以养民为第一要务，而使人民具有美善的品行为政治的最终目的，故儒家主张先富后教。在人民获得充裕的衣食之后，再对人民进行教化。以德礼为养教之具，辅以政刑助禁。如此，则政治与教化同功，君主与师傅同职。君主以身作则，以道诲人，尽量扩大教化之功效，缩小政刑之范围。儒家对道德的态度极为积极，对政刑的态度略显消极，而且有反对"法令滋彰"的倾向。这是因为他们认为教化之功优于政刑之禁。"道之以政，齐之以刑，民免而无耻；道之以德，齐之以礼，有耻且格。"④ 只要君主提倡礼义之教，实行德治，就能够使民心悦诚服。

孟子也认为仁心是仁政的前提，"有不忍人之心，斯有不忍人之政矣。以不忍人之心，行不忍人之政，治天下可运之掌上。"⑤ 君主只要以爱人之心，行仁者之政，就可以王天下，反之则失天下。

荀子继承和发展了孔子的礼治思想，认为礼是"人道之极"，是治国的纲纪。"礼者，政之挽也。为政不以礼，政不行矣。""礼之于正国家也，如权衡之于轻重也，如绳墨之于曲直也。故人无礼不生，

---

① 《论语·子路》。
② 《论语·颜渊》。
③ 《论语·子路》。
④ 《论语·为政》。
⑤ 《孟子·公孙丑上》。

事无礼不成，国无礼不宁。"① 礼以明贵贱，别上下，异君臣为要义，是判断是非善恶的标准，是为人处世和治国的纲纪。

孟子重仁，强调个人内心道德品质的修养，以仁心求仁政；荀子尚礼，强调外在道德规范的强制，以治人行治法。二人虽各有侧重，但是都把道义视为治国的最高原则，并把推行仁政、礼治的希望系于君主。

4. 君主在政治上具有决定性的作用

荀子曰："人主者，天下之利势也。"② "君者，国之隆也；父者，家之隆也。隆一而治，二而乱。"③ 故君不可二，势在独尊。"人君者，所以管分之枢要也。" "百姓之力，待之而后功；百姓之群，待之而后和；百姓之财，待之而后聚；百姓之势，待之而后安；百姓之寿，待之而后长。"④ 人民待君而后治，国家待君而后安，政治生活也有赖于君主来维持，故治乱系于一人，则尊荣殊于万众。

从君主的职责来看，君主身负养民、教民之任，是推行仁政、礼治的主导力量，故儒家寄希望于君主，尊君而卑臣。

但是，在君主专制情况下，君主独居高位，独执重势，一言兴邦，一言丧邦。圣君明主在位则治，昏君暴主在位则乱。君位凭血缘世袭，谁也不能保证君主必贤。所以，为了防止不肖之君凭其势位为乱天下，儒家一方面承认君主的势位，另一方面又要求君主修身，对君主提出了极高的道德要求，并以道德作为衡量君主的唯一标准。君主以德居位，因位而有权，合情合理。反之，君主居位而无德，丧失了为君的条件，则不值得受尊。群臣之中的圣贤，地位、权力虽不如君主，但他们的道德、知识、才能高于君主的大有人在。君主的权力可以世袭，道德、知识、才能不能世袭；君主的权力可以指挥一世，圣人之教却百代不衰。故儒家不仅尊君，而且尚贤。其尊君以德主

---

① 《荀子·大略》。
② 《荀子·王霸》。
③ 《荀子·致士》。
④ 《荀子·富国》。

张，陈义高尚，于不平之中暗寓平等。

（二）儒家尊君以德的主要内容

孔子之时，君弱政乱，世卿专权。他目睹了"三家分晋""田氏代齐"之乱，欲扶弱君抑强臣。所以一生致力于尊周王、敬主君，抑世卿之奢侈、禁权臣之篡窃。如私家强盛，则谋"堕三都"；齐简公被弑，则请讨陈桓；季氏舞"八佾"，则斥为"不可忍"。实已暗启尊君之说。孟子之世，君威已张，法家的慎到、商鞅、申不害顺应潮流提出尊君重法的主张，尊君以势而不论其德行，贵君而贱民。孟子坚持尊君以德，并进而提出民贵君轻，以抗潮流，欲限制君权。荀子兼容儒法，尊君不仅以德，而且以势，与法家略同，但仍不失儒家主旨。反映了儒法尊君主张已趋合流之势。

儒家尊君，因其个人道德而定，所以，他们尊君并非尊所有的君主，而是有条件和选择的，其尊君的内容主要有三个方面：

1. 尊先王，贬时君

儒家自孔子开始就"祖述尧舜，宪章文武"，他屡言尧、舜、禹、汤之德，而欲法文、武之政，打着先王的旗号抨击时弊。孔子虽然对先王尊崇备至，但又认为先王还未达到"圣人"之境。圣人以博施济众为本职，"尧舜其犹病诸"①。

孟子泛言先王，他对先王的赞扬不像孔子以历史文献为依据，而是有较多主观虚拟的成分。集诸美于尧舜，归诸恶于桀纣。其先王之道已超出历史学的范围，而是一种借助先王来表达自己理想的政治理论。

在对圣人的认识上，孟子修正了孔子的圣人标准。提出"圣人，人伦之至也"②"圣人与我同类""圣人与民亦同类"和"人皆可以为尧舜"等观点。孟子认为，圣人是基于道德理想的完善，是出类拔

---

① 《论语·雍也》。
② 《孟子·离娄上》。

萃之人。每个人天生都具有成为圣人的条件，只要修身反省，向圣人学习，都可以成为圣人。孟子虽降低了圣人的标准，但从人类自身找到了圣化先王的依据，把孔子的圣人不可企及的理想人格变成了现实，突出了仁义的地位。依照他的标准，尧舜是圣人，伯夷、伊尹、柳下惠、孔子也是圣人。甚至孔子的门徒也或"得圣之一体"，或"具体而微"。经过孟子对先王的圣化，形成了自尧、舜、禹、汤、文、武到孔子的道统。孔子的地位显著提高。其弟子甚至认为"贤于尧、舜远矣"，"自生民以来，未有盛于孔子也"[①]。暗示只有圣人才有资格为君，只有圣人才值得尊敬，圣人是高于王的。

荀子也对先王进行了圣化。《荀子·性恶》曰："圣人者，人之所积而致也。"只要积善德行礼义，"涂之人可以为禹"。但荀子以圣王合一为理想，把圣王看得高于圣人。人皆可以成圣人，但圣人未必都能成为圣王，圣人有德无势，圣王德位兼有。王可以向圣转化，圣只有得势才成为王。孔子是圣人不得势者，故荀子把孔子的地位从"贤于尧、舜远矣"，降至"德与周公并，名与三王齐"。反映了他尊君重势的倾向。

儒家尊先王和对先王的圣化，形成了理论化的"先王之道"。《孟子·告子下》曰："尧舜之道，孝弟而已矣。"荀子认为先王之道就是礼义之道。儒家的先王之道是基于现实政治需要创造出来的，又是为现实服务和超越现实的。尊先王目的是要求时君"法先王"，并借助先王来品分和批评时君。孔子讥"今之从政者"，为"斗筲之人"。孟子指责不能尽养民之责的君主"率兽而食人"，"上慢下残"；斥善战者"罪不容于死"，"当服上刑"。荀子痛斥当世之君都是"乱其教，繁其刑"的祸首。儒家以先王为武器来解剖现实的君主，不仅是借古讽今，更重要的是以理想化的先王之道来约束现实的君主，要求他们"法先王，顺礼义"。

2. 尊王而黜霸

春秋时，王、霸是两个不同的政治概念，王是指天下统一的君

[①] 《孟子·公孙丑上》。

主——周天子,霸是指诸侯假扮王的角色。孔子说:"天下有道,则礼乐征伐自天子出;天下无道,则礼乐征伐自诸侯出。"① 就治效而言,王道悠久,霸政则十世难以为继。故孔子倾向于尊王从周。当此之时,周王虽名微政乱,但尚无溃灭之兆,且方策犹存,文武之道未坠,周礼灿然足征,孔子仍心存复周的希望。至于霸政,孔子认为在王道衰微之后,霸政"尊王攘夷",于天下无道乱世中维持秩序,虽不若王,但也不失为王道的补充。故孔子多次称赞管仲:"桓公九合诸侯,不以兵车,管仲之力也。如其仁,如其仁。""管仲相桓公,霸诸侯,一匡天下,民到于今受其赐。微管仲,吾其被发左衽矣!"②

此后,孟子将王霸对立起来,并把王霸视为两种不同的政治路线。他以仁义为标准对王霸进行了区分:"以力假仁者霸","以德行仁者王"。王道的特点是"以德服人",霸政是"以力服人"。孟子认为霸政是对王道的破坏,行霸政只能使社会越来越乱,所以,他指责五霸是三王之罪人,声称:"仲尼之徒无道桓、文之事者。"③

荀子则从内外政策上对王霸进行了区分:"义立而王,信立而霸"④;"隆礼尊贤而王,重法爱民而霸"⑤;"王夺之人,霸夺之与"⑥。只要争取民心就可以称王,如果与诸侯保持友好关系,可以称霸。王霸相较,荀子认为王道优于霸道。

战国中后期,周王行将灭亡,周礼泯灭而废,天下统一已是大势所趋。七雄称王,皆欲吞并天下,挟天子已无所用,令诸侯也势所不能。故孟、荀放弃孔子"从周"主张,而寄希望于时君行王道,一天下。孟子传食诸侯,以"王道"教时君,数言汤武革命于齐宣王、梁惠王之前,反复申明"百里而王",仁者无敌。甚至积弱如宋,地小如滕,孟子也以王道相勉。荀子也劝时君效法汤武,认为百里之

---

① 《论语·季氏》。
② 《论语·宪问》。
③ 《孟子·梁惠王上》。
④ 《荀子·王霸》。
⑤ 《荀子·大略》。
⑥ 《荀子·王制》。

地，可以取天下。在他们看来，霸政不足取而难，王道近似理想反易。"以力假仁者霸，霸必有大国。以德行仁者王，王不待大。"可见孟荀尊王斥霸，非限制时君囊括宇内之雄心，而是欲教人以避难就易之方法，促成天下早日统一。故孟荀所尊者不是将要覆灭的周王，而是未来的新王；所欲促成者非专制天下的统一，而是封建天下的统一。

3. 以道事君，从道不从君

儒家尊君在于行道，即通过君主来实现其"王道"理想，故尊君不是政治之目的，而是达到目的之手段。君子入仕从政也非为爵禄，而在于实现其政治理想。孔子曰："君子谋道不谋食"，"君子忧道不忧贫"。① 儒家主张积极入仕，但入仕是有条件的：第一，天下有道与否，"天下有道则见，无道则隐"。② 第二，君主用舍，"用之则行，舍之则藏"。③ 第三，君礼与不礼，"君待臣以礼，臣事君以忠"。孟子对陈子问仕说："所就三，所去三。"④ 大致也以行道及有礼为入仕条件。

儒家强调修身入仕，非为利禄，而是以道为己任，以天下为己任。孟子说："居天下之广居，立天下之正位，行天下之大道。得志，与民由之；不得志，独行其道。富贵不能淫，贫贱不能移，威武不能屈，此之谓大丈夫。"⑤ 事君应以"道"为基础。孔子提出："以道事君，不可则止"，"事君，敬其事而后食"。⑥ 为了道义"杀身以成仁"，也不可"求生以害仁"。孟子也认为道义比生命更重要，主张"舍生取义"。儒家反对君命无二和以顺为上，要求持道之臣在君主出现违失时勇于进谏，"格君心之非"。君主听则进，不听则退。若君与道发生矛盾，则"从道不从君"。当君主的行为危害到国家和民

---

① 《论语·卫灵公》。
② 《论语·泰伯》。
③ 《论语·述而》。
④ 《孟子·告子下》。
⑤ 《孟子·滕文公下》。
⑥ 《论语·卫灵公》。

先秦儒家尊君以德和法家尊君以势之比较

众的利益时,臣下屡谏不听,则"抗君之命,窃君之重,反君之事,以安国之危",或变易其君。如果君主丧失了为君的条件,如桀纣那般,臣下甚至可以采取"放""逐""伐""诛"的办法。《荀子·臣道》曰:"夺然后义,杀然后仁,上下易位然后贞,功参天地,泽被生民,夫是之谓权险之平,汤、武是也。"荀子不是鼓动臣下造反,而是为圣贤革命提供了理论依据。

以道事君,从道不从君,还使得君臣关系处于对等地位。君礼而臣忠,"道不同不相与谋"。孔子去鲁适卫,择主而事,待价而沽,不独忠于己君。孟子则说:"君之视臣如手足,则臣视君如腹心;君之视臣如犬马,则臣视君如国人;君之视臣如土芥,则臣视君如寇仇。"① 君臣之间是一种相互回报关系,而非绝对服从关系。臣下有其人格尊严和独立性,不是君主的私属和奴仆。臣之于君,视其相待之厚薄而定其回报之多少,恩怨分明,进退自如。臣有权选择君主,也有权选择自己的生活方式。"穷则独善其身,达则兼善天下。"② 故孟子立"不召之臣"之理想,欲以道德抗衡君权。荀子也把道义看得比富贵、权力更重要,更神圣,认为"道义重则轻王公",为臣应讲"德操"。宁为道义忍受穷困,也不可以向权势折腰。

儒家把道义置于君权之上,体现了道义面前人人平等的精神。混道德与政治为一谈,则责君以礼,责臣以忠,君无绝对的权利,而臣有匡正君失之义务。既限制臣下僭越而尊君,又反对君主专制而重臣,君臣各有所贵。君主不讲道德,臣下也将蔑视君主的权力。这种重道德而轻权力的思想倾向,反映了儒家对道德与权力关系的理性思考和价值取向。

但是,随着大一统局面的形成,君主独尊,权势独操,决事独断。人们对君主别无选择,个人言行皆以君主的意志为转移,不复具有独立的道德生活,穷不能独善其身,达不能兼济天下。在专制主义

---

① 《孟子·离娄下》。
② 《孟子·尽心上》。

的高压下,"从道不从君"为君主所不容,儒家也陷入道义与权势两难选择的尴尬境地。在理论上,儒家思想的内在矛盾也显露出来,若不承认君主的势位,而尊其德行,尊君本身毫无意义;若承认君权,又计较其品行的好坏而决定依违,君令将失去权威。极而言之,则现实社会生活中将只有道德之说教,而无政刑之制裁。而且,君位以道德为基础,君令又无强制性,则臣民势必不服从君主号令,甚至以君德有亏为借口叛君篡窃。故儒家之尊君富于理想而不切实际,因此遭到法家的猛烈攻击。

三 法家尊君以势与儒家的对立和合流

(一) 法家对君主条件和作用的认识

法家从实际政治出发,认为政治关系是利害关系、权力制约关系。政治上谁服从谁,不在于道德、知识、才能,而是由地位高低、权力大小决定的。韩非曰:"贤人而诎于不肖者,则权轻位卑也;不肖而能服于贤者,则权重位尊也。尧为匹夫,不能治三人;而桀为天子,能乱天下。"[①] 故君主之所以为君,不在其德行好坏,而在其势位。《管子·法法》曰:"凡人君所以为君者,势也。"《管子·君臣下》也说:"君之所以为君者,赏罚以为君。"势是君主的"胜众之资",其主要内容是政令和赏罚。故"凡明主之治国也,任其势"[②]。

权力是为君的必要条件,权力来自法律的规定。君主凭借法律所规定的地位和权力号令臣民,根据法律而行赏罚,掌握着臣民的生、死、富、贫、贵、贱。臣民承认君主的地位,而服从其权力。如果君主失势,就会失位,失位就不成其为君了。威势握于臣下之手,则君主就要受制于臣。所以,法家尊君不重其德而尊其势,君主个人道德与其受尊与否并无直接关系。

---

① 《韩非子·难势》。
② 《韩非子·难三》。

在权力结构上,法家主张一元化的君主独裁专制。他们认为君权是不可分割的,君主最忌有"两","两则争,杂则相伤。"① 韩非也说:"一家二贵,事乃无功。夫妻执政,子无适从。"② 所以,他劝君主独断,认为能"独断"者才可以为天下王。只有独揽大权,才能"独贵""独尊"。

与儒家一样,法家也认为君主在政治上具有决定性作用。《管子·明法解》曰:"主者,人之所仰而生也。"国家也待君而安,"君尊则国安","安国在于尊君"。儒家尊君的目的是养民、教民,法家尊君是迫使臣民仰生于上,以实现君主利益最大化为目的。

(二) 法家尊君与儒家的分歧

儒法都认为"势者,便治而利乱者也"③。贤者用之则治,不肖者用之则乱。所以,儒家以圣贤任势为理想,不仅尊君,而且尚贤。他们认为释贤而专任势不足为治,还会造成桀纣势乱天下的局面。韩非则认为,势治以中材之主为先决条件,既不防治下材的为乱,也不必待上材而后治。尧、舜、桀、纣皆千世一出,世上之君多是中等之材,"抱法处势则治,背法去势则乱。"④ 中等之君只要手握重势,据法出令,就可以指挥圣人贤士。使群臣"效其知能,进其长技",弥补自身的不足。可以化天下之聪明为己之聪明,化天下之力为己之力。

即使桀纣这样的下材势乱天下,韩非仍坚持尊君之旨,要求臣民效忠暴君而反对儒家"一夫可诛"之说。他指责汤武"反君臣之义,乱后世之教",是天下不治的根本原因。以"臣事君,子事父,妻事夫"为天下常道,君父享绝对之权利,臣子尽无限之义务。臣子不仅不可侵夺君父,即使间接的评论也不容许。《管子·法法》曰:"凡人君之德行威严,非独能尽贤于人也。曰人君也,故从而贵之,不敢

---

① 《慎子·威立》。
② 《韩非子·扬权》。
③ 《韩非子·难势》。
④ 《韩非子·难势》。

论其德行之高下。"韩非子在《忠孝》篇也说:"所谓忠臣,不危其君;孝子,不非其亲。""为人子而常誉他人之亲","为人臣常誉先王之德厚而愿之",是诽谤其君父。"故人臣毋称尧舜之贤,毋誉汤武之伐,毋言烈士之高,尽力守法,专心于事主者为忠臣。"

法家尊君以势,道德被摒弃于政治领域之外,尊君成为政治的最后目的。韩非认为,个人道德非政治所必需,而且与政治互不相容。"君之直臣,父之暴子也";"父之孝子,君之背臣也。"① 私人道德不仅与君国无益,而且正与君国之利相反。世人所称赞的"不弃""仁人""君子""有行""有侠""高傲""刚材""得民","此八者,匹夫之私誉,人主之大败也。反此八者,匹夫之私毁,人主之公利也。"② 韩非毁私誉而倡公利,严厉批判无益于君国的德行美誉,要求将其彻底清除,以维护君主的权威。

法家否定道德在政治中的作用,则道德对君主没有丝毫限制。若君主治国专任势而无约束,必然滥用权力,为乱天下。法家诸子深知君主专制之弊,故他们在尊君的同时还尚法,试图用法来限制君权。"法者,天下之至道也"③,是"天下之程式也,万事之仪表也。"④ 法是治国的唯一标准,是处理各种事务的依据,其基本精神是"公",即公开、公正、公平。立法虽由君主,但君主不等于法。法一旦制定出来,君主也必须遵守。在法和君的关系上,法家认为法代表"公",君主属于"私",立法贵公,行法在于去私,公高于私,法高于君。治国必须实行法治,严格依法办事。君权应建立在法的基础之上,君主在行使权力时,也不能突破法的规定。故法家要求君主立法自守,只有"君臣、上下、贵贱,皆从法",才能达到大治。

在理论上,法高于君。在实际政治上,权又大于法。法家主张法治,寄希望于君主能立法自守。在君主专制形成后,君主是不允许任

---

① 《韩非子·五蠹》。
② 《韩非子·八说》。
③ 《管子·任法》。
④ 《管子·明法解》。

何限制加诸其上的，君主守法与否，完全取决于他对法的认识。法家这种阳重法阴尊君的理论，貌似法治，实则专制。愈重法则君愈尊，君愈尊则法愈弱。法本身没有限制君权的力量，而君主可以通过立法权随意变更法，并最终凌驾于法之上，法反而成为君主专制的工具。及秦并天下，按照法家理论建立起来的高度中央集权的君主专制体制，表面是"一断于法"，实则一断于君。皇帝"独制天下而无所制"由理论变成现实。秦始皇不仅集大权于一身，而且集诸美于一人，成为现实生活中的"新圣"。儒家尊君以德转而尊君以势，法家也放弃"令重于君"的主张，双方由争胜趋于合流。

四 尊君思潮的影响

春秋战国时期兴起的尊君思潮，是当时社会变革的产物，反映了先秦诸子对社会政治问题的基本认识。在天下大乱、群龙无首的复杂形势下，人们普遍认为"乱莫大于无君"。如欲平息混乱，唯有尊君抑臣。于是各种尊君理论泛滥，汇集成强大的社会思潮洪流，其直接后果是促成了秦汉绝对君主专制制度的形成，并对中国文化思想产生了深远的影响。

第一，完成了由神化君主到圣化君主的过渡。春秋以前，君权神授，神依"德"求"民主"。神权对君权有一定限制作用，君权又借助神权而被神化。春秋以后，君神分离，人们开始了对君主的理性认识，"圣"突出出来，君主逐渐被圣化。圣王一体成为政治理想，树立起了君权的理想性和合法性，从此以后，圣者为王成为社会共识，"圣"也成为君主的代名词。

第二，对尊君必要性的认识，论证了君主专制的合理性。儒法皆认为民待君而治，国待君而安，非尊君无以致太平，非抑臣无以尊君。在臣下过度削弱，丧失独立性而完全依附君主后，就再也没有任何政治力量对君主进行直接的限制。君权来源于法又高于法，道德、法律对君权的限制仅限于理论方面，而实际上君权已凌驾于道德和法律之上。道德和法律对君主没有任何限制，反而成为君主用来巩固权力、统治国家的工具。故专制成为尊君的最后归宿，君主成为最高的权威。在君权至上观念确立之后，圣君明主成为人们唯一的精神寄托，对君主的敬畏和企盼圣君明主拯救世道成为普遍的社会心理。人们的注意力集中到君主个人的道德品质、知识、才能方面，忽视了对专制制度弊端的反思和批判。秦短命而亡，朝代更迭，君位易人，专制主义弊端丛生。人们大多以秦用法严酷而亡，是法治的失败，实际秦政是专制而非法治，其速亡是专制的失败，而非法治的失败。

第三，在君主专制下，君主的意志通过法令体现出来，一切不利于君主的言行均被禁止。春秋战国时百家争鸣的局面，随着秦朝的统一而终止，君主在文化思想上"别黑白而定一尊"。无论是秦皇的禁绝百家，还是汉武的独尊儒术，皆欲把臣民的思想纳入礼法的轨道，使臣民服从礼法与忠君统一起来。禁心、禁言、禁事，使人们的言行和思想受到极大限制，在政治理论上很难再有创新和突破。人们的言行也依君主的意志而转移，任何侵犯君主利益的人和事，都要受到礼法的无情惩罚。

迫于君主的威势，臣下事君也被迫采取更加灵活多变的态度和阳奉阴违的办法。像荀子这样受人尊敬的君子也教人自保之方。"事圣君者，有听从，无谏争；事中君者，有谏争，无谄谀；事暴君者，有补削，无挢拂。迫胁于乱时，穷居于暴国，而无所避之，则崇其美，扬其善，违其恶，隐其败，言其所长，不称其所短，以为成俗。"① 君以术驭臣，臣也以术欺君。从道与从君，无可无不可，皆以各自的利害而定。尊君以德变为欺君以德，尊君以势变为崇拜权力，追逐权力，这是君主专制的必然结果。

---

① 《荀子·臣道》。

中国古代监察官制度浅探

在中国古代国家治理体系中，完备而严密的监察制度对于澄清吏治、巩固国家统治起到了积极的作用，历来为人称道。新时代推进国家治理体系和治理能力现代化进程中，党和国家也把完善国家监察制度置于极为重要的位置。继在全国各级政府成立监察委员会之后，又出台了《中华人民共和国监察法》，明确指出国家实行监察官制度，依法确定监察官的等级设置、任免、考评和晋升等制度。《中华人民共和国监察官法》的制定已刻不容缓。依据监察法的基本规定，植根中国历史文化传统，立足国情，建设具有中国特色的监察官制度体系，是深化国家监察体制改革的重要组织制度创新，有利于推进国家治理体系和治理能力现代化。鉴于此，本文不揣浅陋，拟对中国历史上监察官的选拔标准、选任方式以及管理办法进行梳理和归纳，以期对当代中国监察官制度的建设有所启示。

中国古代监察体系分为两大部分，一是御史监察系统，二是谏官言谏系统。御史和谏官均为监察官。御史又称为台官、宪官或察官，是皇帝的耳目，职在纠察官邪，肃正朝纲，主要运用弹劾的方式进行监察。谏官又称言官或垣官，职在风议左右，以匡人君，主要运用谏诤封驳的方式进行监察。然而，与御史监察职权不断扩大的趋势相异，谏官系统自宋代开始日益萎缩，经元代取消谏院、明代设六科给事中，其职权已基本与御史雷同，直至清代科道合一，谏官随着皇权的极端强化终至销声匿迹。因此，本文并未将御史与谏官进行严格区分，统称为监察官。此外，丞相司直、司隶校尉等历史上出现过的监察官，或是变更不定，或是历时不久，亦不做重点讨论。

一 监察官的地位和特征

（一）机构设置上的独立性

秦及西汉时期，监察制度初步确立，监察权还未完全独立，在很大程度上受到丞相或少府的节制。东汉御史中丞制的确立，使御史台逐渐脱离相权，成为皇权直接控制的监察机构，监察权进一步获得独立。魏晋以来，御史台脱离了少府的管辖，获得了完全独立的地位。魏晋至隋唐的言谏组织虽隶属门下省或中书省，但均独立存在，直接对皇帝负责。南朝的集书省、宋朝的谏院均完全独立。到了宋代，不仅中央御史台直属皇帝，地方监司和通判也直隶皇权。[①] 不仅台官由皇帝任命，就连一般御史也由皇帝亲自选用，而不许宰执推荐台谏官。在地方，如西汉的刺史、宋代的监司、元代的行御史台、明代的督抚以及清代的十五道巡按御史等，均直属中央，独立建置。监察官的独立性，使其监察权的行使较少受到其他机构，尤其是行政机构的干预，保证了监察的公正性和权威性。

（二）权力行使上的自主性

自主性，指监察官行使监察权时不受其他机构、人员的约束，可以自主地开展工作。在秦汉，御史虽然已经位高权重，但是一般不能纠察三公，这在一定程度上影响了监察官监察权行使的自主性。到了两晋南北朝时期，御史中丞才开始拥有"震肃百僚"的权威。自皇太子以下包括尚书无所不劾，而且对于藩王、侯爵、皇族有过失也同样进行检举，连皇帝也不能阻碍。御史行使监察权不受其他机构、人员约束，甚至其长官也不能干涉。唐初定制，御史劾奏不受任何机构

[①] 邱永明：《中国古代监察制度史》，上海人民出版社2006年版，"绪论"第4页。

限制。自后历代御史劾奏即成为定制,御史只对皇帝一人负责,在皇帝的指挥下,御史拥有自主的监察权。《唐会要》记载:太宗时,唐临为殿中侍御史,看到江夏王李道宗与御史大夫韦挺离班私语,马上趋前说"王乱班"。李道宗不服气地说:"共大夫语,何至于是。"唐临说:"大夫亦乱班。"韦挺失色而退。① 可见,不论王公贵戚,还是顶头上司,御史一概可以纠举。据《新唐书·萧至忠传》记载,中宗时,御史大夫李承嘉曾责备属下说:"弹事有不咨大夫,可乎?"萧至忠说:"故事,台无长官。御史,天子耳目也,其所请奏当专达,若大夫许而后论,即劾大夫者,又谁白哉?"御史行使监察权不受其他机构干预,也不需经过台官核准,可以保证监察权行使的及时性和公正性。

(三)地位上的尊崇性

为了保证监察机构的权威,给予台官崇高的地位成为历代君主的共同选择。《汉书》载:"御史大夫,秦官,位上卿,银印青绶,掌副丞相。"② 到了东汉,御史中丞成为"三独坐"之一,朝会时与司隶校尉、尚书令一样独坐。据《后汉书》载,宣秉于"建武元年,拜御史中丞。光武特诏御史中丞与司隶校尉、尚书令会同并专席而坐,故京师号曰'三独坐'"③。地位尊崇,可见一斑。至西晋,打破了御史中丞"不纠三公"的惯例。《通典》载:"晋亦因汉,以中丞为台主,与司隶分督百僚,自皇太子以下无所不纠,初不得纠尚书,后亦纠之。"④ 而且,还废去了汉代御史中丞路遇尚书丞郎要行止车版揖之礼。《宋书·百官下》载:"汉东京御史中丞遇尚书丞郎,则中丞止车执版揖,而丞郎坐车举手礼之而已。不知此制何时省。"北魏改御史中丞为御史中尉,其出入不仅专道,而且还加上一个棒打。"后魏为御史中尉督司百僚,其出入千步清道,与皇太子分路,王公

---

① 《唐会要》卷六十二《御史台下·知班》。
② 《汉书》卷十九上《百官公卿表上》。
③ 《后汉书》卷二十七《宣秉传》。
④ 《通典·职官六》。

百辟咸使逊避，其余百僚下马驰车止路旁，其违缓者以棒棒之。"①御史中丞威仪之盛，达到空前。北齐以皇子为御史中丞，其位之重可想而知。唐高宗永淳初，韦思谦任尚书左丞、御史大夫，在宪司"每见王公，未尝行拜礼"②。御史大夫连见王公也不行礼，可见其地位之特殊。御史分察地方时，"州县祗迎相望，道路牧宰祗候，僮仆不若。"③

二 监察官的选拔标准

中国历代统治者都非常重视监察官的选任。邱永明认为历代御史选用标准主要有三条：一是必须有刚正不阿的品质；二是必须有丰富的为官经验和优异治绩，特别是地方官工作的经验；三是必须有较高的文化素质。④ 下面试从政治素质、个人品质、学识素养、实践经验等方面，梳理历代监察官的选拔标准。

（一）忠君爱国的政治素质

作为皇帝的耳目，监察官忠于皇帝是首要的条件。周苛、周昌兄弟在沛上起义时即追随刘邦，刘邦自立汉王后，即任命周苛为御史大夫，楚汉战争时被俘，不屈殉节，汉王即命周昌继任。西汉初年，陈豨反叛时，任敖一直忠于汉高祖刘邦，后任为御史大夫。武德初年，杨纂因为支持李渊起兵，到长春宫拜见李渊而授侍御史。裴矩因为窦建德失败后投靠李渊，而被提拔为殿中侍御史。唐德宗时，朱泚为乱，皇帝出走咸阳，御史大夫中丞刘从一等一直追随，极为忠心。除了忠于君主，监察官还应忠于国家，忠于朝廷，公而忘私。北齐时，崔暹为御史中尉，严惩权豪，高欢盛言称赞："中尉尽心为国，不避

---

① 《通典·职官六》。
② 《旧唐书》卷八十八《韦思谦传》。
③ 《唐会要》卷六十二《御史台下》。
④ 邱永明：《中国古代监察制度史》，上海人民出版社2006年版，"绪论"第7—8页。

豪强，遂使远迩肃清，群公奉法，冲锋陷阵，大有其人。当官正色，今始见之。"① 北宋熙宁年间，神宗即命御史台"举忠纯体国之人补御史"。明太祖也指出："激浊扬清台察之司，朝廷之要治也"，"必国而忘家，忠而忘身之士方可任之。"②

（二）清廉刚直的个人品质

清正廉明、不畏强权的个性品质，也是历代选拔监察官所极为看重的。《汉书·酷吏传》所列举的十三人中，其中有七人曾做过监察官。西汉初的周昌"为人强力，敢直言，自萧、曹等皆卑下之"③。申屠嘉则"为人廉直，门不受私谒"④。据《史记·田叔列传》，田仁为丞相长史，武帝称赞他能不畏强御，拜为丞相司直，威震天下。《汉书·何武传》载，其由谏议大夫迁扬州刺史，"所举奏二千石长吏，必先露章，服罪者为亏除，免之而已；不服，极法奏之，抵罪或至死。"西晋周处"迁御史中丞，凡所纠劾，不避宠戚"⑤。萧梁时，到洽任御史中丞，"弹纠无所顾望，号为劲直，当时肃清。"⑥ 据《隋书·骨仪传》，骨仪"性刚鲠，有不可夺之志。开皇初，为侍御史"。柳彧任治书侍御史，"当朝正色，甚为百僚之敬惮。"⑦ 唐高祖时，以万年县法曹孙伏伽"诚直"，"指陈得失，无所回避"，升为侍御史。明洪武元年诏："御史台监察御史、提刑按察司，耳目之寄，肃清百司，今后慎选贤良方正之人。"⑧

（三）博学明法的学识素养

监察官要密举非法，又要依法纠劾，通晓法律也是一个重要条

---

① 《北齐书》卷三十《崔暹传》。
② （明）孙承泽：《春明梦余录》卷二十五《六科》，四库全书文渊阁本。
③ 《汉书》卷四十二《周昌传》。
④ 《汉书》卷四十二《申屠嘉传》。
⑤ 《晋书》卷五十八《周处传》。
⑥ 《梁书》卷二十七《到洽传》。
⑦ 《隋书》卷六十二《柳彧传》。
⑧ 《大明会典》卷二百九《都察院一》。

件。《汉书·郑崇传》称郑崇的父亲因为明律令，被选为御史。《汉书·酷吏传》载，严延年"其父为丞相掾，延年少学法律丞相府，归为郡吏。以选除补御史掾，举侍御史"。于定国"少学法于父，父死，后定国亦为狱吏，郡决曹，补廷尉史，以选与御史中丞从事治反者狱，以材高举侍御史，迁御史中丞"①。

除了谙熟法律，其他方面的才干也很重要。唐肃宗以吕湮勤于学业，颇有才干，"超拜御史中丞"。张弘靖"献赋美二京之制，德宗嘉其文，擢授监察御史"②。宋朝选台谏官更加注重文化修养。大中祥符四年（1011年）八月真宗诏："自今御史须文学优长、政治优异者，特加擢拜。"③金朝尤其注重监察官员的文化素质，对于监察御史的人选，必须进士出身。《金史·完颜守贞传》载："旧制，监察御史凡八员，汉人四员皆进士，而女真四员则文资右职参注。守贞曰：'监察乃清要之职，流品自异，俱宜一体纯用进士。'"其后明清两朝也比较重视监察官的出身。有学者统计，"明朝近300年，有御史208人，其中进士出身者180人。"④清代在选拔科道官时，也非常讲究候选者的出身，规定只有正途的官员才有资格考选御史。

（四）饱经历练的实践经验

丰富的实践经验，卓越的为政业绩也是历代选拔监察官的重要标准。《文献通考》载："监察选拜，多自京畿县尉。"唐代玄宗时规定："凡官，不历州县不拟台省。"⑤唐肃宗至德元年（756年）重申："风宪之地，百僚准绳，顷者有司殊非慎择，其御史须曾在州县理人官者，方得荐用。"⑥宋代更加强调监察官任职者的基层实际工作经验。刘述曾言："旧制，举御史官，须中行员外郎至太常博士，

---

① 《汉书》卷七十一《于定国传》。
② 《旧唐书》卷一百二十九《张延赏传》。
③ （清）徐松辑：《宋会要辑稿》职官一七之五，中华书局1957年版，第2736页。
④ 陈建邦：《中国古代监察官吏选拔的标准》，《江西社会科学》1993年第2期。
⑤ 《新唐书》卷四十五《选举志下》。
⑥ 《唐会要》卷六十二《御史台下》。

资任须实历通判。"① 孝宗乾道二年（1166年）诏："自今非曾经两任县令，不得除监察御史。"② 地方监察官，也须有从事地方行政工作的经历。如哲宗绍圣元年（1094年）诏："自今除转运判官、提举官，须实历知县以上亲民人，提点刑狱以上须实历知州或通判人。"③ 高宗绍兴二十六年（1156年）诏："选择监司，须七品以上清望官，或经朝擢及治郡著绩者"④。

明代要求更为具体，监察官需要三年以上为官经历。规定："监生及新科进士皆不得与。或庶吉士改授，或取内外科目出身三年考满者考选。"⑤ 即必须有为官三年的经历才具备考选科道官的资格。清代《钦定台规》中则规定："考选给事中、监察御史，以大理寺评事、太常寺博士、中书科中书、行人司行人历俸二年者，及在外俸深有荐之推官、知县考取。"⑥ 都是对监察官候选人实践经验的强调。

三 监察官的选任方式

（一）选任权限

一是皇帝亲选。韩非"明君治吏不治民"的主张为历代君主奉为圭臬，选任得力的监察官即是治吏的重要手段之一。因此，历代君主非常重视监察官的选任，把选任权牢牢地抓在自己手中。皇帝亲选监察官，一般在王朝初建之时居多。如前文所述，西汉初年，刘邦先后选任周苛、周昌兄弟为御史大夫。在特殊情况下设置的监察官，一般也由皇帝亲选。如汉武帝晚年多病，怀疑有人陷害，遂于征和四年（前89年）设置司隶校尉，持节缉捕巫蛊，惩办奸邪。北齐时高欢为清除魏之积弊，亲授其弟高琛为御史中尉，"正色纠弹，无所回避，

---

① 《宋史》卷三百二十一《刘述传》。
② 《宋史》卷一百六十四《职官四》。
③ （清）徐松辑：《宋会要辑稿》职官四五之二，中华书局1957年版，第3392页。
④ 《宋史》卷三十一《高宗纪八》。
⑤ 《明史》卷七十一《选举三》。
⑥ 《钦定台规》卷三十九《通例一》。

远近肃然。"① 唐代御史大夫和中丞，往往也由皇帝直接选任，而不许宰相或他人提名。贞观初，韦挺被授予御史大夫，太宗对他说："卿之任御史大夫，独朕意耳，左右大臣无为卿地者，卿勉之哉！"②武则天称帝，为打击异己，稳固统治，也自选御史。皇帝之所以要直接掌握御史大夫的选任权，而不经过宰相或其他中间环节，正是要他们直接向皇帝本人负责，以避免其他官员对御史大夫的干扰，保证监察机构工作的高度独立性和监察权的充分行使。③

即使一般的监察官，不少也由皇帝直接任命。按唐制，六品以下官员，一般由吏部量资而用，不必经过敕授形式。但御史台的一般监察官的任命，却多由皇帝敕授。《唐会要》载："监察御史自永徽以后，多是敕授，虽有吏部注拟，门下过覆，大半不成。"④玄宗时，诏"员外郎、御史诸供奉官，皆进名敕授"⑤，就是由皇帝直接任命。到了宋代，台谏官的任命"必由中旨"，被视为"祖宗之法"。高宗绍兴二十五年（1155年）十二月下诏："台谏风宪之地，比用非其人，党于大臣，济其喜怒，殊非耳目之寄。朕今亲除公正之士，以革前弊。"⑥

二是御史台自选。御史大夫自选属官，自西汉已行之。据《汉书·薛广德传》，"萧望之为御史大夫，除广德为属。"《汉书·诸葛丰传》载："贡禹为御史大夫，除丰为属，举侍御史。"北魏御史之人选，初由皇帝亲选，"必以对策高第者补之"。延昌中，御史中尉受宠，要求自选御史，得到了宣武帝的同意。"此后踵其事，每一中尉则更置御史。"⑦ 御史台自选属官，大多比较优秀，能够得到时人认可。北齐武定初，崔暹迁御史中尉，选毕义云、杜蕤、嵇晔等十人

---

① 《北齐书》卷十三《赵郡王琛传》。
② 《旧唐书》卷七十七《韦挺传》。
③ 邱永明：《中国古代监察制度史》，上海人民出版社2006年版，第273页。
④ 《唐会要》卷六十《御史台上》。
⑤ 《新唐书》卷四十五《选举志下》。
⑥ 《宋史》卷三十一《高宗纪八》。
⑦ 《通典》卷二十四《职官六》。

为御史,"世称其知人"①。唐代中宗即位后,为革除武则天自选御史之弊,于景龙元年(707年)敕令御史台长官与尚书、门下两省共同商定御史人选。贞元八年(792年),经由宰相陆贽奏请,"许台省长官自荐属官"②。金大定二十七年,令"台官得自辟举"③。元代也实行宪台官自选的制度。世祖时规定:"中书省、枢密院、御史台、宣政院许得自选其人。"④ 至元二十五年,董文用拜御史中丞,称:"中丞不当理细务,吾当先举贤才。"于是举胡祗遹、王恽、雷膺、荆幼纪、许楫、孔从道十余人为按察使,徐琰、魏初为行台中丞。⑤

三是宰相选任。皇帝亲选、台官自选是监察官选任的主要方式,不过在某些朝代,或某些时期,也存在宰相选任监察官的情况。西汉前期,丞相权力极大,有选用官僚、弹劾百官、执行诛罚、封驳谏诤之权,监察官的选任自然应由丞相负责。隋初废除了台官自选御史的制度,改由吏部选用,有时则由宰相奏请皇帝批准。如文帝开皇十八年(598年),尚书右仆射杨素见刘子翊"性刚謇,有吏干",奏为侍御史。唐初承隋制,将监察官员的选任权交给了宰相,由吏部选任台谏官。玄宗、肃宗时则改为宰相自择,皇帝敕授。台谏官的进退多由宰相拟定,致使监官不能有效地监察大臣。宋侍御史杨畏故言:"风宪之地,人主寄耳目焉。御史进用,宰执不得预。"⑥

(二) 选任途径

察举、荐举和征召。秦汉时期,监察制度初步形成,以"求贤"为旗号,主要通过察举、荐举等形式选拔监察官。西汉一些著名的监察官如晁错、公孙弘、严助、何武等,均是通过察举入选,并因治绩突出而擢升至御史大夫、司隶校尉等高等职位。东汉时的左雄、李

---

① 《北齐书》卷三十《崔暹传》。
② 《旧唐书》卷一百三十九《陆贽传》。
③ 《金史》卷五十四《选举四》。
④ 《元史》卷二十二《武帝纪二》。
⑤ 《元史》卷一百四十八《董文用传》。
⑥ 《宋史》卷一百六十《选举六》。

膺、刘陶等则是通过举孝廉的方式入选监察官。鲍宣因为"好学明经",被大司空何武举荐为谏议大夫。明朝初年,开国不久,官吏缺乏,朱元璋命令各级官员荐举人才。当时由荐举出任御史的有赵麟、苟文甫、宋矩等人。洪武以后,规定只有三品以上京官和都察院堂上官、十三道监察御史才有资格荐举御史。此外,还有部分监察官是通过征召方式进入监察机构的,如西汉的魏相,由于其在地方上颇有政绩,被宣帝征召为大司农,后升任御史大夫。东汉的鲍永,为光武帝赏识,征召为司隶校尉。

考选。在监察制度初步确立的封建时代早期,以及王朝初建的时期,帝王多采取察举、荐举以及征召的途径选任监察官。而随着监察制度的逐步成熟,尤其是随着科举制度的完善,考选就成为监察官选任的主要途径,到明朝已经形成了较为规范的制度。据《明史·选举三》所载,正统元年(1436年),"帝以朝廷求贤不可止。自今来者,六部、都察院、翰林院堂上官考试,中者录用,不中者黜之。荐举者益稀矣。"《大明会典》载:"弘治六年奏准,御史员缺,不必限定几年一次行取,但至缺八员以上,会同吏部考选。"[1] 万历以后规定每三年一选,参加考选者,内则两京五部主事、国子监博士、助教等,外则推官、知县。从推官、知县入选者,谓之行取。通过行取选拔的御史,来自基层,熟悉民情,为官廉明,素质较高。

此外,监察官还有因功除授的。唐高宗永徽四年(653年),江南睦州爆发了陈硕真领导的农民起义,婺州刺史崔义玄发兵镇压,后"以功拜御史大夫"[2]。麟德二年(665年),"封泰山,刘仁轨领新罗及百济、耽罗、倭四国酋长赴会",高宗十分高兴,擢拜为大司宪。[3] 这种途径不是选任监察官的主流,弊端也很明显。

---

[1] 《大明会典》卷二百九《都察院一》。
[2] 《旧唐书》卷七十七《崔义玄传》。
[3] 《旧唐书》卷八十四《刘仁轨传》。

（三）选任程序

察举、荐举，一般先由有荐举资格的大臣推荐监察官人选，再由皇帝策问，表现优异者可以出任。汉武帝时诏举"方正直言之士"，王立、陈咸即经对策"拜为光禄大夫、给事中"。汉章帝诏举贤良方正，大司农刘宽举荐鲁丕。"时对策者百有余人，唯丕在高第，除为议郎。"① 北齐武定初年，经高澄举荐，崔暹被任命为御史中尉。唐代还有以进士、举人充任御史的。如陆元方"举明经，又应八科举，累转监察御史"②。宋代监察官选任程序一般是：先由皇帝下诏，令有奏举御史资格的臣僚荐举；皇帝在被荐举的人员中点名任命，谓之"御笔亲点"。在实行考选制的明清时期，先由有关部门确定监察官的考选资格，经过审核通过，再参加考试，合格者才能获得任用。如清代，在京堂官属员取得科道官考选资格后，须由主管堂官或吏部官员带领觐见皇帝，由皇帝亲自考定。合格者即补授候用。

（四）任职回避

为了保证监察的效力，中国古代还实行监察官任职回避制度。主要是避亲。北魏时即规定士族子弟不得担任监察官，自唐宋以后监察官任职回避制度执行得更加严格。如唐代宰相杜佑之子起初被任命为谏官，后由于遭到群臣反对而改为他职。为保证台谏官有效地监察执政大臣，据《容斋随笔》载："故事，执政初除，苟有亲戚及尝被荐引者，见为台臣，则皆他徙。"③ 即凡新上任的宰执，其所荐之人或亲戚现为台谏官的，必须改授其他差遣。庆历四年（1044年）八月，仁宗诏："辅臣所荐官，毋以为谏官、御史。"④ 元祐八年（1093

---

① 《后汉书》卷二十五《鲁丕传》。
② 《旧唐书》卷八十八《陆元方传》。
③ （宋）洪迈：《容斋随笔·三笔》卷十四《亲除谏官》，凤凰出版社2009年版，第368页。
④ 《宋史》卷十一《仁宗纪三》。

年），哲宗诏："执政官亲戚不除谏官。"① 熙宁二年（1069年）二月，王安石任参知政事，时正领知谏院的吴充，因其子吴安持是王安石的女婿，遂"引嫌解谏职"②。监察机构内部也需要回避，凡有亲戚关系者不许同时任台谏官。据《万历野获编》载："故事，父兄现任在京三品大臣，其子弟为科道言事官者，俱改任别衙门。"③ 清代《钦定台规》也对科道官任职回避进行了要求："凡父兄现任三品京堂、外省督抚子弟不准考选科道。其父兄在籍起文赴补，及后虽任者有子弟现任科道，皆令回避，改补各部郎中。"④

此外，还有监察官避籍的规定。避籍就是当地人不得在当地做地方官，在选任地方监察官时执行尤严。北宋仁宗时规定："蜀人官蜀，不得通州判事。"⑤ 因为通判不仅与知州同理政事，而且负有监督知州的重任，所以通判一职，不许当地人担任。

四　监察官的管理

（一）优厚的赏赐

历代王朝采取厚赏的办法，鼓励监察官勇于劾举。奖励的方式有很多，有通令表扬、赏物、画像嘉奖等。赏物以皇帝名义进行，也只有皇帝才有权对监察官员进行赏赐。赏赐通常非常丰厚，如黄霸为扬州刺史，颇有治绩，汉宣帝诏"赐车盖，特高一丈，别驾主簿车，缇油屏泥于轼前，以彰有德"⑥。对于优秀的监察官，在其退休之时，皇帝亦每有重赏。据《汉书》记载，于定国、薛广德乞骸骨时，皆

---

① 《宋会要》职官三之五五。
② 《宋史》卷三百一十二《吴充传》。
③ （明）沈德符：《万历野获编》卷十九《台省·言官回避父兄》，中华书局1959年版，第505页。
④ 《钦定台规》卷三十九《通例一》。
⑤ 《宋史》卷二百九十八《陈希亮传》。
⑥ 《汉书》卷八十九《黄霸传》。

赐安车驷马、黄金六十斤。① 杜延年为御史大夫，年老告退，皇帝特令光禄大夫持节赐给他黄金一百斤，及安车、驷马、牛酒、医药。隋文帝仁寿二年（602年），治书侍御史柳彧持节巡察河北，"奏免长吏赃污不称职者二百余人，州县肃然，莫不震惧。"文帝为嘉其职，赐绢布、毛毡诸物，拜仪同三司。②

（二）快捷的晋升

对于工作特别出色的监察官，皇帝往往破格提拔。西汉时，魏相为扬州刺史，"考察郡国守相，多所贬退"，两年后，就被征为谏议大夫，复为河南太守。数年后，又相继晋升为大司农、御史大夫。③按照唐制，一般官员须经四考之后，才能迁转他职，而御史只需三考即可升迁。其监察御史的考限通常是二十五个月，殿中侍御史十五个月，侍御史十个月。《通典》载："凡侍御史之例，不出累月则迁登南省。"可见，侍御史的升迁更为迅速。因此，御史监察工作成绩突出，就可以迅速擢升，这无疑极大地调动了他们的积极性。御史大夫的晋升往往多任为宰相。如唐太宗朝七名御史大夫中，就有五名升任宰相。据统计，唐代由御史大夫升为宰相者二十一人，由御史中丞升为宰相者十一人。④ 因此，唐代御史大夫之职是通向宰相的阶梯，对御史大夫是很大的激励。明代，正七品的监察御史、都给事中和从七品的给事中，外放到地方时往往可以做到正四品的知府或按察副使，甚至迁升为正三品的六部侍郎和按察使的亦不乏其例。洪武二十九年（1396年）监察御史李文敏升四川按察使，张定升陕西按察使。宣德时，江西巡按御史于谦升兵部侍郎。由于科道官比普通行政官员升迁要快，以至杨士聪《玉堂荟记》中有"官由科道，每苦太速"之言。

---

① 《汉书》卷七十一《于定国传》《薛广德传》。
② 《隋书》卷六十二《柳彧传》。
③ 《汉书》卷七十四《魏相传》。
④ 邱永明：《中国古代监察制度史》，上海人民出版社2006年版，第276页。

（三）严格的考核

为了保证监察工作的有效运转，对监察官的考核也颇受历代统治者重视。唐代实行"四善二十七最"的考核方法，其中有专门针对监察官吏的考核规定。如"推鞫得情，处断平允，为法官之最"；"访察精审，弹举必当，为纠正之最。"在宋代，尚书省设置都司御史，专门劾举御史之失职，并在其中设簿记录御史纠察六曹之事，以定其升黜。"凡六察之事，稽其多寡当否，岁终条具殿最，以诏黜陟。"① 还限定御史每月须奏事，谓之"月课"，并规定如上任百日无所纠举，则罢黜或外迁。关于诸路监司，"祖宗时有考课之法，专考察诸路监司。置簿于中枢，凡有奏请及功罪皆书之，参之以众言，验之以行事，岁终则较其优劣，简其能者，亦简其不能者，而废置之。"② 金代宣宗还制定了《监察御史黜陟格》，将御史的任职表现分为三等，"以所察大事至五，小事至十为称职；数不及且无切务者为庸常；数内有二事不实者，为不称职。"③ 清代科道官除了每三年接受一次针对所有在京官员的"京察"，每年还要参加单独的考核。而且更注重量化考核，考核时都察院将"该科道有无条奏，其所奏事件部议或准或驳，并奉特旨允准，或当经驳饬之处"④ 于各科道名下注明。

（四）严厉的处罚

历代对于监察官之渎职违法行为处罚也非常严格。惩罚分为行政处分和刑事处分。前者包括戒敕、左迁降职，或免职罢官。汉宣帝五凤二年（前56年），御史大夫萧望之因"廉声不闻，傲慢不逊"左

---

① 《宋史》卷一百六十四《职官四》。
② 《续资治通鉴长编》卷四百六十八，哲宗元祐六年十二月乙卯朔。
③ 《金史》卷五十四《选举四》。
④ 《钦定大清会典事例》卷一千三十《都察院三十三·各道》。

迁为太子太傅。① 监察官若触犯刑律，则要受到刑事处分，特别是触怒皇帝，轻则身陷囹圄，重则处以死刑。汉成帝时，刘辅为谏议大夫，因谏诤触怒皇帝被下大狱。东汉桓帝曾诏："长吏臧满三十万而不纠举者，刺史、二千石以纵避为罪。"为防止监察官失察和自身贪赃枉法，宋朝规定：诸监司巡历所部不遍者，杖一百；遍而不申，减二等。诸监司巡按时如巧作名目，追呼巡尉弓兵，将带出本界者，杖一百。② 元丰三年（1080 年）十二月规定，走马承受"设有贪赃不法，监司自当具罪状闻奏，听旨送狱推劾"③。明代对监察官违法施以重罚，"凡御史犯罪，加三等，有赃从重论"④。对六科给事中纠弹百官违失也非常重视，若有懈怠，即予严惩。世宗时工部尚书赵文华骄纵其子违背礼制，世宗"黜文华为民，戍其子边卫"，并"以礼科失纠劾，令对状。于是都给事中谢江以下六人，并廷杖削籍"⑤。

---

① 《汉书》卷七十八《萧望之传》。
② 邱永明：《中国古代监察制度史》，上海人民出版社 2006 年版，第 324 页。
③ 《续资治通鉴长编》卷三百一十，神宗元丰三年十二月丙戌。
④ 《明史》卷七十三《职官二·都察院》。
⑤ 《明史》卷三百八《赵文华传》。

北宋的奢靡之风及其治理[*]

引 言

在中国历史上，与汉、唐的"强""盛"相对，北宋被冠之以"弱"。事实上，北宋王朝的物质生产和财政收入都远远超过盛唐和强汉。立国之后，宋太祖休养生息，重视生产，为北宋的繁荣兴旺奠定了坚实的基础；创新科举，选拔了大批优秀的官员；通过政治改革，消除了宦官专权、藩镇割据等前朝弊政。在巩固政权的同时，使王朝的经济和文化科技都达到了历史上的巅峰，从张择端的名画《清明上河图》我们也不难感受到当时的繁荣和兴旺。可是，北宋以如此雄厚的经济、文化实力，为何在对辽、西夏的边境战争中少有胜绩，而最终被金国所灭呢？有的归因于"重文轻武"，有的归因于"强干弱枝"……从古到今，众说纷纭，莫衷一是。在笔者看来，经济的发展、吏治的宽容，使北宋在经历建国初期的勤俭治国之后，奢靡之风逐渐兴起，在社会趋从心理的影响下，这股风气从上到下、从官场到士大夫以至民间不断蔓延，是北宋衰亡的重要原因。北宋王朝也采取了一些措施，虽然取得了一定的成效，但无法从根本上予以遏止。由此带来统治荒淫、吏治败坏、士风堕落、军心不振等一系列问题，内忧外患日益严峻，终至灭国。毋庸置疑，奢靡之风是断送北宋王朝大好河山的罪魁之一。

[*] 原载《河南师范大学学报》（哲学社会科学版）2016年第1期。

一 北宋奢靡之风的兴起

(一) 北宋前期奢靡之风的出现

北宋奢靡之风的发展呈现出循序渐进的阶段性特征。在北宋前期，太祖、太宗尚能吸取前代奢靡亡国的教训，生活上较为俭朴，不事奢华。太祖曾"令文武官及致仕官、僧道百姓，自今长春节及他庆贺，不得辄有贡献"①。有一次，永庆公主"衣贴浦铺翠襦入宫中"，宋太祖见了，告诫女儿"自今勿复为此饰"。②

太宗也比较注重勤俭治国，"（淳化元年二月）乙巳，令左藏库籍所掌金银器皿之属，悉毁之。有司言中有制作精巧者，欲留以备进御。上曰：'将焉用此？汝以奇巧为贵，我以慈俭为宝。'卒皆毁之。……上性节俭，退朝常著华阳巾，布褐、绸绤，内服惟绝绢，咸屡经浣濯，乘舆给用之物，无所增益焉。"③太宗不但自己不事华靡，而且还注重勤俭节约，甚至废物利用。淳化四年二月戊子，"有司言油衣帟幕破损者数万段，欲毁弃之。上令煮浣，染以杂色，刺为旗帜数千，以示宰相。"④

面对日益积累的财富以及统治的稳固，太祖、太宗也偶有奢靡之为。建隆元年二月辛卯，太祖"大宴于广德殿。凡诞节后择日大宴自此始"。⑤宋太宗后期也逐渐志奉释老，崇饰宫庙，曾"遣使取杭州释迦佛舍利"，并"造浮屠十一级以藏之，上下三百六十尺，所费亿万计，前后逾八年。辛亥工毕，巨丽精巧，近代所无"。⑥又如"二

---

① 《续资治通鉴长编》卷二，建隆二年三月辛亥。
② （宋）江少虞：《宋朝事实类苑》卷一《祖宗圣训》，上海古籍出版社1981年版，第314页。
③ 《续资治通鉴长编》卷三十一，淳化元年二月乙巳。
④ 《续资治通鉴长编》卷三十四，淳化四年二月戊子。
⑤ 《续资治通鉴长编》卷一，建隆元年二月辛卯。
⑥ 《续资治通鉴长编》卷三十，端拱二年八月丁巳。

月，上修正殿，颇施彩绘"。①

总之，建国初期财富的相对匮乏，开国之君相对清醒的头脑，在一定程度上保持了较为勤俭的作风。然而，宋初尤其是太宗后期，奢靡之风已初露端倪，为真宗朝开了不好的先例。

（二）北宋中期奢靡之风的兴起

经过数十年的发展，真宗时已出现了奢靡之风的苗头。就治国而言，真宗是一位较为平庸的皇帝，但在贪图享乐方面，却毫不逊色。他大搞迷信，编造了天书祥瑞的故事，东封泰山，仅随驾士兵就十余万人。他还兴建庙宇，先后建起了昭应、太一、祥源、会灵等高级宫观，全国各地群起跟风，使北宋寺观激增至三万左右。真宗"多事巡游，大修宫观"的行为甚至受到了朱熹的批判："真宗东封西祀，靡费柜万计，不曾做得一事。"② 不仅如此，为了粉饰太平，"贫儿乞丐，尽被开封府赶出城外矣。"③

真宗不但自己大肆享乐，对大臣也是十分"慷慨"。景德四年九月庚午，"三司请令左藏库出次色金为带，以备赐与。上曰：'朝廷褒宠近臣，惜费岂在于此？'即诏已成者悉熔之，别用上色金造。"④不唯如此，这位皇帝还做过替臣下纳妾的荒唐之事。"真宗临御岁久，中外无虞，与群臣燕语，或劝以声妓自娱。王文正公性俭约，初无姬侍……上使内东门司呼二人者，责限为相公买妾，仍赐银三千两。"⑤

上有所好，下必甚焉。皇帝奢侈享乐，上行下效，严重败坏了社会风气。寇准为真宗朝一代贤相，然而"少年富贵，性豪侈，喜剧

---

① 《续资治通鉴长编》卷三十二，淳化二年二月。
② （宋）黎靖德：《朱子语类》卷一百二十七《本朝一·太宗真宗朝》，中华书局1986年版，第3044页。
③ （宋）俞文豹：《吹剑录全编》之《吹剑四录》，古典文学出版社1958年版，第119页。
④ 《续资治通鉴长编》卷六十六，景德四年九月庚午。
⑤ （宋）苏辙：《龙川别志》卷上，中华书局1982年版，第74页。

饮，每宴宾客，多阖扉脱骖。家未尝爇油灯，虽庖匽所在，必然炬烛。"① 到了神宗时期，士大夫中奢靡之风更盛。司马光曾感叹道："左右侍御之人，宗戚贵臣之家，第宅园囿，服食器用，穷天下之珍怪，极一时之鲜明。唯意所致，无复分限。以豪华相尚，以俭朴相訾。恶常而好新，月异而岁殊。"②

社会风气一旦形成，便成为强大的潜在力量，左右着社会的发展。宋真宗时代形成的华靡之风，在宋仁宗、神宗和哲宗近百年间，依然存在。虽然士大夫们不时地感叹风俗日益衰坏，呼吁省浮费，有时甚至要求改革，但终究无法彻底根除。难怪后人如此评论："咸平、景德以后，粉饰太平，服用寝侈，不惟士大夫家崇尚不已，市井间里以华靡相胜。"③

（三）北宋后期奢靡之风的蔓延

到了北宋后期，历经近百年的奢靡之风在宋徽宗的"身体力行"之下，变得更为登峰造极，不可遏抑。作为一代风流天子，宋徽宗排斥贤臣，任用奸邪，贪图享乐，统治荒淫。著名的"花石纲"就是宋徽宗奢侈消费登峰造极的产物。"徽宗颇垂意花石，京讽勔语其父，密取浙中珍异以进。初致黄杨三本，帝嘉之。后岁岁增加，然岁率不过再三贡，贡物裁五七品。至政和中始极盛，舳舻相衔于淮、汴，号'花石纲'，置应奉局于苏，指取内帑如囊中物，每取以数十百万计。延福宫、艮岳成，奇卉异植充牣其中。"④《三朝北盟会编》也曾记载："凡士庶之家，有一花一木之美，悉以黄帕覆之，名曰'御前之物'。不问坟墓之间，尽皆发掘，所载动数百舟。"⑤

在他的带动下，他所重用的蔡京、王黼等人利用权势广求子女玉

---

① 《宋史》卷二百八十一《寇准传》。
② 《续资治通鉴长编》卷一百九十六，嘉祐七年朔丁未五月。
③ （宋）王栐：《燕翼诒谋录》卷二《禁侈靡》，上海古籍出版社1981年版，第17页。
④ 《宋史》卷四百七十《朱勔传》。
⑤ （宋）徐梦莘：《三朝北盟会编》之《靖康中帙二十七》，上海古籍出版社2008年版，第392页。

帛，生活更是糜烂奢华。史载王黼"既得位，乘高为邪，多畜子女玉帛自奉，僭拟禁省。诱夺徽猷阁待制邓之纲妾，反以罪窜之纲岭南。加少保、太宰。请置应奉局，自兼提领，中外名钱皆许擅用，竭天下财力以供费。官吏承望风旨，凡四方水土珍异之物，悉苛取于民，进帝所者不能什一，余皆入其家"①。就这样一个人，徽宗对待他还异常优厚，为他居住的阁楼命名为"得贤治定"，又九次为他题写亭堂榜额。

徽宗及其宠臣的穷奢极侈，更加助长了社会的奢靡之风。大观年间"辇毂之下，士庶之间，侈靡之风曾未少革，富民墙屋得被文绣，倡优下贱得为后饰"②。于是，到了徽宗后期，奢靡之风已自上而下，遍及全国，吏治败坏，民不聊生，内忧外患之下，北宋终至倾覆。正如后人所评说的："自蔡京倡丰亨豫大之说，王黼开应奉享上之门，专以淫侈蛊上心，奢靡蠹国用，土木之功，穷极盛丽，花石之贡，毒遍东南，甚至内廷曲宴，出女乐以娱群臣，大臣入侍，饰朱粉以供戏笑，于是荒嬉无度，而朝政大坏矣。"③

二 北宋奢靡之风兴起的原因

（一）经济的繁荣

北宋结束了五代十国分裂割据的局面，为社会经济的发展创造了有利条件。经过广大劳动人民的辛勤劳动，北宋经济取得了令人惊叹的成就。农业、手工业、商业、海外贸易都有显著发展，社会经济呈现出新的繁荣，这也为北宋奢靡之风的兴起提供了物质基础。

北宋初年奖励垦荒，极大地增加了耕地面积和户口数，促进了北宋农业的生产。全国垦田面积从太宗至道二年（996年）的3125251

---

① 《宋史》卷四百七十《王黼传》。
② 《宋会要辑稿》刑法二之五二。
③ （明）杨士奇等：《历代名臣奏议》卷三百三十七《江东奏论边事状》，文渊阁四库全书本。

顷增加到神宗元丰年间（1078—1085年）的4616556顷。户口数也从至道三年的4132576户，增加到徽宗崇宁元年（1102年）的20019050户。① 耕作技术的进步，优良农作物品种的引进和交流，极大地提高了粮食产量。同时，经济作物也获得较快发展。以茶为例，北宋时期，茶树的栽培地区越来越广，产量也非常巨大，"总为岁课，江南千二十七万余斤，两浙百二十七万九千余斤，荆湖二百四十七万余斤，福建三十九万三千余斤。"② 农业的发展解决了人们的温饱问题，进而为人们追求更加奢侈的消费提供了物质前提。

随着农业的发展，北宋的手工业也空前发展起来。"手工业生产不论是规模上、分工上、技术上、从事生产的手工匠人的数量上，还是各类产品的数量和质量上，都超过了前代。"③ 据统计，北宋中叶产铜2174万斤，银749万斤，锡616万斤。④ 据《文史通义》统计，哲宗元祐元年（1086年），税绢加上和买折帛，政府年入绢帛2445万匹，相当于盛唐时的3倍还多。手工业的发达，促进了手工工艺和社会经济的发展，又为社会提供了更多可供享受的奢侈品。

"在农业和手工业生产发展的基础上，宋代城市经济也有了显著的发展。城市人口增加了，前代坊市的格局被打破了，到处可以设店、肆和作坊，商业活动场所扩大了。"⑤ 都城开封是最繁华的都市，到神宗朝时，人口已有百万之众，街道两旁商铺林立，人来车往，热闹非凡。孟元老在《东京梦华录》里对当时的繁华做了详尽的描述，张择端的《清明上河图》也真实地反映了当时汴梁城的繁荣。据《元丰九域志》，北宋全境10万户以上的城市有40多个，比唐代增加3倍多。除了开封，杭州、成都也是当时有名的城市。城市的繁荣为皇帝、官员、士大夫的奢靡生活提供了场所和空间。

---

① 朱绍侯等：《中国古代史》下册，福建人民出版社2010年版，第46—47页。
② 脱脱等：《宋史》卷一百八十三《食货五下》。
③ 漆侠：《中国经济通史·宋》（上），经济日报出版社2007年版，第23页。
④ 《宋会要辑稿》食货三三之二七。
⑤ 漆侠：《中国经济通史·宋》（上），第24页。

北宋建都开封,对东南漕运的依赖促进了造船业的进步。徽宗时造了两艘出使高丽的大海船,据估计是装载 2 万石以上的大船,载重量约为 1100 吨。这极大地促进了北宋的海外贸易。北宋政府对海外贸易的重视主要是为了增加政府的财政收入,并满足皇室、官僚的生活需要。正如漆侠指出的,"这就暴露了宋代海外贸易的实质:即通过市舶司的垄断性贸易,不但为宋政府攫占高额商业利润,而且也攫取宝货香料,以满足宫廷官僚大地主的奢靡生活。"①

总之,生产力的巨大发展,使得社会剩余产品较前代有了显著的增多。同时,可供奢侈消费的产品也相应地较前代有了很大的增长。这是奢侈消费大众化的根本前提。社会剩余产品的大幅度增多不但使原有奢侈消费阶级、阶层的奢侈消费水平较前代有明显提高,而且为一部分原来没有奢侈消费能力的阶级、阶层参与到奢侈消费队伍之中提供了物质上的可能。

(二)吏治的宽容

1. 政治环境宽松

钱穆先生在《中国历代政治得失》中曾说:"宋王室家训相传,要尽量优假士人,不许开诛戮朝官之风。而北宋诸帝,也比较无暴虐,无专擅。"② 为什么会有这样的现象呢?一种解释是宋太祖在太庙里立有誓碑,其中一条为"不得杀士大夫及上书言事人"。这种解释也并非凭空捏造,在许多史料上都记载着类似的说法,如《三朝北盟会编》《建炎以来系年要录》《避暑漫抄》等,甚至作为正史的《宋史·曹勋传》中都有记载。因此,千余年来,人们皆信其事。但是民国历史学家张荫麟首先对这种说法提出质疑,他通过对誓碑、誓约的考辨,指出所谓的"太祖誓碑"等本俱伪造。此后,关于"太祖誓约"真伪的争论便不绝如缕,至今无有定论。

---

① 漆侠:《中国经济通史·宋》(下),第 922 页。
② 钱穆:《中国历代政治得失》,生活·读书·新知三联书店 2012 年版,第 82 页。

然而，有一个事实却无法回避，那就是进入中期后即真、仁、英、神、哲、徽诸朝，若非犯了谋反之类的重罪，诛杀士大夫的事情确实不多见。太祖、太宗时期对枉法贪赃的官吏仍然严惩不贷，赃官往往被判处死刑，或被刺配。但从真宗起，一般不再将赃官处死。神宗熙宁后，开始赦免犯了"入己赃罪"的贪官。哲宗元祐七年，又赦其杖罪。元祐八年，则全部赦免。到绍圣年间后，更立出"三免法"：赃官不死、不黜、不杖。[①] 不但对官员的处罚较轻，官员即使犯罪被处罚，还有很大的可能官复原职。北宋官员除了职务、差事之外，还有爵位、品级等。职务可以免，差事可以没有，但是其他内容组成的官身轻易不会动。而决定官员收入、待遇的主要是官身。而且，就算是免职了，也有不少虚职可做。

我们暂且不论这种现象背后的原因究竟何在，至少我们可以得出结论，北宋较之前、后各朝，在对待官员的问题上确实比较宽容，杀戮官员的现象较为少见，官员所处的政治环境相对较为宽松。这种宽松的政治环境，在维护官员的尊严体面和敢于直谏的同时，也在很大程度上纵容了官员的不良行为，从而间接地助长了官员奢侈糜烂的生活作风。

2. 官员待遇优厚

宋代对文官士大夫之优待乃是彰明昭著的事实，主要表现在以下几个方面。

第一，制禄之厚。宋初，官员俸禄较低。真宗大中祥符五年，首次全面增加文武职官俸禄。仁宗嘉祐年间，正式制定"俸令"，详细规定了文武各级官员的俸禄数："相、枢密使每月俸料300千，春、冬衣服各赐绫绢50匹，冬绵100两，每月禄粟各100石，傔人衣粮各70人，每月柴草1200束，每年炭16600秤、盐7石等。"[②] 神宗熙宁四年，增加幕职州县官的料钱和米麦，元丰改制后，又增加了一些

[①] 白钢：《中国政治制度通史》下卷，天津人民出版社2002年版，第577页。
[②] 白钢：《中国政治制度通史》下卷，第562页。

俸料。同时北宋地方官还分配职田，每员从40顷到1—2顷不等。官员在职时享受优厚的待遇，而且神宗时还规定，对曾立战功而升转两官以上的武臣，退休后可以领取全额俸禄。不但如此，甚至官员在外地任职，家属还可分领俸给、衣赐、添支钱等。

第二，恩荫之滥。恩荫是官员按照职、阶高低而为其子弟或亲属获得官衔或差遣的制度。真宗时基本确立这一制度。北宋时恩荫的名目大致有四类，一是皇帝诞辰之日。真宗时规定，大两省至知杂御史以上，各荫一子为京官，少卿监一子充试衔。二是官员致仕。曾任宰相和现任三少、使相，荫补三人；曾任三少、使相、执政和现任节度使，荫补二人；太中大夫及曾任尚书、侍郎和右武大夫以上，荫补一人。三是官员上奏遗表。曾任宰相和现任、曾任三少、使相，荫补五人；曾任执政和现任节度使，荫补四人；太中大夫以上，荫补一人。四是改元、皇帝即位、公主生日、皇后逝世等临时性恩典，都给予品官亲属一定的荫补名额。[①] 泛滥的恩荫，使一些官宦子弟不学无术亦得以混迹官场，他们治国理政虽然无能，贪图享乐却颇为擅长。

第三，恩赏之滥。为笼络群臣，北宋历代帝王经常对大臣进行赏赐。翻看北宋史料，赏赐之频繁，令人咋舌。"李沆病赐银五千两，王旦、冯拯、王钦若之卒皆赐银五千两，此以宰执大臣也。雷有终平蜀有功特给廉镇公用钱岁二千贯，既殁，宿负千万官为偿之，此以功臣也。戴兴为定国军节度使，赐银万两，岁加给钱千万；王汉忠出知襄州，常俸外增岁给钱二百万，此以藩镇大臣也。……班仅庶僚，非有殊绩，亦被横赐。甚至魏震因温州进瑞木作赋以献，遂赐银二千两。"甚至皇帝驾崩后，还有"遗赐"。"仁宗崩，遗赐大臣各直百余万。"[②] 皇帝赏赐之物有时还非常贵重，比如前朝皇帝的遗物，海外进贡的珠宝、香料等，这无疑是在鼓励大臣去过奢侈的生活。

总之，北宋给予官员优厚的待遇，一方面使得他们经济生活上较

---

① 白钢：《中国政治制度通史》下卷，第558页。
② （清）赵翼：《廿二史札记》，中华书局2001年版，第536页。

为宽裕,能够支付奢靡的生活,而皇帝经常性的赏赐和宴饮也变相地鼓励助长了这种享乐之风。以至于赵翼在谈到这种现象时不住地叹息,说宋代是"恩逮于百官者惟恐其不足"。论及俸禄时,他感慨道:"其待士大夫可谓厚矣。"论及恩荫时,他批评说:"荫子固朝廷惠下之典,然未有如宋代之滥者。"论及恩赏时,他感叹说:"毋亦太滥矣。"

宋朝这种格外优待官员的现象,与最高统治者以高官厚禄换取"君臣相安"有很大的关系。宋太祖"杯酒释兵权"之时,曾劝诫石守信等人:"人生如白驹之过隙,所为好富贵者,不过欲多积金钱,厚自娱乐,使子孙无贫乏耳。尔曹何不释去兵权,出守大藩,择便好田宅市之,为子孙立永远不可动之业,多置歌儿舞女,日饮酒相懽以终其天年。我且与尔曹约为婚姻,君臣之间,两无猜疑,上下相安,不亦善乎!"①

(三) 社会的趋从心理

北宋的奢靡之风,一旦形成,便成为一股强大的力量,在社会上掀起波澜,自皇帝以下,官员、士大夫、富商、地主,甚至百姓纷竞逐之,蔚为壮观。这种现象的产生与人们的趋从心理有着很大的关系。

首开奢靡之风的宋真宗说过"古今风俗,悉从上之所好"②。苏轼亦言:"君之所向,天下趋焉。"③ 趋从心理的突出表现就是模仿和攀比。比如王黼的豪宅"张设宝玩山石,侔拟宫禁"④。王安石在《风俗》中谈到了人们的社会趋从心理对奢靡之风形成的影响:"故风俗之变,迁染民志,关之盛衰,不可不慎也。君子制俗以俭,其弊为奢。奢而不制,弊将若之何?……是以京师者风俗之枢机也,四方

---

① 《续资治通鉴长编》卷二,建隆二年秋七月戊辰。
② 《续资治通鉴长编》卷六十八,大中祥符元年二月戊戌。
③ 《苏东坡全集》下卷《议学校贡举状》,中国书店1986年版,第398页。
④ (宋)徐梦莘:《三朝北盟会编》之《靖康中帙六》,第233页。

之所面内而依仿也。加之士民富庶，财物毕会，难以俭率，易以奢变。……富者竞以自胜，贫者耻其不若，且曰：'彼人也，我人也，彼为奉养若此之丽，而我反不及！'由是转相慕效，勿尽鲜明，使愚下之人，有逞一时之嗜欲，破终身之资产，而不自知也。"[1] 宋人李觏也认为奢侈之风一开，就会对消费者的心理造成不良影响："夫奢以为荣，俭则以为辱，不顾家之有无，汲汲以从俗为事者，民之常情也。"[2] 在这种趋从跟风的心理下，甚至一些经济条件一般的百姓，也倾向于选择奢侈的生活方式。"三吴风俗，自古浮薄，而钱塘为甚。虽室宇华好，被服粲然，而家无宿舂之储者，盖十室而九。"[3] "蜀俗奢侈，好游荡，民无赢余，悉市酒肉为声技乐。"[4]

三 北宋奢靡之风的治理

（一）服饰奢靡之风及其治理

北宋建国之初，服饰较为俭朴简约，"衮冕缀饰不用珠玉，盖存简约之风。"[5] 随着生活水平的提高，人们逐渐开始追求服饰的华丽高贵。"在京及诸道州府臣僚士庶之家，多用锦背及遍地密花透背段等制造衣服"[6]，"庶民之家，必衣重锦、厚绫、罗縠之衣，名状百出，弗可胜穷。"[7] 这种追求服饰的奢侈之风甚至波及军中。宋仁宗时翰林学士张方平上书曰："臣尝入朝，见诸军帅从卒，一例新紫罗衫、红抱肚、白绫裤、丝鞋，戴青纱帽，拖长绅带，鲜华灿然，其服装少敝，固已耻于众也。一青纱帽，市估千钱，至于衫裤，盖一身之

---

[1] （宋）王安石：《临川先生文集》卷六十九《风俗》，四部丛刊本，上海书店1989年版。
[2] （宋）李觏：《直讲李先生集》卷七《国用第八》，四部丛刊本，上海书店1989年版。
[3] 《苏东坡全集》下卷《上吕仆射论浙西灾伤书》，第352—353页。
[4] 《宋史》卷二百五十七《吴元载传》。
[5] 《宋史》卷一百四十九《舆服一》。
[6] 《宋会要辑稿》刑法六四之二三。
[7] （宋）李觏：《直讲李先生集》卷十六《富国策第三》，四部丛刊本。

服，不啻万钱。"① 为了追求服饰的绚丽多姿，社会甚至形成了销毁金银以装饰衣物的时尚。"豪贵之家，固习于此，而下至齐民，稍稍有力者无不竞以销金为饰。"②

为此，北宋政府连下禁令予以制止。大中祥符元年六月八日，宋真宗下诏："朕忧勤视政清净保邦，将俭德以是，遵庶淳源而可复，乘舆服御之物已屏于纷华。宫阙苑囿之规，当存于朴素，至于王公戚里、卿士庶民因赠遗以相夸，蒭缯彩而为饰，且念蚕绩所出，机杼斯劳，安可滋侈丽之风，为浮靡之用？宜申诞告，用示予怀。"③ 景祐三年二月十三日太常少卿直昭文馆扈称建议："近岁士庶之家侈靡相尚，居第服玩僭拟公侯，珠琲金翠照耀衢路，约一袭衣千万钱不能充给，乞差近臣议定制度以分等威。"仁宗听从他的意见，下诏："如闻辇毂之间，士民之族罔遵矩度，争尚纷华，服玩僭奢，室屋宏丽，倪惩革之弗至，恐因循而滋多。宜专命于攸司再申明于彝宪，酌其旧式，著此成规，其令两制与太常礼院同详定以闻。"④ 元祐八年四月十二日，根据御史中丞李之纯"申行法禁，命妇品官、夫姓良家许依旧例装饰者，令就官买，寡户不得服用，及民间服用诸般金饰之物浮侈尤甚，而条贯止，禁销金其缕金、贴金之类，皆至糜坏至宝，僭拟宫掖，往年条禁甚多，亦乞修立如销金之法"的建议，宋哲宗"诏缕金、贴金之类令礼部检举旧条珠子，令户部相度以闻"⑤。

（二）乘舆奢靡之风及其治理

北宋的奢靡之风还反映在乘舆方面。据一幅《北宋文官出行图》可以看到画面里的文官出行，场面气派，前呼后拥，荣耀显赫，可谓"宝马雕鞍香满路"，"千骑拥高牙"。其实，北宋朝廷对官员、士庶

---

① 《续资治通鉴长编》卷一百六十三，庆历八年三月丁酉。
② （宋）袁说友：《东塘集》卷十《禁戢销金札子》，影印文渊阁四库全书本。
③ 《宋会要辑稿》刑法二之八。
④ 《宋会要辑稿》刑法二之二一。
⑤ 《宋会要辑稿》刑法二之四〇。

出行工具的规格也有明确的限定。"豪贵之族所乘坐车，毋得用朱漆及五彩装绘，若用黝而间以五彩者听。民间毋得乘檐子，及以银骨朵、水罐引喝随行。"① 然而民间却对此置若罔闻，僭越之举不断。"哲宗绍圣二年，侍御史翟思言：'京城士人与豪右大姓，出入率以轿自载，四人舁之，甚者饰以棕盖，彻去帘蔽，翼其左右，旁午于通衢，甚为僭拟，乞行止绝。'"②

面对此奢靡之风，朝廷屡下禁令。皇帝首先从自己的御辇下手。"御辇院上新造辇，凡减去七百余斤，诏自今常用之。又言舆辇座褥，未奉诏旨前以金绣为饰者，欲且仍旧，俟故暗改造，即以素罗代之。"③ "诏省浮费，自乘舆服御及宫掖所须，宜从简约，若吏兵禄赐，毋概行裁减。"④ 除了降低御辇的规格，减少过度的装饰，还对官员出行的交通工具进行了限制。天圣十年六月八日，"诏广南福建江浙官无得乘轿出入，如山险及病跨马不得者听。"⑤ "枢密院言：诸武臣任主兵差遣、沿边安抚官、走马承受并不得乘轿子。"⑥

（三）建筑装修奢靡之风及其治理

北宋政府对宫室官厅私宅的建筑及装修规格都有明确的规定："六品以上宅舍，许作乌头门。父祖舍宅有者，子孙许仍之。凡民庶家，不得施重栱、藻井及五色文采为饰，仍不得四铺飞檐。庶人舍屋，许五架，门一间两厦而已。"⑦ 但是许多人为了追求奢华的生活，经常突破这些约束。宋神宗时的宰相陈升之治第"极为宏壮，池馆绵亘数百步"⑧。宋徽宗曾赐予蔡京一处府第，规模宏大，其中的一座

---

① 《宋史》卷一百五十三《舆服五》。
② 《宋史》卷一百五十三《舆服五》。
③ 《续资治通鉴长编》卷六十九，大中祥符元年八月丙申。
④ 《宋史》卷十《仁宗纪二》。
⑤ 《宋会要辑稿》刑法二之一七。
⑥ 《宋会要辑稿》刑法二之四一。
⑦ 《宋史》卷一百五十四《舆服六》。
⑧ （宋）沈括：《梦溪笔谈》卷二五《杂志二·三不得宅第》，第287页。

六鹤堂，更是"高四丈九尺，人行其下，望之如蚁"①。

宋仁宗时朝廷颁布禁令曰："天下士庶之家，屋宇非邸店、楼阁临街市，毋得以四铺作八斗；非品官毋得起门屋；非宫室、寺观毋得彩绘栋宇及朱、黝漆梁柱窗牖，雕镂柱础。"②徽宗时期，建筑装修方面的奢靡之风更加盛行。大观元年八月，新差权提举江南东路常平等事何谊直上书"臣窃见豪右兼并之家雕楹刻桷异服奇器极珠玑纨绮之饰"，建议朝廷"申明禁令，事为之制，待以期月，行之必信"，徽宗皇帝"奉御笔可详所奏定五礼之制条上"③。大观三年十一月，"礼部状修立到下条：诸非品官之家不得以真珠为饰。从之。"④大观四年八月给事中蔡蘙根据"观辇毂之下，士庶之间，侈靡之风曾未少革，富民墙屋得被文绣"，建议"愿明诏有司因时立法，若衣服之宜、屋室之制、械器之用、金玉之饰，辨其等威以示制度"，徽宗下令"诏送议礼局"⑤。

（四）宴饮游乐奢靡之风及其治理

北宋饮食文化非常发达，都城汴梁的饮食市场以整洁的环境和优质的服务为奢侈消费者提供了广阔的消费空间。如位于新门里的会仙楼正店就有100间左右的"分厅馆"，即现在的雅间。在这里，两个人"对坐饮酒"，所需器皿就要"注碗一副，盘盏两副，果菜碟各五片，水菜碗三五只，即银近百两矣"⑥。而更显奢侈的是这些器皿竟是用近百两的白银制成的。宋真宗时的宰相吕蒙正"素喜食鸡舌汤，每朝必用"⑦，以至鸡毛堆积如山。宋徽宗时的权相蔡京，"享用侈靡，喜食鹌，每预蓄养之，烹杀过当……一羹数百命，下箸犹未足。"⑧

---

① （宋）陆游：《老学庵笔记》卷五，中华书局1979年版，第63页。
② 《续资治通鉴长编》卷一百十九，景祐三年八月己酉。
③ 《宋会要辑稿》刑法二之四六。
④ 《宋会要辑稿》刑法二之五〇。
⑤ 《宋会要辑稿》刑法二之五二至五三。
⑥ （宋）孟元老：《东京梦华录》卷四《会仙酒楼》，中华书局1982年版，第127页。
⑦ 丁传靖：《宋人轶事汇编》卷四《吕蒙正》，中华书局1981年版，第150页。
⑧ 丁传靖：《宋人轶事汇编》卷十三《蔡京》，第720页。

饮食行业的发达，娼妓行业的繁荣，北宋的宴饮娱乐之风盛行，不少人沉湎于纸醉金迷的奢靡生活之中。根据孟元老《东京梦华录》的记载，北宋汴梁城内就有数十处的妓馆娼楼。而在汴梁的那些高档酒楼里，也是"向晚灯烛荧煌，上下相照，浓妆妓女数百，聚于主廊槏面上，以待酒客呼唤，望之宛若神仙"①。

宴饮娱乐之风的盛行，甚至遍及边关军营。大中祥符五年闰十月十四日，"访闻边臣每正至五鼓即张烛庆贺，日聚宴乐，至有夜分而城不扃者。"② 庆历七年十月九日，判北京贾昌朝"言河北诸州军及总管司等争饰厨传以待使客，肴馔果实皆求多品，以相夸尚"。③ 有些官员甚至请假不去朝拜行香，而参加宴游。"诸帅臣监司凡按察之官，所以表率一道，每于朝拜行香之日，往往敢惮夙兴称疾免赴，曾未喻时，洒复出谒游从燕饮，上下相习，无或顾忌。"④

面对此奢靡之风，北宋政府也屡下禁令，加以治理。天圣七年十二月，"东染院使张可用言：边州官员颇有连宵聚会及非时开闭城门者，望申禁止。"⑤ "翰林学士苏绅言：沿边臣僚筵会，自今并不得以妓女祗应。"⑥ 皇祐四年六月，"诏：河北、河东、陕西沿边今后不得夜间筵会，及今逐路经略安抚使、转运提刑司觉察，如违奏裁。"⑦ 元祐四年十一月，"尚书省言：改正发运、转运提刑预伎乐宴会徒二年法。"⑧ 政和四年三月，"刑部修立到条：诸按察官遇朝拜行香以疾免赴，而辄出谒若游宴者，各徒一年。"⑨

---

① （宋）孟元老：《东京梦华录》卷二《酒楼》，第71页。
② 《宋会要辑稿》刑法二之一一。
③ 《宋会要辑稿》刑法二之二八。
④ 《宋会要辑稿》刑法二之六〇至六一。
⑤ 《宋会要辑稿》刑法二之一六。
⑥ 《宋会要辑稿》刑法二之二五。
⑦ 《宋会要辑稿》刑法二之三〇。
⑧ 《宋会要辑稿》刑法二之三八。
⑨ 《宋会要辑稿》刑法二之六一。

（五）公务接待奢靡之风及其治理

自古至今，对于地方官员而言，公务接待是重要任务之一，这方面的奢靡之风比之其他也是有过之而无不及。北宋对中央派到地方的官员接受地方馈赠本来就有相关的规定，只要不是特别过分，朝廷一般也不予追究。"自今后监司并属官帅司等处差勾当公事官于廨宇所在，遇筵会许折送供不尽酒食，其余巡历所至，止许收例册内馈送。"然而，"今则诸路监司贪饕无厌，冒法受馈鲜廉寡耻"[1]。甚至，有些地方官员迎来送往还要百姓出资，"诸州官得替进发逐处公文，百姓用金银花送路，贫者不免作债。"[2]

处于繁华所在的地方官员，接待任务之繁重，更让人苦不堪言。《萍洲可谈》记：杭州城极为繁华，因此北宋中央派赴该路的监司，大多在城内设立办事处，这个去了那个又来，以至杭州政府得专门安排一员副职陪他们吃喝玩乐。苏东坡任杭州通判时，就扮演过这个角色，因为不胜酒力，疲于应付，发牢骚说杭州通判这个差事是"酒食地狱"[3]。

为刹住公务接待中的奢靡之风，北宋政府也做了不少工作。熙宁九年六月，宋神宗规定："河北、河东、沿边安抚外都水监丞、逐路提举便籴茶盐之类走马承受，及朝廷专差出外诸般勾当公事臣僚，依法运使等所至州县，不得令官吏、军员、妓乐出城迎送。"[4] 宋徽宗崇宁五年颁敕："诸与所部监司，若朝省所遣使命至本路，以香药馈送者，徒二年，折计价值以自盗论。"[5] 并于政和元年三月再次下诏重申。政和六年十二月又下令："到诸监司依监司例人凡可按刺州县者同，辄赴州郡筵会及收受上下马供馈者，各徒二年。"[6]

---

[1] 《宋会要辑稿》刑法二之四八。
[2] 《宋会要辑稿》刑法二之二二。
[3] （宋）朱彧：《萍洲可谈》，中华书局2007年版，第166页。
[4] 《宋会要辑稿》刑法二之三四。
[5] 《宋会要辑稿》刑法二之三四。
[6] 《宋会要辑稿》刑法二之六七至六八。

四 北宋奢靡之风治理的成效分析

奢靡之风的盛行败坏了吏治，腐蚀了社会风气，加剧了社会矛盾，这不得不引起最高统治者和朝野内外有识之士的警醒，也采取了一些措施加以治理，取得了一定的成效，但却未能从根本上遏制这股歪风。在此仅举一例。边关将领宴乐之风盛行，历代朝廷多有禁令。查阅《宋会要辑稿·刑法二》，发现自真宗大中祥符五年"闰十月十四日诏，访闻边臣每正至五鼓即张烛庆贺，日聚宴乐，至有夜分而城不扃者，自今不得复然"①，至仁宗皇祐四年"六月十一日诏，河北、河东、陕西沿边，今后不得夜间筵会"②。四十余年间，共有相关禁令五条，说明在这几十年间，这种行为并未消除。治理措施效果不彰，奢靡之风难以根除，原因或在以下方面。

（一）皇帝的言行不一损害了奢靡之风治理的权威性

在专制社会里，皇帝的言行对整个社会有着重要的示范效应。皇帝厉行节俭，即使官员贪图享乐，也不敢明目张胆；如果皇帝穷奢极侈，那属下会更加肆无忌惮。因此，北宋各代皇帝基本上都发布过禁奢的命令，但是效果却并不理想。究其原因，就在于皇帝的言行不一。奢靡之风自真宗朝开始兴起，真宗也多次下令禁止。他曾"下诏教节俭，戒奢侈，有司除□冕、仪仗、法服及宴会所设依旧外，自今宫禁、皇亲、臣僚应进奉物，勿以销金文绣为饰"③，但在获知"三司请令左藏库出次色金为带，以备赐与"时，又说："朝廷褒宠近臣，惜费岂在于此？"于是"即诏已成者悉熔之，别用上色金造。"④

---

① 《宋会要辑稿》刑法二之一一。
② 《宋会要辑稿》刑法二之三〇。
③ 《续资治通鉴长编》卷六十九，大中祥符元年五月戊子。
④ 《续资治通鉴长编》卷六十六，景德四年九月庚午。

又大修玉清宫，"土木穷其丽，工功极其淫，他费百端，动计千万。"① 再如宋徽宗，一面下诏"近来臣庶之家于淮南两浙福建等处计置山石花竹之类致有骚扰，可令禁止，违者以违制论"，一面又任用朱勔等人用花石纲为他营建艮岳，"自政和讫靖康，积累十余年，四方花竹奇石，悉聚于斯，楼台亭馆……月增日益，殆不可以数计。"②

翻看史料，发现一个很有趣的现象。在宋代诸帝中奢侈生活程度较低的帝王如宋太祖、宋太宗、宋仁宗，在现存史料中极少发现他们颁布的宫廷奢侈禁令。而恰恰正是享乐于奢华生活的宋真宗、宋徽宗等却一再下诏要禁止宫廷的奢侈。同时，这些帝王们往往一边颁布着禁令，一边违背着禁令，使禁令的权威性大打折扣。

（二）执法主体的分散降低了奢靡之风治理的威慑力

北宋奢靡之风的治理之所以成效甚微，缺少一个强有力的执法主体也是一个重要的因素。政府机构叠床架屋，运转不畅历来是北宋朝廷遭人诟病的一大弊端，这也反映在奢靡之风的治理上。从历代相关禁令看，治理主体不一，权力较为分散。景祐三年二月，针对太常少卿直昭文馆扈称所言"近岁士庶之家侈靡相尚，居第服玩僭拟公侯，珠玑金翠照耀衢路，约一袭衣千万钱不能充给"的现象，宋仁宗下诏"令两制与太常礼院同详定以闻"③。元祐八年四月，根据御史中丞李之纯所言"民间服用诸般金饰之物浮侈尤甚"，宋哲宗又"令礼部检举旧条珠子，令户部相度以闻"④。大观四年八月听闻给事中蔡薿所奏"辇毂之下，士庶之间，侈靡之风曾未少革，富民墙屋得被文绣，倡优下贱得为后饰"，徽宗仅"诏送议礼局"⑤。

---

① 《续资治通鉴长编》卷四十四，咸平二年闰三月庚寅。
② 《宋史》卷八十五《地理一》。
③ 《宋会要辑稿》刑法二之二一。
④ 《宋会要辑稿》刑法二之四〇。
⑤ 《宋会要辑稿》刑法二之五二至五三。

从上看出，北宋政府许多机构如枢密院、太常礼院、礼部、户部、议礼局等都担负有查禁奢靡之风的责任，甚至有时还"委廉访使者觉察以闻"。① 正因为缺乏一个统一的执法主体，使得执法力量分散，不能形成强大的合力，也就降低了治理的效率和效力。

甚至有些禁令根本就没有指明执法主体，如"广南、福建、江浙官无得乘轿出入，如山险及病跨马不得者听"②；"诏省浮费，自乘舆服御及宫掖所须，宜从简约，若吏兵禄赐，毋概行裁减。"③ 这样的禁令执行的效果就更值得怀疑了。

（三）区别对待的治理措施难以遏制上层的奢靡之风

在等级森严的专制社会里，人们的衣食住行等都根据地位的不同来划分不同的差别。这反映在一些礼制上，也反映在奢靡之风的治理上。在衣服颜色上，"端拱二年，诏县镇场务诸色公人并庶人、商贾、伎术、不系官伶人，只许服皂、白衣，铁、角带，不得服紫"，但"文武升朝官及诸司副使、禁军指挥使、厢军都虞候之家子弟，不拘此限"。在衣服装饰上，"其销金、泥金、真珠装缀衣服，除命妇许服外，余人并禁。"④ 在建筑方面，对非官宦之家建筑规格、装修都做了严格的限制，"凡民庶家，不得施重栱、藻井及五色文采为饰，仍不得四铺飞檐"，而普通百姓就更可怜了，"庶人舍屋，许五架，门一间两厦而已。"⑤ 在官员接待方面，大官、小官的待遇也是有差别的。元丰元年九月，"诏州县官吏毋得迎送过客"，但"泛遣使命及太中大夫观察使以上听如旧"。⑥

由此，可以看出，不管是朝廷的礼制，还是皇帝的禁令，对官员与庶民，以至对不同等级的官员所能享受的待遇都做出了明确的区

---

① 《宋会要辑稿》刑法二之七四。
② 《宋会要辑稿》刑法二之一七。
③ 《宋史》卷十《仁宗纪二》。
④ 《宋史》卷一百五十三《舆服五》。
⑤ 《宋史》卷一百五十四《舆服六》。
⑥ 《宋会要辑稿》刑法二之三四。

分。同时，对违反禁令的官员处置失之宽松。这些都在客观上纵容了官员，尤其是皇亲贵胄的奢靡行为，由此也助长了整个社会的奢靡之风。

结　语

"宋代是我国封建社会发展的最高阶段，两宋期内物质文明和精神文明所达到的高度，在中国整个封建社会历史时期之内，可以说是空前绝后的。"[1] 而且，终北宋一朝，也未出现过外戚宦官专权、骄兵悍将擅边等弊政，如此一个繁荣的王朝，仅百余年间，便覆亡于异族铁蹄之下。究其原因，千余年来，见仁见智。其实《宋史·徽宗本纪》已做了定论："迹徽宗失国之由，非若晋惠之愚、孙皓之暴，亦非有曹、马之篡夺，特特其私智小慧，用心一偏，疏斥正士，狎近奸谀。于是蔡京以猥薄巧佞之资，济其骄奢淫逸之志。……自古人君玩物而丧志，纵欲而败度，鲜不亡者，徽宗甚焉，故特着以为戒。"[2]

"忧劳可以兴国，逸豫可以亡身。"这句话本是北宋名臣欧阳修在总结唐庄宗既得天下，后又失天下的原因时所说的。然而，颇具讽刺意味的是，北宋王朝由兴而衰，终至灭国的历史，亦是对这句话极好的注解。

---

[1] 邓广铭：《谈谈有关宋史研究的几个问题》，《社会科学战线》1986年第2期。
[2] 《宋史》卷二十二《徽宗纪四》。

董煟《救荒活民书》荒政思想研究*

宋朝是一个灾害频发的历史时期,"两宋灾害频度之密,相当于唐代,而其强度和广度,则更有甚于唐代。"① 有学者统计,两宋各类自然灾害合计达 1928 次,其中北宋达 1113 次。② 宋代灾荒频仍应是《救荒活民书》这部救荒著作产生的社会背景。此著将古今救荒思想、以往救荒事例与当代救荒实践以及作者本人的救荒思想合为一体,对我们认识历代,尤其是宋代的荒政思想和实践,具有重要的意义。

一 董煟及其《救荒活民书》

《救荒活民书》著者董煟,字季兴,鄱阳(今江西鄱阳县)人。南宋绍熙五年(1194 年)进士,曾任瑞安(今属浙江)知县。关于董煟的事迹,《宋史》中无传,只在宋代及后代的一些文献中略有所及,如宋人陈振孙的《直斋书录解题》、宋末元初马端临的《文献通考》等。另据明代凌迪知《万姓统谱》所记,董煟先在瑞安县任职,后改知辰溪(今属湖南)县,"值岁饥,立救荒策,民赖以苏。宁宗

---

* 原载《华北水利水电大学学报》(社会科学版)2017 年第 6 期。
① 邓云特:《中国救荒史》,商务印书馆 2011 年版,第 26 页。
② 李华瑞:《论宋代的自然灾害与荒政》,《首都师范大学学报》2013 年第 2 期。

诏褒之，召见，进所撰《活民书》。"①清康熙《江西通志》对董煟事迹也有所记述。

此书是董煟及第之前"困处闾阎"时的作品。作为一个普通百姓，"熟睹民间利病，与夫州县施行之善否"，对官府推行的各种救荒政策有切身的感受。同时，作者也是一个志存高远的读书人，设想"异时获预从政，愿少摅活民之志"。②《救荒活民书》正是在这样的背景下写出来的。作者及第后，这样的机会终于到来，其书也得以进呈皇帝。

《救荒活民书》分为三卷，第一卷"考古以证今"，记载历代的救荒事例。作者先是列举了上自黄帝、下至南宋孝宗淳熙九年（1182年）历代帝王和官府的各种救灾与赈荒事例，然后再用"煟曰"阐明作者自己对过去的这种救荒制度或措施的理解与评价。第二卷"条陈今日救荒之策"，其实是讲救荒之法。他指出"救荒之法不一，而大致有五：常平以赈粜，义仓以赈济，不足则劝分于有力之家。又遏籴有禁，抑价有禁，能行五者，则亦庶乎其可矣"③。又对提到的各种救荒方法逐一细加说明，用"煟曰"表达作者对各种方法的解释。第三卷"备述本朝名臣贤士之所议论施行"，将宋代各种救荒事例及议论逐一在小标题的引导下罗列出来，如"毕仲游救荒""韩琦平价济村民""田赐论救灾""苏轼乞预救荒"等，是对宋代名臣救荒思想及实践的总结。

二 历代救荒事例及荒政思想

《救荒活民书》第一卷记载历代的救荒事例，并对其做法进行评价，集中反映了作者的荒政思想。

---

① （明）凌迪知：《万姓统谱》卷68。
② （元）张大光：《救荒活民类要》，明刻本，第67页。
③ （宋）董煟：《救荒活民书》，清嘉庆墨海金壶本。本篇此后引文如无注明，皆出自此书。

上篇　中国国家治理的传统智慧

（一）荒政关乎民心得失，国家治乱

董煟认为，对灾荒的处理，关乎民心得失，国家治乱。面对灾荒，如果处置得当，则可赢得民心；反之，则可能引发社会动荡，甚至危及王朝统治。"唐太宗时，元年饥，二年蝗，三年大水，上忧勤而抚之，至四年而米斗四五钱。观此，则知广明之乱虽起于饥荒之余，亦上之人无忧民之念耳。"对唐太宗的做法，董煟大加赞赏："王者以得民为本，凡此举动皆足以得民之欢心。太宗真至治不世出之主哉！"

也有统治者面对灾荒，救援不力，以至民怨沸腾，社会动荡以趋亡国者。唐懿宗时，淮北发生大水灾，而官府不仅不及时救灾，反而征赋不断，以至人心思乱。等到庞勋起义之时，依附于他的百姓竟达六七万人。唐朝末年，山东发生灾荒，而"中官田令孜为神策中尉，怙权用事督赋益急，王仙芝、黄巢等起，天下遂乱"，"昭宗在凤翔为兵所围，城中人相食。父食其子，天子食粥，六宫及宗室多饥死，而唐祚遂亡。"得民心者得天下，失民心者失天下。面对灾荒，尤其如此。

（二）君主应反省自察，修明政治

古代贤君明主，当国家遇到灾荒之时，常常反省自己施政之弊。汤旱而祷曰："政不节欤？使民疾欤？何以不雨而至斯极也？宫室崇欤？妇谒盛欤？何以不雨而至斯极也？苞苴行欤？谗夫昌欤？何以不雨而至斯极也？"宋仁宗庆历七年，天下大旱，仁宗避正殿，诏中外臣僚指陈当世切务，又下诏曰："咎自朕致，民实何愆？与其降咎于人，不若降灾于朕。"董煟认为："大抵天变如父母之震怒，为人子者知其虽非己，亦当恐惧敬事以得父母之欢心。"最高统治者的这种表现，体现了对上天的敬畏，也体现了对百姓的关爱，在灾荒之际能够获得众人的认同。按照董仲舒"天人感应"之说，各种灾异都是上天对人世帝王的谴告，灾异降临，表明帝王有过，必须自我检讨，并下诏书求贤，征求意见，匡正过失。所以，历代统治者在大灾

之年，通常会下诏求贤，同时采取一些措施来整顿吏治，修明政治。

（三）以民为本，减轻百姓负担

董煟认为，统治者平时就应施行仁政，灾荒之时，更应如此。董煟认为救荒最重要的就是散利薄征。"（周）大司徒以荒政十有二聚万民，一曰散利，二曰薄征。"管仲也曾说："岁有凶穰，故谷有贵贱。民有余则轻之，故人君敛之以轻；民不足则重之，故人君散之以重。"因此，在灾荒之时，国家应该稍事聚敛，更不能与民争利，即董煟所说："圣贤救荒，大抵以宽征薄赋为先。"在灾荒之时，国家还应该减免百姓的租税。汉宣帝、汉章帝都曾因为旱灾而减免百姓租税，董煟评价其曰"汉家救荒大抵厚下"。唐代宗贞元十四年发生旱灾，京兆尹以国库不足为由而不减免百姓租税，遭到贬谪。

（四）预先安排，及时救济

董煟认为，救荒要想取得成功，需要提前予以安排，甚至如果准备充分，则可避免灾荒。"古人赈给，多在季春之月。盖蚕麦未登。正宜行惠。非特饥荒之时，方行赈济而已。"再如"月令：季春之月，天子布德行惠，命有司发仓廪，赐贫穷赈乏绝。"在灾荒之前，就先行准备，当灾荒来临处置起来就会游刃有余，慌而不乱。唐太宗之所以能做到"元年饥，二年蝗，三年大水……至四年而米斗四五钱"，主要就在于提前做了充分的准备。而在灾荒面前，举手无措以至酿成大祸的多是"无水旱之备者"。

除了预作安排，还应当及时采取措施，才能取得良好的效果，否则后果不堪设想。《救荒活民书》记载："同光三年大水，两河流徙，庄宗与后畋游。是时大雪，军士寒冻。宰相请出库物以给军，后不许。宰相论于延英，后居屏间属耳。因取妆奁及皇子满燕置帝前曰：'诸侯所贡给赐已尽，宫中惟有此耳，请鬻以给军。'及赵在礼乱，始出库物以赍之。军士负而诉曰：'吾妻子已饿死，得此何为？'上曰：'适得魏王报平蜀得金银五十万，尽给尔等。'曰：'与之太晚，得之亦不感恩。'"对于唐庄宗来说,这样的教训是深刻的。

(五) 用人得当,严明赏罚

为政在人,荒政之时尤其应该重视救灾官员的任用和管理。《救荒活民书》中举了不少北宋官员救荒得当的例子,他称颂"富弼活河朔饥民五十余万,私心以为贤于中书上十四考远矣"。

灾荒中,对救灾得力的官员应予以褒奖,即使这些官员在程序上有欠妥当。宋仁宗庆历七年,江东发生大饥荒。转运使杨紘在得到朝廷下旨之前就打开义仓赈济百姓,得到了皇帝的褒扬。

同时,对于在灾荒之际行为不当的官吏应严加处置。唐懿宗咸通十年,陕西发生旱灾,朝廷派崔峣任观察使。他却指庭树曰:"此尚有叶,何旱之有?"后来,百姓怒而生乱,崔峣因此被放逐。宋仁宗嘉祐年间,河北发生蝗涝灾害,伯州文水县相关官员瞒报灾情,受到了相应的处罚:"主簿赵师锡罚锡九斤,司户晁舜之录事参军,周约判官、冯珌各罚铜八斤,通判王嘉锡罚铜七斤,知县雷守臣冲替。"

三 对宋代荒政实践的评价

《救荒活民书》第二卷是讲救荒之法,着重说明了常平、义仓、劝分、禁遏籴、不抑价五种最重要的救荒之法,同时也指出了这些方法施行中存在的一些弊端及改进的措施。

(一) 常平

董煟认为,常平之法专为凶荒赈籴,为了防止谷贱害农、谷贵病民。他对宋代常平法极为赞赏,认为"本朝常平之法遍天下,盖非汉唐所能及也"。同时也认识到宋朝尤其是南宋时常平仓已经发生了变化,"比年州县窘匮,往往率多移用,差官覆视,亦不过文具而已"。而且,"常平赈粜,其弊在于不能遍及乡村,今委隅官里正监视类多文具,无实惠及民"。但他仍反对简单地废罢常平,认为"盐铁可罢而常平不可罢,但厘革其弊可耳。今乃遽罢之,过矣"。为更好地发挥常平的作用,董煟提出正确利用常平仓的方法:首先,要恢复常平法的调节功能,保证"无岁不籴,无岁不粜",以纠正"近来熟无所籴,饥无可粜"的弊端。其次,常平钱物不许移用,应确保常平钱物专用于赈济。最后,针对"水脚之费,搬运之折,无所从出,故县不敢请于州,村不敢请于县",以致常平赈粜不能遍及乡村的弊端,董煟建议每升增价一文补偿所需运费,以使赈粜之米遍及村落。

(二) 义仓

义仓同常平仓一样,是中国古代常用的救荒措施,为"民间储蓄,以备水旱者也"。也就是说,义仓是由民户自己储蓄,用以防备灾患,政府在其中只是负责管理而已。然而,有的地方官把持义仓,岁荒时节也不愿向百姓发放。此外,义仓在实践中还存在其他弊端:第一,义仓设置的地点不恰当。义仓本来应"于民间散贮",然而现在却多"输于州县"。第二,义仓粮食经常被挪作他途。"然义仓米不留诸乡而入县仓,悉为官吏移用始也。"第三,登记发放义仓粮食中存在不公现象。"赈济之弊如麻,抄札之时,里正乞觅强梁者得之,善弱者不得也;附近者得之,远僻者不得也;胥吏里正之所厚者得之,鳏寡孤独疾病无告者未必得也。"第四,赈济多以支米为主,浪费且容易滋生弊端。

为此,董煟提出几点建议:其一,今后每遇凶歉之年,根据饥荒情况,拨还义仓米谷,运至乡间。水脚之费根据路途远近折入米内,如此则偏远村民亦可得实惠。其二,以常岁所取义米,令诸乡各建仓储之,县籍其数。其三,选有德之辈负责管理。其四,直接以钱赈济饥民或钱米兼支。

(三) 劝分

在赈济之外,官府也会动员乡村富户将自家多余的粮食拿出来赈济饥民,这是义举。然而,"官司以五等高下一例科配",以致"人户忧恐",反而要"闭籴深藏"。同时,有的地方官吏在劝分过程中营私舞弊,祸害乡里。董煟亲见某些州县劝谕赈粜之时,"乃有不问有无,只以五等高下科定数目,俾之出备赈粜,于是吏乘为奸多少任情。至有人户名系上等,家实贫窘,鬻而籴米者以应期限,而豪民得以计免者。其余乘日中之急济其奸利,缘此多受其害。"

董煟认为,"豪家富室储积既多,因而劝之赈发以惠穷民,以济乡里,此亦所当"。然而"人之常情,劝之出米则愈不出,惟以不劝之,则其米自出"。他提出"莫若劝诱上户富商巨贾,俾之出钱,官差牙吏于丰熟去处贩米豆,各归乡里以济小民,结局日以本钱还之村落"。因为"利之所在,自然乐趋,富室亦恐后时,争先发廪,则米不期而自出矣。此劝分之要术"。针对地方官吏偷奸耍滑,为害地方的情况,董煟则要求严惩不贷,他建议"睿旨下诸路漕臣,严戒所部,如有依前用等则科粜,即许按劾"。

(四)禁遏籴

禁遏籴是不禁止他处的人来购运粮食。然而"州县之间,官司各专其民,擅造闭籴之令,一路饥则邻路为之闭籴,一郡饥则邻郡为之闭籴"。董煟认为,这些州县官吏的做法造成灾民流离失所,甚至比春秋时某些诸侯的做法还过分。因此,对"凡邻郡灾伤而辄闭籴者"从重处罚是应该的。

他还批驳了那种担心粮食出境过多会造成本地粮荒的观点,认为天下一家,各地丰歉不同,邻境告籴,义所当恤。如果因此造成本地粮食不足,则可派人到其他丰熟处转籴,"循环籴贩,非惟可活吾境内之民,又且可活邻郡邻路之饥民"。不然的话,若本地之米不许出境,他处之米亦不许入境,"一有饥馑,环视壁立,无告籴之所,则饥民必起而作乱,以延旦夕之命"。

(五)不抑价

不抑价是不限制粮食价格。董煟指出,"米价随时低昂,官司不得禁抑"，即是指米价应遂行就市，由市场自发调节，官府不应该干预。然而，有些人不明白这些道理，想当然认为百姓缺钱，所以应当压低米价。这往往造成"官抑其价，则客米不来。若他处腾涌，而此间之价独低，则谁肯兴贩？兴贩不至，则境内乏食。上户之民有蓄积者，愈不敢出矣。饥民手持其钱，终日惶惶无告籴之所"。甚至有些灾民不肯甘心饿死，便起而为乱，造成严重的社会动荡。反之，"不抑价，非惟舟车辐辏，而上户亦恐后时争先发廪，而米价亦自低矣"。就是说如果官不抑价，各地米商必然纷至，本地富户见此情形也会争先恐后出粜，米价自然也就降低了。

除了上述五种最重要的救荒之法，董煟还谈到了其他一些举措，对这些举措的做法和意义、存在的弊端以及改进的措施进行了讨论，也具有重要的启示意义。

四 关于北宋名臣荒政思想的述评

《救荒活民书》第三卷对宋代一些官员救荒的议论与措施进行了记载和评论。

（一）重视救灾官员的选拔和使用

救灾的成效差异与所遣官员的举措关系很大，因此，救灾之时必须派遣爱惜百姓、能力非凡的官员。《田锡救荒论》中面对饥荒之时宰执处置不当以至"饿死人如此"的局面，建议皇帝应该"面责宰相，观其何辞以对待"，并不拘一格进用贤臣："可于常参官自来，五日一转对，中观其所上之言，有远大谋略、经纶才业者，可以非次擢用。"

（二）重视灾荒前的预防和准备

灾荒发生后，再想办法去救荒，就可能面临救灾物资储备不足的问题。因此，提前储备救灾物资对于及时救灾非常必要。苏轼曾说过："救灾恤患尤当在早，若灾伤之民救之于未饥，则用物约而所及广。"董煟非常赞同这一观点，在《腾达道赈济》中，他记载了腾达道在郓州（今山东东平县）赈济灾民的故事。当郓州刚刚有饥荒的苗头时，腾达道就"乞淮南米二十万石为备"，后来，发生大的饥荒，淮南和东京"皆大饥"，而"达道独有所乞米"。范纯仁主政襄邑（今河南省睢县）时遇到大旱，预料第二年庄稼收成肯定减少，于是将境内的客船全部登记，引导他们运送粟米，许诺他们为平粜。第二年春，外地的粟米大量运到襄邑，没有造成大的饥荒。

（三）重视民间力量的发挥

灾荒之时，仅靠官方的力量，无论人力物力财力有时都是不够的，这就需要充分发挥民间尤其是灾荒地区富民的力量。如何才能调动他们的积极性呢？一方面是让富民认识到自己同灾民利益的一致性，救人即救己。腾达道为了安置流民，曾"召城市富民与约曰：'流民且至，无所处之则疾疫起，并及汝矣。'"富民听后，主动配合腾达道，一夜之间在城外废营田上"为屋二千五百间"。另一方面，官府要起带头示范作用。宋仁宗时，扈称任梓州（今四川三台县）路转运使，他率先拿出自己的禄米救济灾民，在他的带动下，"富家大族皆愿以米输入官"。

（四）重视市场和利益引导机制

受灾地区粮食短缺是普遍现象，地方官员通常会采取官方限制价格的办法，然而效果却往往适得其反。其实，高明的做法应该是利用市场的机制来调节粮食价格。《文彦博减价粜米》中记载："文彦博在成都，米价腾贵。因就诸城门相近寺院凡十八处，减价粜米，仍不限其数。张榜通衢。翌日米价遂减。"因此，董煟对文彦博大加赞赏，认为他"临事有术"。

《救荒活民书》中还记载了刘彝善用利益引导来使人收养弃子的做法。刘彝知处州（今浙江丽水市）时，正好赶上江西发生灾荒，许多百姓"弃子于道上"。如何让人收养这些弃儿，又要保证他们能够存活下来，确实是一个难题。刘彝的做法是"召人收养，日给广惠仓米二升，每月一次抱至官中看视"。他把这种做法推广到各县镇，使得"一境生子，无夭阏者"。

(五) 重视恢复生产和建设

荒政不仅应重视解决灾民眼前的温饱问题，还应有长远的打算。在解决灾民的生活困难之时，也要鼓励他们发展生产，重建家园。彭思永在台州救灾的同时，还安排工人帮助灾民伐木建房，使之可以安居。当发现"郡濒海而无城，此水所以为害也"之后，他详细规划，"图之程役劝功，民忘其劳，城遂为永利"。

曾巩也对仅仅赈济百姓的做法进行了批评。他说如果让灾民每天等着领取官府发放的一点救济，那么他们就没有时间进行生产，这样"弃百事而专意于待升合之食，以偷为性命之计……已非深思远虑为百姓长计也"。为此，他建议朝廷贷给百姓一定的钱和粮食，使他们有时间、有条件恢复生产。

结　语

《救荒活民书》不仅是流传至今的中国历史上第一部荒政专著，而且其在内容与体例的编排上对后世的荒政著作也产生了巨大的影响，因而在荒政史上具有重要的意义。《四库全书总目》亦对其做了充分的肯定："书中所叙，如以常平始自隋，义仓为始自唐太宗，皆不能远考本原。然其载常平粟米之数，固《隋书》所未及志也。其宋代蠲免优恤之典，载在《宋史》纪志及《文献通考》《续通鉴长编》者，此撮其大要，不过得十之二三，而当时利弊，言之颇悉，实足补宋志之阙。劝分亦宋之政令，史所失载，而此书有焉。他若减租贷种，淳熙恤灾令格，皆可为史氏拾遗。而宋代名臣救荒善政，亦多堪与本传相参。"[①]

[①] （清）永瑢等：《四库全书总目》卷八十二，中华书局1965年版。

林希元《荒政丛言》救荒思想研究

明代是中国自然灾害频发的时期,"明代共历二百七十六年,灾害之多,竟达一千零一十一次,这是前所未有的记录"。① 在与频繁灾害抗争的过程中,明代出现了数量众多的荒政专著,如朱熊的《救荒活民书补遗考》、屠隆的《荒政考》、俞汝为的《荒政要览》以及钟化民的《赈豫纪略》等。甚至有些不是专门研究荒政的著作也包含了许多荒政内容,如徐光启的《农政全书》。在这众多的荒政著作中,林希元的《荒政丛言》就是一部极具价值的救荒著作,因其救荒主张切于实用,得到了最高统治者的认可。

一 林希元及《荒政丛言》

林希元,明史有传,但叙述极简。据《明儒言行录》记载,林希元"字茂贞,福建同安人,正德丁丑进士,仕至广东按察佥事授南大理评事"。②

进士及第之初,林希元官授南京大理寺左寺评事,刚正不阿,名声著称。"执法不阿中贵,决疑识十余事不可尽述,皆人所不敢为而公独任之。声称籍甚,至留都有铁汉之谣。"③ 明世宗登基之初,奋发有为,

---

① 邓云特:《中国救荒史》,商务印书馆2011年版,第31页。
② (清)沈佳:《明儒言行录》卷六《林希元》,文渊阁四库全书本。
③ (明)焦竑:《国朝献微录》卷一百二《云南·云南按察司佥事林公希元传》,明万历四十四年刻本。

下诏求言，林希元上疏"新政八要"，皆深切时弊，但其中一些内容得罪了言官，不久被贬谪为泗州判官。到泗州之后，他尽心职事，《荒政丛言》中也记载了不少他在泗州为官时组织救荒的事例。不久，又"以抗节不屈当路，遂弃官家居三年，以读书解经为事"。后又被重新起用，任北大理寺副，未上任，又升为广东按察佥事，仍然"事涉权贵，无所回避"。其间，因主张坚决镇压大同和辽东军人叛乱的上疏未得到皇帝认可，遂降职任钦州知州。知钦州期间，就安南事务提出一系列主张，深得皇帝之心，却因与朝中主政的大学士夏言政见不一而备受排挤。后人评论"千载之功竟以一言阻之，良可惜哉"。不久，虽然擢升为海北道兵备佥事，却又"得罪罢归"。之后，林希元致力于著书立说，有《太极图解》《春秋质疑》《读史疑断》等著作流传后世。林希元终年八十五岁，学者称之为次崖先生。

《荒政丛言》原来是林希元给皇帝的一篇上疏，即《荒政丛言疏》，其中开头一句为"臣林希元奏为应诏陈言以裨荒政事"。《明经世文编》最早收录了此文。其后，《千顷堂书目》著录了《荒政丛言》，还在文后附言中说明，此书为"嘉靖八年，希元为广东按察佥事上，凡六纲二十三目"①。《明史·艺文志》收录了三部荒政文献，《荒政丛言》即位列其中。再后，《墨海金壶》和《丛书集成初编》都予以收录。

《荒政丛言》包括六纲，二十三目。六纲分别是二难、三便、六急、三权、六禁、三戒。"二难"指"得人难""审户难"；"三便"指"极贫之民便赈米""次贫之民便赈钱""稍贫之民便转贷"；"六急"指"垂死贫民急馔粥""疾病贫民急医药""病起贫民急汤米""既死贫民急募瘗""遗弃小儿急收养""轻重系囚急宽恤"；"三权"指"借官钱以籴粜""兴工役以助赈""借牛种以通变"；"六禁"指"禁侵渔""禁攘盗""禁遏籴""禁抑价""禁宰牛""禁度僧"；"三戒"指"戒迟缓""戒拘文""戒遣使"。《荒政丛言》在分析朝

---

① （明）黄虞稷：《千顷堂书目》卷九《职官类》，文渊阁四库全书本。

廷的救荒举措及其弊端，引述历代前贤救荒经验的基础上，结合自己的救荒实践提出了系统的救荒思想。既深刻地总结了历史经验，又充分地阐明了自己的救荒主张，堪称明代荒政著作的典范。

二 《荒政丛言》中的救荒思想

（一）重视救荒人员的选择

为政在人，对于救荒而言尤其如此。林希元对此深有感触："救荒无善政，使得人犹有不济，况不得人乎？如常平义仓之法，在耿寿昌、长孙平行之则为良，后世踵之则有弊。其故何也？正以不得其人耳！"[1] 灾荒之际，尽管朝廷有爱民如子之心，如果不得人以行之，难免措置无方，甚至奸弊四出，则不但府库之财为奸人贪污，而且花费巨大也难以达到救荒的目的。救荒人员，不仅府县官，即使受委派负责赈济的官吏耆老，也要慎重选择。他认为负责赈济的主要官员应该是府县的正官，建议各抚按监司"精择府州县正官廉能者，使主赈济"。如果本府州县的正官不堪此任，还可以从本府佐官或无灾的州县正官中挑选。主赈官员确定之后，则由其自行选择分赈官员。分赈官员可以是所属学职等官及待选举人、监生，也可以是民间耆宿，而且必须是平素有义行者。

他还注重参与救荒人员的监督和考核。他建议派监司巡行各粥厂，考察其救荒工作的实施情况，把做得好的、做得不好的分别予以记录。救荒事毕，把官员和有功名之人的表现上报吏部，在府县学任职的官员凭此进行升迁或降职；举人、监生等人员凭此授予官职。参与救荒的耆宿等百姓的表现上报给抚按，有功的予以奖励慰劳，并免除徭役；有过的，根据轻重予以惩治。他认为这样人人都能够受到激励，荒政基本上可以达到较好的效果了。

---

[1] （明）林希元：《荒政丛言》，载李文海、夏明方主编《中国荒政丛书》（第一辑），北京古籍出版社 2003 年版。本篇之后引文如无特别注明，均出自此书。

（二）重视灾民受灾程度的甄别

救荒应当救济真正的灾民，而在实施中却很难进行分辨。因为"寄耳目于人，则忠清无几；树衡鉴于上，则明照有遗"。他认为，审户难，一在官，二在民。在官是因为审户之事，不论委之于里正，还是亲自抄札，或是赈粥，都不能完全杜绝奸弊。他列举自己在泗州救荒时所见的事迹，指出饥民要么"无钱于里书，不得报名"，要么被里书冒支，要么"一口支粮，四口分之"。这是因为里正不足任造成的。他又亲自抄札，又因告饥者塞途而真伪难辨，且沿门审验，"一日不能十数家"，效率太低。如果委托他人，则"其弊与里正要亦不甚相远"。在民是因为"岁既大饥，民多鲜耻，饥饱并进，真伪莫分，甚至富豪、伴仆报名食粥，穷乡富人遣人关支"。

如何解决问题？他建议把百姓分为六等，富民、贫民各三等。富民分为极富、次富、稍富；贫民分为极贫、次贫、稍贫。办法是：极富之民自己挑选稍贫者贷予银两，次富之民自己挑选次贫者贷予粮种。在劝分的过程中达到审户的目的，因为极富之民必定挑选有偿还能力的予以借银，次富之民也必定挑选有偿还能力的借以粮种。如此，则"不用耳目，而民为吾耳目；不费吾心，而民为吾尽心"。

他这里指的审户难，指的是受灾地区的百姓，对于流民则不须审户，即当赈济。

（三）根据灾民情况区别施赈

林希元称之为"三便"。一是极贫之民便赈米。因为极贫之民，家中一贫如洗，濒临死亡边缘，朝不保夕。赈米可保全其性命，而不至于饥饿而死。而稍贫、次贫之民则不适合赈米，因为他们虽然生活艰难，但还未到毫无办法的境地，况且他们还有经营的能力而不至于束手待毙。如果让他们无所事事，天天守着官府赈济的有限的粮食，他们未必乐意。同时，如果不分情况，均给予赈米，则官仓的粮食也不够用。具体标准是：大口日支一升，小口半之；八口之家，四口给米；四口之家，二口给米。他还主张就乡集设厂，便于饥民领取，并对如何防止冒领、保持秩序给予具体的建议。赈米来源主要是本乡富户，按当时市场价购买。

二是次贫之民便赈钱。因为支钱比较方便，可以杜绝伪滥之弊。一斗米的钱可以买二三斗杂料，每日以二三升拌和野菜煮食，三斗杂料可以支撑一家五七口人数日之需。而且，次贫之民，自身有所依赖而不缺一时之米，拿到的钱还可以用来经营，筹划以后的生活。具体标准为：八口之家，四口支钱；四口之家，二口支钱。每口所支，折银二钱。为了防止经手者作弊，如果支钱则在串钱的绳索上系上钱铺以及散钱者的姓名，如果支银则在包银的纸上印上银匠以及散银者的姓名。如果发现伪造低劣或不够分量的，可以告官，对作弊者坐以侵渔之罪。鉴于散银在分割之时，难免消耗，他主张以散钱更为合适。

三是稍贫之民便转贷。就是从富民那里借出银钱，贷给稍贫之民。因为相对于极贫之民、次贫之民，稍贫之民生活较为宽裕，不需要赈济。然而荒歉之年，生产生活之用也会有短缺。如果从官府贷钱，则可能照顾不到极贫和次贫之民，因此他主张使极富之民出财以贷。官府立券担保，丰年偿还，只收本钱，不付利息。这样"贫民得财而有济，富民捐财而有归，官府无施而有惠，一举而三得备焉"。具体标准为：八口之家，四口借银，每口二钱。借期为四月，到期一次还清。

（四）针对民众急需施以救济

林希元称之为"六急"。一是垂死贫民急馈粥。垂死贫民是比极贫之民更加危急的一类饥民，极贫之民得米尚可举火，而垂死贫民不得食可能就会饿死。所以应施之以粥，济其须臾之命。为了便于饥民就食，他建议在交通要道搭建粥厂，安排官吏耆老领米做粥，所过流民，皆可就食。二是疾病贫民急医药。凶荒之年，瘟疫多发。饥民不死于饥饿，即死于疫疠。针对以往官府发银买药敛散无法的弊端，他建议州县广选名医，多备药物，下乡开局，对症开方。然后让州县印刷小票，发到各个粥厂，再出榜告知灾民，如果感染疾病可以到粥厂领取小票，去药局取药。三是病起贫民急汤米。大病初愈之后，饥民身体尚未恢复，不能领取救济粮食，如果无人照看，难免在家等死。因此，他建议让各厂赈济官派人挨家挨户寻访，遇到患病初愈的贫民则每日给米五合，一支五日。待其元气恢复，则照旧支米。四是既死贫民急募瘗。大荒之年，往往伴以瘟疫，流民多有死于道路者。泗州灾荒之时，虽有官府差官给银派人埋葬，但效果不佳。林希元选择地势较高而开阔的地方作为大坟，悬赏百姓埋尸。百姓埋尸之后，官府派人查验。于是，远近军民趋者如市，"数日之间，野无遗骸"。五是遗弃小儿急收养。他建议，凡收养遗弃小儿者，日给米一升，一支五日，每月赴局看验。如此，远近闻风，急趋收养，"旬月之间，无复有弃子于河、于道者"。六是轻重系囚急宽恤。荒歉之年，疫疠盛行，囚犯聚集一处，更易传染。因此他建议根据罪行轻重，酌情予以宽恤。

（五）重视救荒手段的权变

林希元称之为"三权"。一是借官钱以籴粜。年荒岁凶之际，粮食易于涨价，贫民更加买不起。他建议借出官帑银钱，让粮商外出买粮。买来粮食后照原价增加一分出售，救荒结束时，籴本还官。这样"官无失财之费，民有足食之利"。二是兴工役以助赈。他指出所兴之工役不是盖宫室、台榭之类的工程，而是与百姓生产及安全相关的修城池、浚河道、兴水利等工程。所用之役夫也不是穷饿垂死之民，而是次贫、稍贫之力任兴作者。三是借牛种以通变。牛种一事，事关灾后生产恢复，林希元非常重视。但是官府经赈济之后，也是财力不逮。因此，他建议派人调查百姓所有牛、种的情况。然后采取百姓互助的方法，解决生产问题。具体方法为："无牛人户，令有牛一具带耕二家，用牛则与之共养，失牛则与之均赔。无种人户，令次富人户一人借与十人或二十人，每人所借杂种三斗或二斗。耕种之时，令债主监其下种，不许因而食用；收成之时，许债主就田扣取，不许因而拖负。官为立契，付债主收执。"

（六）重视救荒弊端的防治

林希元称之为"六禁"。一是禁侵渔。对于救荒中不才官吏的诡名盗支、冒名开领、大入小出等侵渔行为深恶痛绝，认为赈济钱粮关乎饥民生死，若有侵盗，其罪比偷盗宣大沿边等处钱粮更大。甚至认为侵盗赈济钱粮二十两以上者，处以死罪亦不为过，因为这种行为可能导致无数饥民的死亡。二是禁攘盗。他主张对于灾荒之年为盗的应区分情况予以分别对待：若官府赈济未及，应该紧急予以赈济，使饥民不至为盗；若赈济已及仍犯法攘夺的，要坚决予以惩治。三是禁闭籴。他认为天下一家，百姓皆为朝廷赤子，故不能遇灾而不互相体恤。因此，灾荒之地，相邻州县不得随便闭籴，违令者，以违制论罪。四是禁抑价。年荒岁凶，米谷难免涨价，如果让富民平价出售，他们必然不愿，甚至把粮食藏起来。外地粮商见无利可图，也不会将粮食贩卖进来。灾区缺粮则更为严重，饥民生活则更为艰难。因此，他建议采用范仲淹增价之法，则粮价自平。五是禁宰牛。大荒之年，饥民迫于死亡，甚至有父子相食者，何况耕牛？虽朝廷明令禁止，仍不能免。他建议，一是加大惩罚力度，"卖者价银入官，杀者充军发遣"。二是令富民收买。仍付牛主收养，待丰年贩买，或牛主取赎。如此，则"牛可不杀而春耕有赖，民获全济而官本不亏"。六是禁度僧。他认为度僧赈济不划算，因为"一僧之度，只得十金之入，一僧之利，遂免一丁之差，十年免差，已勾其本，终身游手，利不可言"。而且，富僧多不守清规，污人妻女，有伤王化，因此度僧害多于利，理应深戒。

（七）重视救荒效率的提高

林希元称之为"三戒"。一是戒迟缓。救荒如救焚，迅速采取行动才能收到好的效果。他建议，应申戒抚按及司府州县各级赈济官员，一定要迅速地奏报灾伤，及时地给散钱粮。申报灾伤，应按照军事情报的标准限定时限，如果耽误，应与贻误军情同罪。二是戒拘文。拘于文法，乃救荒通病。"部院之命未下，则抚按不敢行；监司之命一行，则府县不敢拂。"致使朝廷纵输百万之财，亦于事无补。因此，他建议应告诫抚按司府州县等各级官员，凡是有利于灾民的救荒举措，可以便宜从事，先发后闻。三是戒遣使。他认为派遣救荒使臣，不但迎送接待费心费力，而且妨碍赈济行动。因此，建议专门敕谕抚按官，依照朝廷成法参考灾区民情风俗酌情实行，并安排各道守巡等官分遣各州县监督实行。

三 《荒政丛言》救荒思想评价

纵观《荒政丛言》上述救荒思想，发现其具有以下特点：

第一，浓厚的民本意识。虽未如董煟那样将其文名为"救荒活民"，林希元在字里行间却时时透露出浓厚的民本意识。这里有对垂死贫民、疾病贫民、病起贫民、既死贫民、遗弃小儿的怜悯和同情，也有对轻重系囚的体恤，对荒年为盗者的理解。甚至，他也能顾及富民的难处。在借官钱以籴粜中，他说："今既劝富民出贷贫民，又借其财以籴粜，则民不堪矣。"

第二，较强的实践价值。《荒政丛言》没有高深的理论，所论述的都是实实在在的救荒主张。有些是历代前贤施行有效的经验，有些是自己施行过且证明可行的救荒举措，有些是"召父老计之"共同想出来的办法。因此，具有很强的实践价值。

第三，较强的市场意识。明代中后期商品经济已较为发达，林希元也看到了市场的力量。在他的救荒思想中就体现出了较强的市场意识。无论是鼓励人们收养弃儿还是掩埋死者，都体现了运用市场的手段以利导民。关于禁闭籴、禁抑价更是体现了他对市场力量的理解和敬畏。

第四，注重发挥民间力量。虽然对民间力量的重视，一定程度上反映了明代中后期官方救荒力量的不足，但是能够意识到民间力量在救荒中的作用，也是值得肯定的。同时，某些事情，民间确实比官方更有效。最值得称道的应是利用百姓之间的熟悉，解决了审户难的问题。

　　正是因为上述优势，林希元的奏疏得到了皇帝的认可。据道光《广东通志》载，《荒政丛言》"参酌古法，体悉民情，上以其切于救民，从之"①。此外，林希元救荒思想对后世救荒著作的创作也产生了较大的影响。万历年间周孔教《荒政议》，就是参考《荒政丛言》，结合当时救荒形势和特点写成的。因此，《荒政丛言》无论是思想上，还是实践上都具有重要的价值。沈德符称赞"希元之疏，真荒政第一义"②，确非言过其实。

---

　　① 道光《广东通志》卷一百八十八《前事略八·明二》。
　　② （明）沈德符：《万历野获编》卷十二《户部·救荒》，中华书局1959年版，第319页。

明代河南灾荒及其治理研究综述

研究明代河南灾荒及其治理，有必要对20世纪以来的明代灾荒及其治理研究状况做一全面的梳理。唯此，方可以较为客观地认识河南灾荒史研究在明代灾荒史研究中所处的地位、研究取得的成果和存在的问题，进而明确未来研究的方向和着力之处。在正式叙述之前，有几点需要做出说明：第一，本部分内容是关于20世纪以来由中国人撰述且在中国大陆出版或发表论著的评述，至于海外（包括港澳台地区）学者的相关研究成果，由于条件所限，不能予以专门讨论。第二，本部分内容主要是关于明代河南灾荒史研究的评述，尽管一些论著非常有价值，因其是有关其他朝代的，或是明代其他地区的，只能忍痛割舍。前者如李文海等《近代中国灾荒纪年》、闫守诚《危机与应对——自然灾害与唐代社会》、石涛《北宋时期自然灾害与政府管理体系研究》、李向军《清代荒政研究》等，后者如魏光兴等《山东自然灾害史》、王建华《山西自然灾害史》、杨向艳《明代潮州的自然灾害与地方社会》等。第三，文中介绍现有研究成果时，对作者一律直书其名，仅出于行文简洁节约篇幅之便，并无不尊之意。第四，尽管已尽可能地收集相关研究成果，但囿于视野和精力所限，定有遗漏。就已掌握的资料而言，鉴于数量的庞大，以及内容体例的繁杂，给分类、整合和评述带来了不小的困难，不完善之处，亦所难免。

一 与明代相关的中国灾荒史研究

（一）民国时期的研究

从现代学科意义上，中国的灾荒史研究是从20世纪20年代初开始起步的。这与当时自然灾害频发且影响巨大，有着较大的关系。正如有学者所言："差不多每次重大灾荒的发生都伴随着灾荒史研究的一个繁荣阶段。"于树德于1921年发表了《我国古代之农荒豫防策——常平仓、义仓和社仓》，对仓储在备荒中的作用进行了探讨，并阐述了常平仓、社仓和义仓的性质、区别及其沿革。其后，竺可桢发表了四篇有关灾害史的论文，其中《中国历史上气候之变迁》制作了中国历代各省水灾分布表、中国历代各省旱灾分布表、中国各世纪各省水灾次数表、中国历代各省旱灾次数表，并分析了各地灾害的差异性及致灾因素。[①]

20世纪30年代形成了中国灾荒史研究的第一个高峰。黄泽苍的《中国天灾问题》分析了中国天灾的成因，指出了气候变迁是旱灾的成因，探讨了旱魃与蝗灾、气候与风灾、气候与霜雹、地理环境与水灾、地质与地震的关系。吴毓昌对我国历史上灾荒的发生、分布进行了梳理，并分析了民国的灾荒状况。徐钟渭对历代荒政制度进行了详细梳理，以期对现实有所借鉴。此外，冯柳堂对中国历代的救济措施进行了介绍。[②]

抗日战争的全面爆发，打断了灾荒史研究的正常进程。直到中华

[①] 于树德：《我国古代之农荒豫防策——常平仓、义仓和社仓》，《东方杂志》1921年第14、15号；竺可桢：《中国历史上之旱灾》，《史地月刊》1925年第6期；竺可桢：《中国历史上气候之变迁》，《东方杂志》1925年第3期；竺可桢：《论祈雨禁屠与旱灾》，《东方杂志》1926年第13期；竺可桢：《直隶地理的环境和水灾》，《科学》1927年第12期。

[②] 黄泽苍：《中国天灾问题》，山西人民出版社2014年版；吴毓昌：《中国灾荒之史的分析》，《中国实业杂志》1935年第10期；徐钟渭：《中国历代之荒政制度》，《经理月刊》1936年第1期；冯柳堂：《中国历代民食政策史》，商务印书馆1934年版。

人民共和国成立时的10余年间,关于灾荒史的研究成果屈指可数,较为重要的是王龙章编著的《中国历代灾况与振济政策》。该书概述了殷商以迄明清中国历代灾情及特别惨重的水旱灾害,并收录了历代名臣及史籍关于消极的救济对策和积极的救济对策的见解。①

除了专门对灾荒问题的探讨,民国时期的学者还在其他一些研究中对灾荒问题予以关注:柯象峰在《中国贫穷问题》中认为灾荒是导致贫穷的一个重要原因;闻亦博在对历朝粮政进行研究时,讨论了粮政与灾荒的关系。②

诸多研究中,以1937年邓云特出版的《中国救荒史》最为引人注目。该书认真梳理了中国远古传说时代以至民国时期历代灾荒发生状况、救荒措施、灾害成因及其影响,分析了历代救荒思想、救荒政策的演变,确定了此后灾荒史研究的框架,成为国内运用马克思主义观点系统研究灾荒史的奠基之作,被誉为"其中的扛鼎之作,并将中国救荒史的研究推进到一个全新的阶段"③。

民国时期的灾荒史研究,普遍具有浓厚的现实关怀,希望政府以史为鉴,更好地处置当时的社会灾荒问题;同时,注重贯通性,大部分研究都冠以"中国""历代"之名,可以更好地体现灾荒历史发展的规律性;此外,这些研究篇幅都不大,除了《中国救荒史》之外,大部分都在10万字以内。

(二) 中华人民共和国成立以来的研究

中华人民共和国成立以后到20世纪70年代末期,由于各种因素的影响,灾荒史的研究陷入了低谷。研究的成果多集中在对历史时期中国自然灾害史料的整理。这一时期,值得注意的是竺可桢于1972年发表的《中国近五千年来气候变迁的初步研究》。他利用中国古代

---

① 王龙章:《中国历代灾况与振济政策》,独立出版社1942年版。
② 柯象峰:《中国贫穷问题》,正中书局1935年版;闻亦博:《中国粮政史》,正中书局1943年版。
③ 李文海、夏明方:《邓拓与〈中国救荒史〉》,《中国社会工作》1998年第4期。

丰富的物候学和气象学史料,将之转换成现代科学可以理解的统一标度,并据此对中国近五千年来的气候变迁进行了宏观概括。他认为:在过去的5000年中,最初2000年,即从仰韶文化到殷墟时代,年平均温度比现在高2℃左右;第一次寒冷时期出现在公元前1000年的殷末周初,其后公元400年的六朝、公元1200年的南宋和公元1700年的明末清初都是气候较为寒冷的时期。以千年尺度来看,中国汉唐两代是气候相对温暖的时期。[①] 此外,地质学家王嘉荫1963年出版的《中国地质史料》编制了多种历史地质史料年表,指出地震、流星、雨土等五种自然现象在16、17世纪存在着明显的峰值。[②] 郭郛《中国古代的蝗虫研究的成就》论述了中国古代研究蝗虫的文献典籍中关于蝗虫生活习性的认识,以及防治蝗虫方面的思想和措施。[③]

20世纪80年代以来的30多年,日益严峻的环境问题,吸引了各领域专家对灾荒史研究的关注。相对于自然灾害史料整理方面那些数量众多、动辄数百万乃至上千万字的皇皇巨著,关于中国灾荒史整体性研究的著作就显得较为单薄了,尽管如此,我们还是可以发现一些有价值的研究成果。

高文学主编的《中国自然灾害史(总论)》不仅收录了有关中国历代自然灾害的史料,更在此基础上,总结出水、旱、震、虫等主要灾害的发生频度与强度,综合地反映了自然灾害变异及中华民族与自然灾害作斗争的历史。[④] 孟昭华的《中国灾荒史记》是邓拓《中国救荒史》以来唯一一本个人编著的纵观历代的灾荒史专著。该书在整理从原始社会到中华人民共和国(1988年)历代发生的自然灾害基础上,重点介绍了各代防灾、减灾和救灾的具体措施。[⑤] 孙绍骋著《中国救灾制度研究》分析了中国古代的救灾思想和救灾举措,并从救灾

---

① 竺可桢:《中国近五千年来气候变迁的初步研究》,《考古学报》1972年第1期。
② 王嘉荫:《中国地质史料》,科学出版社1963年版。
③ 郭郛:《中国古代的蝗虫研究的成就》,《昆虫学报》1955年第2期。
④ 高文学:《中国自然灾害史(总论)》,地震出版社1997年版。
⑤ 孟昭华:《中国灾荒史记》,中国社会出版社1999年版。

主体、防灾减灾以及赈济措施三个方面论述了1949年以前中国的救灾制度。① 王元林等《自然灾害与历代中国政府应对研究》论述了先秦至民国时期历代自然灾害概况、特征与政府防灾、救灾的措施；分析了自然灾害发生的自然环境和历史社会因素以及自然灾害对生态环境、区域社会和思想文化的影响。② 张涛等《中国传统救灾思想研究》在介绍先秦时期救灾思想的萌芽和初步发展之后，重点论述了西汉至清朝前期历代灾情及原因，历代帝王、大臣的救灾思想。③

此外，卜风贤深入研究了灾荒理论、历史时期灾荒发生演变规律以及农业减灾与农村社会发展等问题。④ 江立华等《中国流民史·古代卷》指出自然灾害造成大量流民，流民对经济发展、社会秩序及生态环境产生了较大的影响。⑤ 邱国珍《三千年天灾》以较为通俗的笔法记述了中国古代从远古到清朝的自然灾害及其影响，历代政府防灾、救灾的事实，对于了解中国古代自然灾害概况有一定的普及作用。张剑光《三千年疫情》概括了先秦至清朝历代基本疫情，论述了历代政府的防疫救灾措施，对与重大历史事件或重要历史人物有关的重要疫情进行了分析。⑥

除了上述全面论述中国古代灾荒史的论著，还有几部重要的论文集。赫治清主编的《中国古代灾害史研究》从不同角度分别论述了自秦汉至清末各代的灾情以及历代赈灾、防灾、减灾的对策，不仅论述了传统的救灾体制，也探讨了近代救灾体制转型等问题。其中，赫治清的《中国古代自然灾害与对策研究》梳理了秦汉以至清末历代灾情、特征以及社会影响，在此基础上总结了历代临灾救助措施和防

---

① 孙绍骋：《中国救灾制度研究》，商务印书馆2004年版。
② 王元林、孟昭锋：《自然灾害与历代中国政府应对研究》，暨南大学出版社2012年版。
③ 张涛、项永琴、谭晶：《中国传统救灾思想研究》，社会科学文献出版社2009年版。
④ 卜风贤：《农业灾荒论》，中国农业出版社2006年版。
⑤ 江立华、孙洪涛：《中国流民史·古代卷》，安徽人民出版社2001年版。
⑥ 邱国珍：《三千年天灾》，江西高校出版社2008年版；张剑光：《三千年疫情》，江西高校出版社2008年版。

灾减灾对策。① 赫平等主编的《多学科视野下的华北灾荒与社会变迁研究》内容丰富,包括灾害史料的整理和现代利用,灾害对户籍制度变革、政区调整、地权变动的影响,灾害与救济等问题。并对当下灾荒史的研究方法和理论范式进行了反思。② 赵晓华等主编的《灾害史研究的理论与方法》从灾害史研究的理论与方法、自然灾害与生态环境变迁、救灾制度及其实践、区域灾害与救济、民间赈济思想及实践等多个方面对中国灾害史进行了探讨。③

还应指出的是,部分以自然灾害史料整理为主要内容的论著,也对灾害特征及成因、灾害防治等问题进行了研究。袁祖亮主编的《中国灾害通史》在整理历代自然灾害史料的同时,还分析了历代灾害的总体趋势和基本特征,总结了历代主要灾害发生和分布的规律,并探讨了灾害发生的原因。在此基础上,论述了历代灾害观、救灾思想,以及防灾救灾制度和措施。④ 此外,宋正海等依据《中国古代重大自然灾害和异常年表总集》,整理、出版了《中国古代自然灾异动态分析》《中国古代自然灾异相关性年表总汇》《中国古代自然灾异群发期》系列丛书,揭示了自然界方方面面的相互关系及自然界变动中的整体变化图景,论述了自然灾异群发期的规律、自然灾异群发性机制等。⑤

专著之外,还有大量期刊论文和博硕士学位论文从不同角度对中国古代灾荒进行了专题探讨。

1. 中国历史灾情分析

关于中国历史灾情的总体性分析,桂慕文论述了从远古到春秋战国、两汉魏晋南北朝、隋唐五代、宋元明清各个时期中国自然灾害的

---

① 赫治清:《中国古代灾害史研究》,中国社会科学出版社2007年版。
② 赫平、高建国:《多学科视野下的华北灾荒与社会变迁研究》,北岳文艺出版社2010年版。
③ 赵晓华、高建国:《灾害史研究的理论与方法》,中国政法大学出版社2015年版。
④ 袁祖亮主编:《中国灾害通史》,郑州大学出版社2008—2009年版。
⑤ 宋正海等:《中国古代自然灾异动态分析》《中国古代自然灾异相关性年表总汇》《中国古代自然灾异群发期》,安徽教育出版社2002年版。

种类、特点。① 邵侃对先秦至明清中国农业灾害的发生情况进行了量化分析，指出中国古代农业灾害系统中水、旱、雹、风、蝗五大灾种发生频率最高，危害范围最广，致灾作用最强烈。② 滕静超等重建了中国西汉至清代的饥荒年数、次数、综合指数序列，认为不论是年数还是次数，饥荒发生的时间序列并没有显著的周期性。饥荒本身并非一种自然现象，而是天灾人祸并行的结果，在有原因说明的记载中，旱灾、水灾、蝗灾、疫灾、过重的赋税等都会引起饥荒。③ 陈玉琼等统计得出自公元前180年至1949年的2129年中，中国死亡人数在1万人以上的重大自然灾害有203次，死亡了29918000多人。④

关于中国历史灾害种类的研究，以蝗灾研究成果最为显著。陆人骥统计了中国历代蝗灾的发生次数，分析了蝗灾为祸的特征及其危害。⑤ 郑云飞指出蝗灾发生的高峰期一般在农历六月至八月之间，与旱灾密切相关。⑥ 倪根金论述了中国古代蝗灾危害、治蝗思想及其措施。⑦ 施和金分析了元明清三代中国蝗灾的地域分布情况，指出河北、山东、河南是这三代蝗灾主要集中地区。⑧ 彭世奖通过史籍梳理，阐述了中国古代官民对蝗虫的认识以及治蝗办法。⑨ 章义和全面梳理了中国古代的蝗灾巫禳，指出观念上的错误认识是古代治蝗不力的一个因素。⑩

关于疫灾，龚胜生分析了起自公元前11世纪到1911年近3000

---

① 桂慕文：《中国古代自然灾害史概说》，《农业考古》1997年第3期。
② 邵侃：《中国古代农业灾害防减体系研究》，博士学位论文，西北农林科技大学，2009年。
③ 滕静超等：《中国西汉—清代饥荒序列的重建及特征分析》，《中国历史地理论丛》2014年第4期。
④ 陈玉琼等：《中国历史上死亡一万人以上的重大气候灾害的时间特征》，《大自然探索》1984年第4期。
⑤ 陆人骥：《中国历代蝗灾的初步研究》，《农业考古》1986年第1期。
⑥ 郑云飞：《中国历史上的蝗灾分析》，《中国农史》1990年第4期。
⑦ 倪根金：《中国历史上的蝗灾及治蝗》，《历史教学》1998年第6期。
⑧ 施和金：《论中国历史上的蝗灾及其社会影响》，《南京师大学报》2002年第2期。
⑨ 彭世奖：《中国历史上的治蝗斗争》，《农史研究》1983年第3辑。
⑩ 章义和：《关于中国古代蝗灾的巫禳》，《历史教学问题》1996年第3期。

年间中国疫灾中心地、重心区以及它们的历史变迁,指出总的趋势是频度越来越高,范围越来越大;在空间分布上,各历史时期的疫灾中心均位于都城,而交通便利、流动人口多、人口密度高的地区往往也是疫灾发生的重点区域。① 张文论述了中国古代采取的各种预防和控制流行病的措施。② 王文远分析了导致疫病发生和流行的多种因素,总结了古代在面对疫病时采取的防疫措施及其效果。③

此外,夏明方指出历史时期的中国旱灾频发,因其发展缓慢、不易察觉、波及范围大等特征,危害远大于其他灾害。④ 李明志、袁嘉祖梳理了15世纪以来中国旱灾与瘟疫的伴生性情况。⑤ 龚光明论述了先秦、秦汉、魏晋南北朝、隋唐五代、宋元、明清各个时期虫灾时空分布及灾情特征、害虫观念、害虫防治政策及技术。⑥ 程谦恭等发现火灾事件存在不同时间和幅度的群发期,最显著的群发期有 8 个,分别是周代、西汉、东汉、南北朝、唐代、宋代、明代、清代群发期。火灾群发期很大程度上受制于太阳黑子周期所制约的气候冷暖干湿变化。⑦

2. 中国历史灾因分析

关于天象与灾害的关系。赵得秀指出日食导致大气环流发生反常变化,可以造成一定范围的灾害性天气。⑧ 尹志强等讨论了大尺度太阳活动对中国两千年来气候干湿变化的影响,认为在太阳活动的极小

---

① 龚胜生:《中国疫灾地理分布变迁规律研究》,《地理学报》2003 年第 6 期。
② 张文:《中国古代的流行病及其防范》,《光明日报》2003 年 5 月 3 日。
③ 王文远:《古代中国防疫思想与方法及其现代应用研究》,博士学位论文,南京中医药大学,2011 年。
④ 夏明方:《历史上的旱灾:最厉害的天灾》,《时代青年视点》2004 年第 8 期。
⑤ 李明志、袁嘉祖:《近六百年来我国的旱灾与瘟疫》,《北京林业大学学报》2003 年第 3 期。
⑥ 龚光明:《中国古代害虫观念及防治技术研究》,博士学位论文,南京农业大学,2010 年。
⑦ 程谦恭、胡广韬、张骏:《中国近三千年来火灾群发周期分析》,《火灾科学》1996 年第 1 期。
⑧ 赵得秀:《论水旱灾害的发生与日食效应的关系》,《中原地理研究》1983 年第 1 期。

年，中国的华北及南方等区域内表现出干旱的特征，反之亦然。①

关于社会因素与灾荒的关系。刘永刚、李爱军强调了社会因素在自然灾害演变成灾荒中的作用。②傅筑夫也认为灾害频发是人祸，不是天灾，人类活动对自然生态平衡的破坏才是灾害频仍、饥馑荐臻的根本原因。③王培华论述了自然灾害成因的自然性因素和社会性因素，认为前者主要是自然界的基本要素处于变动不居时对人类和环境产生的影响，以及宇宙中天体的变化引起地球上人类和其他各种环境要素的变化造成的危害；后者主要是指人口的增长以及人类不合理的经济生产生活对自然界的破坏引发的灾害。④她还认为水利发展伴随着生态环境恶化，每次水利大发展时期，都是生态环境恶化和黄河河患相对频繁的时期。⑤张之恒认为明清时期大规模持续的垦殖造成的森林植被破坏和水土流失，是这一时期黄河决溢最频繁的根本原因。⑥赵淑玲指出造成黄河流域灾害的潜在条件是自然因素，而人类不合理的经济活动则对灾害的发展起到了推波助澜的作用。⑦

关于粮食与饥荒的关系。卜风贤认为饥荒问题的实质是粮食供应量和粮食需求量之间的平衡关系被突然打破，导致饥荒发生的主要原因是粮食供应量的减少或粮食需求量的上升，而农民生活水平低下加重了饥荒灾情。⑧周全霞认为人口增长、灾害多发以及对食品占有的

---

① 尹志强等：《两千年来太阳活动对中国古代干湿的影响》，《中国地球物理2010——中国地球物理学会第二十六届年会、中国地震学会第十三次学术大会论文集》，2010年。
② 刘永刚、李爱军：《浅论中国古代天变成灾的社会因素》，《青海社会科学》2005年第1期。
③ 傅筑夫：《人口因素对中国社会经济结构的形成和发展所产生的重大影响》，《中国社会经济史研究》1982年第3期。
④ 王培华：《自然灾害成因的多重性与人类家园的安全性》，《学术研究》2008年第12期。
⑤ 王培华：《水利与中国历史特点》，《史学史研究》1999年第1期。
⑥ 张之恒：《历史时期不合理的生产活动对生态和农业的影响》，《农业考古》1989年第1期。
⑦ 赵淑玲：《黄河流域灾害问题的历史透视》，《华北水利水电学院学报》2002年第1期。
⑧ 卜风贤：《传统农业时代乡村粮食安全水平估测》，《中国农史》2007年第4期。

不平等是中国古代食品安全系统险象频出、饥荒不断的主要原因。[1]吴宾等认为人类活动往往成为自然灾害发生或加剧的社会因素,不合理的农业开发亦会造成各种灾害发生,并影响到粮食安全问题。[2]

关于环境变化与灾荒。仇立慧等认为从长期来看,气候变化与瘟疫发生具有密切关系,气候异常变化、旱涝灾害频繁出现时也是瘟疫最容易发生的时期。[3]他们还论述了饥荒与气候以及环境变化之间的关系,指出气候寒冷时期,饥荒发生频率较高;气候温暖时期,饥荒发生频率较低;严重的自然灾害,尤其是旱灾常常是历史上饥荒发生的重要和直接诱因;历史上黄河中游环境恶化也是导致饥荒发生的重要原因。[4]

此外,卜风贤比较了中西方灾荒原因的差别,认为中国的灾荒主要是由于社会救助不力造成的,属于弹性灾荒;欧洲的灾荒主要是由高强度的自然灾害所导致的,属于刚性灾荒。[5]中国传统农业科技在一定程度上减轻了灾害的破坏和威胁,然而中国农业发展的整体一致性也为农业灾荒的发生创造了条件。[6]龚光明认为小农经济的弊端使其在灾害防治中存在较大的消极作用,对环境也造成极大的破坏,从而可能加剧灾害的暴发频度和破坏强度。[7]

3. 中国古代灾荒影响研究

关于灾荒对社会的整体性影响。张文华总结了气候变迁与中国古代自然灾害、两次人口大迁徙、南北经济文化发展、社会治乱以及王

---

[1] 周全霞:《试论中国食品安全之史记》,《社会科学家》2007年第4期。
[2] 吴宾、党晓虹:《历史时期自然灾害对古代粮食安全的影响》,《农业考古》2008年第4期。
[3] 仇立慧、黄春长:《黄河中游古代瘟疫与环境变化的关系及其对城市发展影响研究》,《干旱区资源与环境》2007年第4期。
[4] 仇立慧、黄春长:《古代黄河中游饥荒与环境变化关系及其影响》,《干旱区研究》2008年第1期。
[5] 卜风贤:《中西方历史灾荒成因比较分析》,《古今农业》2007年第3期。
[6] 卜风贤:《农业技术进步对中西方历史灾荒的影响》,《自然杂志》2007年第5期。
[7] 龚光明:《论中国古代小农经济在灾害防治中的消极作用》,《农业考古》2011年第4期。

朝兴衰嬗变的关系，指出气候变迁在中国古代社会历史发展过程中起着重大的作用。① 阎守诚认为自然灾害在政治、经济、军事、民族、文化、习俗等诸多方面都对古代社会产生了影响，使社会处于特殊的危机时期。② 倪根金认为自然灾害增多，使得北方农业生产的条件逐步恶化，造成古代北方农业经济的停滞和衰落，进而造成中国古代经济重心逐渐南移。③ 仇立慧等论述了频繁发生的饥荒对社会经济及城市发展建设的影响，认为大饥荒造成人口大量死亡、迁移或流散，数量迅速下降，导致经济社会发展停滞甚至倒退。④ 吴海涛认为金元以后淮北地区纺织业逐渐落后于江南地区，其衰退的主要原因在于黄淮泛滥并致的灾害多发等。⑤ 葛剑雄认为天灾等原因可以破坏农业生产，从而推迟人口高峰的到来，以致在控制和减少人口方面起重大的甚至是决定性的作用。⑥

关于灾荒对政区调整的影响。卜风贤归纳了影响灾后政区调整的基本灾害类型，认为洪水灾害对政区调整的影响最大。⑦ 王娟梳理了自有政区建置到清政府结束这一漫长过程中灾后政区调整情况，揭示了历史时期灾后政区调整的灾害因素。⑧ 李燕揭示了黄河中游环境变化和灾害对于都市迁移发展的影响，认为除了军事政治因素之外，环

---

① 张文华：《气候变迁与中国古代史中的几个问题》，《丹东师专学报》2002 年第 3 期。
② 阎守诚：《自然灾害与古代中国社会的治乱》，《光明日报》2006 年 6 月 12 日第 9 版。
③ 倪根金：《试论气候变迁对我国古代北方农业经济的影响》，《农业考古》1988 年第 1 期。
④ 仇立慧、黄春长：《古代黄河中游饥荒与环境变化关系及其影响》，《干旱区研究》2008 年第 1 期。
⑤ 吴海涛：《试述古代淮北地区纺织业的盛衰变迁》，《中国农史》2013 年第 2 期。
⑥ 葛剑雄：《对中国人口史若干规律的新认识》，《学术月刊》2002 年第 4 期。
⑦ 卜风贤：《政区调整与灾害应对：历史灾害地理的初步尝试》，《第六届中国灾害史国际学术研讨会论文集》，2009 年。
⑧ 王娟：《中国古代灾后政区调整研究》，硕士学位论文，西北农林科技大学，2010 年。

境资源条件的变化也是驱动中国古代国都迁移的重要因素。① 仇立慧分析了古代都市迁移的类型及特点，揭示了瘟疫、饥荒等自然灾祸对都市发展的影响。② 段伟从政区的划界、治所的迁移、政区的新建和裁撤、地名的改变等方面探讨了自然灾害对中国古代行政区划的影响。③

关于灾荒与民族迁徙的关系。管彦波认为中国古代游牧社会的动荡与危机，与地区地理环境、气候的变化以及旱灾、蝗灾等自然灾害关系密切，导致了他们周期性的南迁，在一定程度上影响了中国古代历史的进程。④ 张利等论述了气候变迁与北方少数民族迁移的关系，认为中国5000年来气候的四个寒冷期对应了北方少数民族南下的历程。⑤

此外，王星光等认为历史上黄河灾害频仍，为祸匪浅，同时对黄河的治理却有力地促进了数学、力学、建筑技术、金属冶炼等科学技术的发展。⑥

4. 中国古代防灾减灾研究

关于农业防灾救灾。崔永东论述了古人以农为本、积储备荒、重视水利、崇尚节俭等预防灾害的思想，以及有关法规对预防灾害起到

---

① 李燕：《古代黄河中游环境变化和灾害对于都市迁移发展的影响研究》，硕士学位论文，陕西师范大学，2007年；李燕等：《古代黄河中游的环境变化和灾害——对都城迁移发展的影响》，《自然灾害学报》2007年第6期。
② 仇立慧：《古代黄河中游都市发展迁移与环境变化研究》，博士学位论文，陕西师范大学，2008年。
③ 段伟：《自然灾害与中国古代的行政区划变迁说微》，《历史地理》2012年第00期。
④ 管彦波：《民族大迁徙的地理环境因素研究》，《西北民族大学学报》（哲学社会科学版）2010年第3期。
⑤ 张利：《气候变迁与我国古代北方民族的南下》，《许昌师专学报》（社会科学版）1997年第4期；王会昌：《2000年来中国北方游牧民族南迁与气候变化》，《地理科学》1996年第3期。
⑥ 王星光、张新斌：《黄河与中国科技文明》，《郑州大学学报》（哲学社会科学版）1999年第1期。

的积极作用。① 邵侃等认为传统农业减灾技术在减灾备荒活动中发挥了重要的作用。他还按照现代灾害学原理，将中国古代农业灾害治理分为经验与科学共同支撑的农业灾害防测机制、技术特点鲜明的农业减灾系统和政府主导下多主体的农业灾荒赈救体系三大部分。② 龚光明等指出中国古代先民已经认识到不同的作物受自然灾害破坏的程度也有所不同，并在生产生活中充分利用生物多样性进行灾害防治。③ 陶毓汾总结了中国古代农业抗旱、防霜冻等农业气象灾害的防御技术。④ 熊帝兵认为古代农家已经总结出了一系列防灾减灾措施，以及强调多种经营、储备节用、积极发掘备荒食物等思想。⑤ 冯利兵认为中国农业减灾救荒的思想体系包括农业灾害预防思想、农业减灾思想和农业救灾救荒思想三个组成部分，并论述了先秦到明清历代农业减灾救荒思想的内容和特点。⑥ 王政军指出在长期的抗蝗斗争中，中国古代人民不断总结经验，逐渐形成了一套完备的抗蝗体系。⑦

关于城市防洪。吴庆洲认为古代以河渠为城市排水干渠，密度大，行洪断面大，调蓄系统容量巨大，是防止暴雨后城市内涝的重要经验。⑧ 吴庆洲等指出"城壕环绕、河渠穿城、湖池散布"的古城水系规划布局方式所具有的"排蓄一体化"功能对防止涝灾至关重要。⑨ 俞孔坚、张蕾以黄泛平原的古代城镇为研究对象，探讨了黄河

---

① 崔永东：《古代中国的防灾问题试探》，《北京联合大学学报》（人文社会科学版）2014年第1期。
② 邵侃、商兆奎：《传统农业时代的农业减灾技术研究》，《西北大学学报》（自然科学版）2009年第5期；邵侃：《中国古代农业灾害防减体系研究》，博士学位论文，西北农林科技大学，2009年。
③ 龚光明、严火其：《略论中国古代生物多样性观念及其在灾害防治中的应用》，《农业考古》2009年第1期。
④ 陶毓汾：《中国古代的农业气象科学技术》，《农业气象》1984年第1、3期，1985年第1期。
⑤ 熊帝兵：《中国古代农家文化研究》，博士学位论文，南京农业大学，2010年。
⑥ 冯利兵：《中国古代农业减灾救荒思想及方法研究》，硕士学位论文，西北农林科技大学，2008年。
⑦ 王政军：《我国古代蝗虫防治方法简论》，《农业考古》2012年第4期。
⑧ 吴庆洲：《古代经验对城市防涝的启示》，《灾害学》2012年第3期。
⑨ 吴庆洲等：《城水相依显特色，排蓄并举防雨潦》，《城市规划》2014年第8期。

泛滥区城镇的洪涝灾害防治经验，总结了古代城市择高地而居、修建城墙和护城堤、蓄水坑塘三大主要防洪治涝的适应性景观。[1]

关于建筑防灾。邹洪灿认为中国古代砖塔强大的抗御灾害的能力，除科学合理的筒体结构形式、行之有效的结构构造措施、精湛娴熟的施工技术外，良好的场地、地基条件也是重要的因素。[2]郑力鹏从带有防风战略意义的规划布局、量多面广的民居建筑、代表高度技术水平的大型建筑三方面总结了中国古代建筑防风的经验与技术措施。[3]肖大威认为防灾是建筑的基本目的，探讨了防灾技术与古代建筑发展动力之间的关系。

此外，吴晓煜介绍了古代煤窑的排水设施及排水方法。[4]马福贞认为中国古代民间有着强烈的防灾减灾的安全意识，他们非常重视利用岁时节日传授朴素的减灾防灾知识。[5]王仁康指出中国古代劳动人民通过对前震、地光，以及动物、地下水异常等前兆现象的长期观察，已经探索出一些地震的规律用以预报地震。[6]

5. 中国古代荒政研究

关于荒政的整体性分析。赫治清论述了中国古代报灾勘灾制度、临灾救助制度与措施、防灾减灾对策、储粮备荒的仓储制度等。[7]李向军论述了中国古代荒政产生的历史背景，以及历代荒政的主要内容和发展历程。[8]卜风贤则对邓云特"消极救荒论"和"积极预防论"提出了质疑，认为中国历代政府采取的赈济、蠲免等措施旨在缓解灾

---

[1] 俞孔坚、张蕾：《黄泛平原古城镇洪涝经验及其适应性景观》，《城市规划学刊》2007年第5期。
[2] 邹洪灿：《我国古代地基工程技术与砖塔抗震》，《古建园林技术》1988年第2期。
[3] 郑力鹏：《中国古代建筑防风的经验与措施》，《古建园林技术》1991年第3、4期，1992年第1期。
[4] 吴晓煜：《古代煤窑的排水方法》，《煤炭企业管理》2012年第10期。
[5] 马福贞：《黄河流域防灾减灾的民间习俗及应对措施》，《黄河文明与可持续发展》2014年第2期。
[6] 王仁康：《我国古代地震科学的伟大成就》，《复旦学报》1980年第S1期。
[7] 赫治清：《我国古代的荒政》（上、下），《中国减灾》2009年第2、3期。
[8] 李向军：《中国古代荒政的产生和发展历程》，《中国社会经济史研究》1994年第2期。

情，抵御饥荒，在救助饥民方面发挥了积极的作用。① 张文指出中国的报灾检灾制度形成于先秦，发展于汉魏南北朝，至两宋趋于成熟，并最终完善于明清。② 尧水根认为古代的灾害救助可以分为救灾和弭灾两类，救灾包括赈给（贷）钱粮、蠲免赋税、安置灾民、帮助恢复生产等，弭灾包括皇帝减膳、撤乐、避正殿、下罪己诏、祈祷等。③ 吴宾认为古代赈济制度以三仓制度为核心，以国家、政府抗灾救荒为主，以民间自救为辅助手段，以储粮备荒和临灾施赈为基本方式。④ 李军认为政府为了保证其救灾功效创设了激励制度，但由于激励不当又出现了众多的阻滞因素。⑤ 李军等还从经济租、政治租和名誉租三个方面分析了中国古代救荒官员的寻租行为，并从官员的考核制度、信息不对称和制度缺失三个角度分析了中国古代社会救荒中寻租行为产生的原因。⑥

关于灾荒救济。尹万东论述了中国古代荒政中实施赈济的目的、种类以及赈济过程中的用人制度及其效果。⑦ 高巍总结了古代货币赈济的资金来源、标准确定、运行程序，分析了货币赈济得以应用的原因以及货币赈济的发放标准，以及在中国古代各种灾害中的运用和实施效果。⑧ 周全霞、徐兴海通过历史文献记录计算出秦汉、唐宋及元明清时期正常口粮标准，评估了历代的赈济标准，认为中国古代赈济的标准确定较为科学，可以有效保障不同状态下灾民的食品安全。⑨

---

① 卜风贤：《中国古代灾荒防治思想考辨》，《中国减灾》2008年第11期。
② 张文：《中国古代报灾检灾制度述论》，《中国经济史研究》2004年第1期。
③ 尧水根：《中国农业自然灾害与古今救助》，《农业考古》2012年第4期。
④ 吴宾：《中国古代粮食安全问题研究》，博士学位论文，西北农林科技大学，2007年。
⑤ 李军：《"委托—代理"视角下的中国传统社会救灾》，《中国经济史研究》2009年第3期。
⑥ 李军、辛贤：《中国古代社会救荒中的寻租行为》，《中国农村观察》2007年第1期。
⑦ 尹万东：《我国古代赈济研究》，硕士学位论文，河海大学，2006年。
⑧ 高巍：《古代农村货币赈济研究》，硕士学位论文，西北农林科技大学，2010年。
⑨ 周全霞、徐兴海：《中国古代的赈济标准及民食安全》，《江西社会科学》2008年第2期。

路兆丰认为工赈在中国古代赈济措施中是比较积极的办法,有利于生产自救与发展生产。① 胡忆红以禁遏粜为例论述了中国古代荒政中市场性救荒措施的应用及其历史意义。②

关于祈禳救灾。王铭珍对历史上大灾发生后皇帝诏求大臣直谏现象进行了总结,认为某些措施暗含着朴素的唯物主义成分,不能完全说是"天人感应"灾害观下的迷信思想。③ 李军等认为政治救灾制度包括灾害祈祷以及衍生于"六事"的诸多制度,尽管这一制度有着浓厚的神秘色彩,但在古代社会有其存在的合理性。④ 杨旺生认为农灾祈禳并非古人蒙昧无知的表征,相反,祈禳仪式及其文化理念之中包蕴着极其丰富的农业生产生活智慧。⑤

关于民间灾荒应对。毛阳光认为在中国中古时期,除了政府救灾措施之外,民间的救灾活动也开始日趋频繁,成为救灾中的重要力量。具体表现在地方宗族、宗教团体、市场都参与了救灾,并起到了救济灾民、稳定地方社会、弥补政府救灾能力不足、缓解政府救灾压力的积极作用。⑥ 高建国将中华人民共和国成立前灾民的食物归结为植物类、动物类、土石类等,从一个侧面反映了古代人民面对灾荒时的苦难与抗争。⑦

关于荒政论著及思想。邵永忠考察了中国荒政史籍产生发展演变的时代背景、历史进程,及其在发展态势、编撰特色、记载对象、流传演进、指导现实救荒活动等方面所体现出来的时代特色。⑧ 唐传成

---

① 路兆丰:《中国古代的工赈思想》,《社会科学》1988年第6期。
② 胡忆红:《我国荒政中的市场性救荒措施研究——以禁遏粜为例》,《晋阳学刊》2005年第6期。
③ 王铭珍:《古代的灾后诏求直谏制度》,《河南消防》1998年第2期。
④ 李军、马国英:《中国古代政府的政治救灾制度》,《山西大学学报》(哲学社会科学版)2008年第1期。
⑤ 杨旺生:《文化人类学视域下的中国古代农灾祈禳》,《求索》2015年第3期。
⑥ 毛阳光:《中古时期民间救灾综论》,《山西大学学报》(哲学社会科学版)2006年第2期。
⑦ 高建国:《解放前中国饥民食谱考》,《灾害学》1995年第4期。
⑧ 邵永忠:《历代荒政史籍论》,《淮北煤炭师范学院学报》(哲学社会科学版)2006年第3期。

等认为中国古代政府救助思想虽然有一定的局限性,但确实起到了维护政治稳定、社会安宁的重要作用。①

二 有关河南的明代灾荒史研究

相比中国灾荒史的研究,关于明代灾荒史标志性的专著堪称凤毛麟角。就目前所见,仅有周致元的《明代荒政文献研究》、鞠明库的《灾害与明代政治》以及刘志刚的《天人之际:灾害、生态与明清易代》。然而,稀少并不代表无关紧要或乏善可陈。实际上,这几部著作在某种意义上在各自的领域都有开创性的意义。周致元首次对明代荒政文献进行了全面研究,在对明代荒政文献作出明确界定的基础上,对明代荒政文献的作者群体、版本流传及其主要内容进行了分析,并对明代救荒思想以及备荒救荒制度建设进行了深入探讨。鞠明库以灾害与明代政治之间的相互关系为主要研究对象,对灾害与明代吏治、灾害与明代政局演进、灾害与明代社会动荡进行了全面的论证,可称得上是一部深入探讨明代灾害与政治关系的力作。刘志刚则以人与自然的关系为出发点,从自然灾害、生态变迁的视角考察明清易代这一重大历史问题,令人信服地解释了自然灾害因素在明清鼎革中所起的关键作用。②

虽然专门的著作较为少见,关于明代灾荒的博硕士学位论文和期刊论文却是较为丰富的。为了叙述的方便,将从明代灾情、灾因、灾荒影响、灾荒应对、荒政论著等方面进行分析。

1. 明代灾情研究

关于明代灾情的整体性分析。周致元指出洪武时期危害农业的自

---

① 唐传成等:《我国古代政府救助思想探析》,《青岛农业大学学报》(社会科学版) 2008 年第 2 期。

② 周致元:《明代荒政文献研究》,安徽大学出版社 2007 年版;鞠明库:《灾害与明代政治》,中国社会科学出版社 2011 年版;刘志刚:《天人之际:灾害、生态与明清易代》,中南大学出版社 2013 年版。

然灾害以水、旱、蝗三种为主。① 陈友力对仁宣时期的农业自然灾害的种类、区域分布及并发特点进行了分析。② 杨华指出成化、正德年间自然灾害较以前更加频繁,严重的自然灾害,加上土地兼并、宦官专权等经济、政治因素,共同导致了灾荒的频发。③ 李峰指出明代后期灾害发生频繁,旱、蝗、瘟疫对明代后期影响最大。④ 陈关龙等认为明代中后期遇到了以旱、蝗为主体的高频次、高速率、高幅度农业自然灾害的挑战,这种穿透力甚强的农业灾害呈现出普遍性、不规则的周期性、复杂性、伴生性、积累性诸特征。⑤ 陈岭统计出明清时期出现灾荒食人现象记载达1692次,明朝出现的频率和强度都远大于清朝。明代中后期,灾荒中"人食人"现象最为多发,明末达到顶峰。这既有气候环境方面的原因,也有社会政治方面的因素。在空间分布上,北方远重于南方,北方五省占了全国总数的73.93%。这种南北分异既有生态环境的南北差异等因素,也与民风差异有关。⑥

关于明代区域性灾情分析。吴小伦将黄淮平原的黄河水患分为两个时段,即明洪武至嘉靖间,决溢较少,多股并流多发;隆庆至清咸丰朝,改道减少,决溢增多,峰值出现于崇祯、顺治两朝。空间分布上,隆庆之前多发地在豫东,隆庆至清咸丰朝转移至苏北。⑦ 杨传国等分析了淮河流域近500年洪旱事件特征及其演变规律,认为17世纪淮河流域的洪水与干旱灾害最为严重。⑧ 汪志国以明清时期有关记

---

① 周致元:《洪武时期的农业自然灾害和救灾措施》,《中国农史》2000年第2期。
② 陈友力:《明仁宣时期农业自然灾害及救灾措施述论》,《重庆社会科学》2007年第1期。
③ 杨华:《明正德、成化年间的灾荒与赈济》,硕士学位论文,江西师范大学,2008年。
④ 李峰:《明代后期灾害的特点》,《新乡师范高等专科学校学报》2006年第3期。
⑤ 陈关龙、高帆:《明代农业自然灾害之透视》,《中国农史》1991年第4期。
⑥ 陈岭:《明清时期灾荒食人现象的时空分布分析》,《宜春学院学报》2012年第6期。
⑦ 吴小伦:《明清时期黄河水患的时空分布及对区域经济影响——以黄淮平原为中心的再考察》,《郑州大学学报》(哲学社会科学版)2016年第3期。
⑧ 杨传国等:《淮河流域近500年洪旱事件演变特征分析》,《水科学进展》2014年第4期。

载淮河流域灾荒的诗歌作为基本研究素材,分析了明清两代淮河流域水灾、旱灾、潮灾、蝗灾的基本概况和特征。①

2. 明代灾害种类研究

明代灾害种类研究成果最为丰富的是关于蝗灾的研究。郑民德等认为明代捕蝗、灭蝗与蝗灾救济是国家、地方政府、基层百姓之间的政治、经济与社会行为。②马万明指出明清时期蝗灾以黄淮海地区最为严重,而崇祯年间的特大蝗灾是明清时期历时最长、遭灾区域最广、破坏烈度最强、社会危害最严重的。③韩艳英考察了明代蝗灾的灾况、发生原因及其危害,并从蝗灾的防备、救治及重建三个方面论证了明代政府的救治措施。④涂斌认为洪武至天顺是明代蝗灾的平缓期,成化至隆庆是活跃期,万历至崇祯是高峰期;受水热条件、人文因素及社会发展等多重因素影响,明代蝗灾主要集中分布于黄淮海平原地区;在应对蝗灾方面,明前中期和中后期表现出不同的效果,对明朝的政治统治产生了重大的影响。⑤王栋亮认为明代的蝗灾不论在发生的规模、发生的地域还是发生的频率次数上,都远超前代,并且体现出一定的季节性。⑥此外,吴滔论述了明清时期虫灾(不含蝗灾)的发生情况,认为明清时期农作物生物灾害不仅种类繁多,而且造成的灾情也很严重。⑦

关于疫灾。梅莉等对明代传染病的地理分布、原因及类型进行了研究。⑧邱云飞论述了明代瘟疫灾害的概况、分布特征、危害以及治

---

① 汪志国:《明清诗人笔下的淮河灾荒》,《古今农业》2012年第3期。
② 郑民德等:《捕蝗与灭蝗:明代农业灾荒中的国家、官府与基层社会》,《农业考古》2013年第1期。
③ 马万明:《明清时期防止蝗灾的对策》,《南京农业大学学报》(社会科学版)2002年第2期。
④ 韩艳英:《明代蝗灾与社会应对》,硕士学位论文,湖南师范大学,2013年。
⑤ 涂斌:《明代蝗灾与治蝗研究》,硕士学位论文,江西师范大学,2013年。
⑥ 王栋亮:《明代的蝗灾及其对农民战争的影响》,《科技视界》2014年第8期。
⑦ 吴滔:《明清时期虫灾考述》,《农业考古》2000年第3期。
⑧ 梅莉、晏昌贵:《关于明代传染病的初步考察》,《湖北大学学报》(哲学社会科学版)1996年第5期。

理的措施。① 陈旭论述了明代瘟疫的时空分布特征及其与气候的关系，政府、民间对瘟疫的应对措施，以及瘟疫对明代人口变迁、经济变迁以及社会心态变迁的影响。② 邵鲁琳分析了明代疫灾发生的次数、时空分布规律、成因和影响，并着重论述和评价了明政府防治疫灾的社会保障措施。③ 张丽芬从自然、社会等方面探讨了明代华北瘟疫暴发的原因。④ 曹树基对明代万历、崇祯年间华北地区先后发生的大范围鼠疫进行了考察，详细分析了瘟疫发生的背景以及造成的影响。⑤ 浅川则认为曹树基对万历年间华北地区瘟疫的论证不够充分，指出明代万历年间华北地区的疫病时称"大头瘟"，而非直接称鼠疫。⑥

关于震灾。童鹏飞认为在明代发生的各种自然灾害中，地震灾害发生的次数、分布范围的广泛性及其危害性均居主要地位；明代的地震具有震级大、余震次数多、波及范围广、易于诱发其他灾害等特点。⑦ 郑民德等论述了明代地震的危害性及其对社会秩序的冲击，分析了震后国家采取的应对措施。⑧

关于火灾。王建中等认为明代宫廷各种灾害接连不断，尤其火灾之频繁，在历史上极为少见，这些灾害对明代社会产生了深刻的影响。⑨ 纪宗猛按照灾害发生发展及应对的时间顺序，将明代火政分为

---

① 邱云飞：《明代瘟疫灾害史论》，《医学与哲学》2011年第1期。
② 陈旭：《明代瘟疫与明代社会》，硕士学位论文，西南大学，2011年。
③ 邵鲁琳：《明代瘟疫防治的社会保障制度研究》，硕士学位论文，辽宁师范大学，2013年。
④ 张丽芬：《明代华北瘟疫成因探析》，《忻州师范学院学报》（哲学社会科学版）2005年第6期。
⑤ 曹树基：《鼠疫流行与华北社会的变迁（1580—1644）》，《历史研究》1997年第1期。
⑥ 浅川：《万历年间华北地区鼠疫流行存疑》，《学海》2003年第4期。
⑦ 童鹏飞：《明代地震灾害的时空分布及其特点》，《临沧师范高等专科学校学报》2010年第4期。
⑧ 郑民德、吴志远：《明代的地震灾害与国家应对举措》，《辽宁教育行政学院学报》2014年第2期。
⑨ 王建中、胡凡：《明代的宫廷火灾》，《中国文化》2004年第1期；胡凡：《明代宫廷灾害略论》，《第五届中国明史国际学术讨论会暨中国明史学会第三届年会论文集》，西安，1993年。

火灾预防法律规制、火灾扑救法律规制、火灾奖惩与赈恤法律规制；论述了明代的救火组织、明代火灾犯罪主体及责任；分析了火灾尤其是重大火灾对明代政治的影响。① 梁国坚通过对王恭厂大灾有关的历史记载归纳整理，从灾变系统的外形、伴随现象的特点分析，认为这是一次强对流小尺度天气系统——强龙卷风天气过程袭击引起的。②

关于雹灾和雪灾。吴滔认为明清时期，相对于水、旱、蝗等灾害，雹灾无论在规模上还是在对于农业生产的破坏力方面都逊色得多，但是由于其发生的突然性，仍然具有相当威胁性。③ 张立等《明代雹灾的关联信息挖掘研究》通过对明代雹灾史料的整理和分类，构建了中国明代雹灾数据库，分析了雹灾与其他阵性天气现象的关系，指出明代的雹灾与雨的关联性最大，其次是风和雷电。④ 谢行炎《明代雪灾与国家救助》论述了明代雪灾的分布特征、典型雪灾及其危害。⑤

3. 明代灾荒成因分析

不少学者都认为气候变迁、人类活动对生态环境的破坏是造成明代灾害频发的重要因素。竺可桢认为中国近五千年来气候的变迁中明清时期（1400—1900 年）处于第四次寒冷期，根据这段时期内气温的变化又可分为三次寒冷期和两次温暖期。寒冷期分别是 1470 年（明成化六年）至 1520 年（明正德十五年），1620 年（明泰昌元年）至 1720 年（清康熙五十九年）和 1840 年（清道光二十年）至 1890 年（光绪十六年），而清顺治七年（1650 年）至康熙三十九年（1700 年）是这五百年中最寒冷的时期。⑥ 而于希贤教授则认为 17 世

---

① 纪宗猛：《明代火政制度研究》，硕士学位论文，华东政法大学，2013 年。
② 梁国坚：《明天启六年王恭厂灾变之气象成因探析》，《自然科学史研究》2008 年第 1 期。
③ 吴滔：《明清雹灾概述》，《古今农业》1997 年第 4 期。
④ 张立等：《明代雹灾的关联信息挖掘研究》，《四川大学学报》（自然科学版）2014 年第 5 期。
⑤ 谢行炎：《明代雪灾与国家救助》，《城市与减灾》2011 年第 1 期。
⑥ 竺可桢：《竺可桢文集》，上海科技教育出版社 2004 年版。

纪寒冷期出现的时间，比竺可桢教授研究的结论约早半个世纪。也就是说，这一冷期的到来应该往前推半个世纪，即万历初年就开始了。[①] 由此可以看出，整体偏低的气候条件，是明代中后期自然灾害频发的重要因素。陈关龙等认为明代农业自然灾害频仍的直接原因是气候的变迁与反常，而灾害之加剧是由屯垦、围湖、滥伐等致使生态平衡受到破坏的行为所引起的。[②] 吴滔认为明清时期全国范围内的盲目开垦，给整个生态系统带来深刻的影响，不仅造成了严重的水土流失，也加重了洪涝、干旱、风沙等一系列环境问题，导致水旱灾害频繁。[③] 李则怡认为历史上明清毁林垦荒、围水造田等不合理的农业开发破坏了生态平衡，造成严重后患。[④] 赵玉田认为明代北方盲目追求开发速度导致原本脆弱的生态系统被严重破坏使得灾变频繁，土地承载力不足及农民贫困则导致北方社会抗御灾害机能衰竭，社会保障无力、抗灾救荒效率低下加剧了灾荒的破坏力。[⑤]

卢勇认为黄河南侵夺淮是明清淮河流域生态巨变的重要自然原因，而人口压力下的毁林开荒、围湖垦田，治水中政治因素的困扰以及战争破坏等是淮河水灾的重要社会因素。[⑥] 梅兴柱认为黄河南行夺淮打乱了淮河流域水系的自然流向，黄河所携带的大量泥沙的淤积，导致淮河各支流行水不畅而形成水患。此外，明王朝执行"北堵南疏，抑河南行"的治河方针，长期把淮河及其支流作为黄河洪水泄洪

[①] 于希贤：《近四千年来中国地理环境几次突发变异及其后果的初步研究》，《中国历史地理论丛》1995年第2辑。
[②] 陈关龙、高帆：《明代农业自然灾害之透视》，《中国农史》1991年第4期。
[③] 吴滔：《关于明清生态环境变化和农业灾荒发生的初步研究》，《农业考古》1999年第3期。
[④] 李则怡：《从明清农业开发的负面影响看生态平衡的重要性》，《黔东南民族师范专科学校学报》2003年第4期。
[⑤] 赵玉田：《灾荒、生态环境与明代北方社会经济开发》，博士学位论文，东北师范大学，2003年。
[⑥] 卢勇：《明清时期淮河水患与生态、社会关系研究》，博士学位论文，南京农业大学，2008年。

通道，也是造成淮河水患的重要原因。① 马雪芹认为明清时期黄土高原地区的森林草原植被遭到毁灭性的破坏，严重的水土流失使中游支流挟带泥沙骤然增多，最终导致了黄河水患多发。② 王义民认为黄河流域生态环境变迁的主导因素是气候和人类活动，两者叠加共同导致了黄河流域生态环境的变迁。③ 杨运来认为明朝时期黄河中上游森林的过度砍伐，由军屯、民屯及人口迁移引起的过度垦荒和对草场的破坏，严重恶化了黄河流域的生态环境，是导致黄河水患极为重要的因素。④

关于流民活动与灾害。邹逸麟认为明中叶以来流民规模的增加，以及他们开山种植、伐木造纸、冶炼烧炭等活动，造成秦岭、大巴山区森林植被的严重破坏，水土流失加剧，使得该地区环境日趋恶化。⑤ 蔡苏龙等也指出流民的迁移以及滥砍滥伐大面积的山地森林，是明代灾害频仍的主要原因之一。⑥

关于政治与灾荒。晁中辰认为造成明末大饥荒的最主要原因是政治腐败、三饷加征和各种苛捐杂税。⑦ 鞠明库认为晚明灾害频发，具有深层次的政治因素，如救灾主体作为乏力、备荒制度有名无实、救灾环节充斥腐败、救灾决策脱离实际等。⑧ 陈关龙认为自然灾害到明中后期频率加快，规模扩大，既有气候变迁的因素，也有人类不当干

---

① 梅兴柱：《明代淮河流域水患及其治理得失》，《烟台大学学报》（哲学社会科学版）1996 年第 2 期。
② 马雪芹：《明清黄河水患与下游地区的生态环境》，《江海学刊》2001 年第 5 期。
③ 王义民：《黄河流域生态环境变迁的主导因素分析》，《信阳师范学院学报》（自然科学版）2003 年第 4 期。
④ 杨运来：《明代黄河水患发生的非自然原因及其对区域地理环境变迁的影响》，硕士学位论文，郑州大学，2006 年。
⑤ 邹逸麟：《明清流民与川陕鄂豫交界地区的环境问题》，《复旦学报》1998 年第 4 期。
⑥ 蔡苏龙、牛秋实：《流民对生态环境的破坏与明代农业生产的衰变》，《中国农史》2002 年第 1 期。
⑦ 晁中辰：《明末大饥荒实因人祸考》，《山东大学学报》2001 年第 5 期。
⑧ 鞠明库：《灾害背后的政治——晚明灾害频发的政治因素分析》，《华南农业大学学报》（社会科学版）2011 年第 2 期。

扰的影响,政治的腐败也助长了自然灾害的发展。① 李俊丽论述了明代前期北方地区的灾荒状况,从上层官员和底层百姓两个层面分析了饥荒产生的原因。② 牛建强认为明代北方水利事业的滞后和不振、旱涝灾害的频发和趋重,主要原因在于各级地方政府并未切实履行自己的职能。③

4. 明代灾荒影响研究

关于灾荒对社会的整体性影响。鞠明库认为明代自然灾害对社会的影响主要体现在:人口的大量减少和大规模迁徙,严重破坏了农业经济的发展,为明代政治演进提供了重要契机,影响了一些地区社会风俗的形成和流传。④ 刘志刚认为明朝中后期运输成本常因自然灾害而暴涨,甚至交通因灾害而突然中断,大大削弱了交通运输能力。⑤ 吴小伦指出明清时期多次发生的黄河决溢在农作物、土壤、民产、人口等方面对农业经济带来了多元化的冲击,迫使农民对农作物种植进行部分调整。⑥ 卞利认为自然灾害是明代中期淮河流域社会稳定和经济发展的重要制约因素。⑦ 王栋亮认为大规模的蝗灾从侧面推动了明末农民起义的爆发,使其表现出轰轰烈烈的特点。⑧

关于灾荒与流民的关系。沈鹏通过对明朝中期自然灾害发生的次数和频率的分析,指出自然灾害是流民产生的主要原因之一。⑨ 李俊丽从明代的灾荒、赋役等方面来重新审视明代流民产生的原因,认为

---

① 陈关龙:《明代荒政简论》,《中州学刊》1990年第6期。
② 李俊丽:《明代前期北方的灾荒与荒政》,《明史研究》2007年第7辑。
③ 牛建强:《明代北方水利滞后与官员试图改观现实的努力》,《史学月刊》2015年第3期。
④ 鞠明库:《明代的自然灾害及其社会影响》,《江西社会科学》2007年第7期。
⑤ 刘志刚:《"靠天吃饭":灾荒史视野下的明代中后期商品经济》,《中南大学学报》(社会科学版)2011年第4期。
⑥ 吴小伦:《明清时期黄河水患的时空分布及对区域经济影响——以黄淮平原为中心的再考察》,《郑州大学学报》(哲学社会科学版)2016年第3期。
⑦ 卞利:《明代中期淮河流域的自然灾害与社会矛盾》,《安徽大学学报》(哲学社会科学版)1998年第3期。
⑧ 王栋亮:《明代的蝗灾及其对农民战争的影响》,《科技视界》2014年第8期。
⑨ 沈鹏:《明朝前中期流民问题研究》,硕士学位论文,山东师范大学,2011年。

自然灾害的频繁发生，政府救荒体制的废弛是造成北方地区流民的主要原因。①

关于灾荒对生态的影响。卢勇认为频发的淮河水患对当地生态环境影响巨大，主要体现在湖泊变迁、河流改道和土壤的沙化、盐碱化等方面。② 马雪芹认为明清时期严重的黄河水患使下游地区的自然环境受到严重破坏，极大地影响了当地社会经济的发展。③ 崔宇论述了明清时期淮河水灾对流域内土壤、植被、湖泊的影响，认为明清时期的淮河水灾对生态环境产生了巨大的破坏。④ 杨运来认为黄河水患频发很大程度上改变了河南淮北地区的自然环境，并对当地的社会经济和生活带来了很大的影响。⑤

关于灾荒与政治。鞠明库认为灾害在明代政治中扮演着非常重要的角色，灾害作为一种政治手段或工具而被充分利用。无论是成化间西厂的罢而复设、嘉靖间的首辅之争，还是万历初张居正秉政、万历间罢矿税使之争等都有灾害的因素。同时，灾害的发生为吏治整顿提供了重要契机：明政府一方面主动加强对整个吏治的整顿；另一方面在官员因灾上言的推动下，在大臣因灾乞罢的传统之中对人事进行调整。⑥ 陈旭论述了因灾求言在促成明世宗开展政治改革中的作用。认为嘉靖七年（1528年）下半年的大灾荒对颇为信道的明世宗来说，有着强烈的心理影响，所以在嘉靖八年（1529年）正月两次因灾求

---

① 李俊丽：《明代前期北方地区流民成因研究》，硕士学位论文，东北师范大学，2006年。
② 卢勇：《明清时期淮河水患与生态、社会关系研究》，博士学位论文，南京农业大学，2008年。
③ 马雪芹：《明清黄河水患与下游地区的生态环境》，《江海学刊》2001年第5期。
④ 崔宇：《明清淮河水灾对生态环境的影响》，硕士学位论文，西北农林科技大学，2010年。
⑤ 杨运来：《明代黄河水患发生的非自然原因及其对区域地理环境变迁的影响》，硕士学位论文，郑州大学，2006年。
⑥ 鞠明库：《试论灾害在明代政治中的角色与作用》，《山西师范大学学报》（社会科学版）2012年第5期；鞠明库：《自然灾害与明代政局演进》，《北方论丛》2011年第5期；鞠明库：《灾害与明代吏治》，《河南师范大学学报》（哲学社会科学版）2009年第4期。

言,促成了嘉靖八年初的大力改革。① 安介生论述了灾荒造成的灾民流动对明朝社会管理,尤其是户籍制度的冲击。

5. 明代防灾备荒研究

(1) 明代仓储研究

关于仓储制度的整体性研究。陈关龙从兴废、演变、管理及功能等方面对明代的备荒仓储制度进行研究,指出到了明代中后期,由于流弊丛生,备荒仓储逐渐失去了应有的作用。② 崔赟认为明代仓储制度在灾荒赈济中发挥了重要的作用,其兴废不常,原因是多方面的。③ 陈佐立考察了明代粮仓的分类、用途和演变过程,整理了明代两京十三布政司所属粮仓的分布。④ 鞠明库指出为积粮备荒,明代政府采取了诸多举措,除了将预备仓积粮数量与地方官的考核、黜陟进行挂钩,还推行了纳粟入监、纳粮任官、纳粮免考、纳米充吏等办法。⑤ 周琳琳通过对仓官的设置和职责、铨选、任职、迁转等方面的考察,分析了明代府州县仓的运作特点。⑥ 胡火金等论述了明代乡里看仓老人的遴选和任用、职责和作用、弊端及其改革,认为看仓老人在预备仓运行管理的各个环节中都发挥了重要作用,但其徇私舞弊、侵盗仓粮等诸多弊端亦成为预备仓最终衰败的一个重要原因。⑦ 李庆奎认为在预备仓衰落的过程中,常平仓、社仓、义仓等极具民间色彩的仓储逐渐兴起,民间力量更多地参与救灾活动,慢慢主导了地方的公共事务,对基层社会的权力架构产生了重大影响。⑧ 汪火根认为明代前期

---

① 陈旭:《因灾求言与嘉靖八年初明世宗的改革》,《西南大学学报》(社会科学版) 2013 年第 5 期。
② 陈关龙:《论明代的备荒仓储制度》,《求索》1991 年第 5 期。
③ 崔赟:《明代的备荒仓储》,《北方论丛》2004 年第 5 期。
④ 陈佐立:《明代粮仓研究》,硕士学位论文,福建师范大学,2002 年。
⑤ 鞠明库:《积粮备灾与明代吏治》,《三峡大学学报》(人文社会科学版) 2009 年第 2 期。
⑥ 周琳琳:《明代府州县仓官研究》,硕士学位论文,东北师范大学,2013 年。
⑦ 胡火金、张焕育:《明代乡里"老人"看管备荒粮仓》,《中国社会科学报》2012 年 1 月 18 日第 5 版。
⑧ 李庆奎:《明代备荒政策变化与基层社会变迁》,《天中学刊》2006 年第 6 期。

预备仓为备荒的主要方式，明中后期以后，出现了由地方乡绅募捐为主的社仓，在社区赈济和基层社会控制中发挥着重要作用。①

关于预备仓的研究。梁方仲对预备仓的积粮标准、预备仓衰败的原因进行了深入探讨，认为所定标准过高、经手人户的侵盗和豪猾冒借亏欠是预备仓衰败的重要原因。② 钟永宁对预备仓的建置、仓谷来源、仓储管理和兴废等进行了考察。③ 顾颖论述了明代预备仓的积粮数额、得粮之法，并指出了预备仓运行中的弊端。④ 陈旭认为明朝预备仓的创立是一个持续约数年的过程，并非一蹴而就。从洪武二十一年六月明太祖下令由中央政府推动创立预备仓开始，大约至洪武二十四年为预备仓大规模创设的高峰时期，并且只是在布政司、府、州、县系统设置，各都司卫所系统设立预备仓，大约是在正统初年。⑤ 张焕育认为预备仓的创立极大地增强了明王朝抵御自然灾害、保障粮食供给的能力，在救灾恤民、赡军养民、抚养孤贫等方面发挥过巨大的作用。⑥ 胡火金认为预备仓政及其运行管理，虽然规制完整，但在仓政考核及奖惩、仓储处置管理权限、仓官开仓放赈管理等方面存在着难以克服的弊端。⑦ 蔡小平认为预备仓的建设为实行"先赈后闻"的荒政政策创造了条件，避免了因报灾、勘灾、赈灾途中时间的消耗，加快了救灾的进程。⑧

(2) 农业生产技术防灾

宋湛庆总结了宋元明清时期利用农业生产技术上备荒救灾的主要经验，认为参植以防水旱、种植救荒作物、灾后补种和补救是较为有

---

① 汪火根：《明代仓政与基层社会控制——以预备仓和社仓为例》，《龙岩师专学报》2004年第2期。
② 梁方仲：《明代的预备仓》，载《梁方仲经济史论文集补编》，中州古籍出版社1984年版。
③ 钟永宁：《明代预备仓论述》，《学术研究》1993年第1期。
④ 顾颖：《明代预备仓积粮问题初探》，《史学集刊》1993年第1期。
⑤ 陈旭：《明代预备仓创立时间新论》，《农业考古》2010年第1期。
⑥ 张焕育：《明代预备仓研究》，硕士学位论文，苏州大学，2010年。
⑦ 胡火金：《明代预备仓管理的弊端及其启示》，《学习与探索》2013年第5期。
⑧ 蔡小平：《明代预备仓与先赈后闻探析》，《内江师范学院学报》2014年第3期。

效的办法。① 叶依能分析了明清时期采取的农业防灾技术,包括选择作物品种、实行精耕细作以及灾后补救和补种,认为这些措施简单、易行、实用,投入少,效果好。② 马万明论述了明清时期防治蝗灾的对策,包括加强治蝗法规建设、发动群众根治蝗虫滋生地,以及开展农业、生物、人工防治等方法。③

6. 明代荒政研究

(1) 明代荒政总体研究

陈关龙论述了明代荒政的对象、内容及其效益,指出了明代后期荒政实施中出现的弊端及其严重后果。④ 叶依能认为明代统治阶级较为重视救灾,荒政制度已逐渐完备,出现了以立法保证荒政实施的趋向。⑤ 鞠明库认为明代的荒政建设较为完善,表现为荒政制度趋向完备、救荒立法逐步加强、荒政监察趋于强化,并一度取得了良好的效果。同时,制度僵化、备荒不力、政治腐败等问题致使荒政难以有效施行。⑥ 张兆裕认为明代荒政集其前各代荒政经验、政策之大成,并根据明代的情况对传统荒政加以发展改造,形成完整有机的体系,实现了制度化和法律化。他还认为万历中期至崇祯末年的救荒工作虽然一直在进行,但是政府的荒政已经基本荒废了。⑦ 赵昭论述了明代灾荒救治制度、救灾措施和明代荒政的弊端,着重分析了民间救荒活动中组织者及其动机、救荒方式与方法、与政府的合作与冲突。⑧ 王卫平、戴卫东认为明朝历代统治者都较为重视社会保障,结合救荒措施

---

① 宋湛庆:《宋元明清时期备荒救灾的主要措施》,《中国农史》1990年第2期。
② 叶依能:《明清时期农业生产技术备荒救灾简述》,《中国农史》1997年第4期。
③ 马万明:《明清时期防止蝗灾的对策》,《南京农业大学学报》(社会科学版)2002年第2期。
④ 陈关龙:《明代荒政简论》,《中州学刊》1990年第6期。
⑤ 叶依能:《明代荒政述论》,《中国农史》1996年第4期。
⑥ 鞠明库:《明代荒政的特点及历史评价》,《云南师范大学学报》(哲学社会科学版)2009年第5期。
⑦ 张兆裕:《明代对传统荒政的继承与完善》,《明史在中国史上的地位国际学术研讨会》,厦门,2010年;张兆裕:《变迁中政府权力的转移》,万明主编《晚明社会变迁问题与研究》,商务印书馆2005年版。
⑧ 赵昭:《明代的灾荒救治》,硕士学位论文,郑州大学,2002年。

的推行，在一定程度上缓解了因灾荒而渐趋紧张的社会矛盾。①

(2) 明代不同时段的荒政

周致元指出明初最常用的救灾措施是蠲免灾民田租和赈济饥民，蠲免的特点表现为将灾区税粮全部免除；而赈济数额在洪武二十年后有大幅度增加，赈济对象由以户为单位转为以口为依据。②杨天保认为朱元璋在具体掌握灾情和深究灾因的过程中推行廉政建设，既缓解了灾情，又在一定程度上抑制了贪欲。③洪书云认为蠲免与赈恤是洪武年间对灾贫农民实行休养生息的重要经济举措，对于恢复生产、维护税源、缓和阶级矛盾起到了重要的作用。④蔡小平认为明代洪武、永乐时期是明朝荒政的初步形成和完善时期，通过采取积极的荒政措施，为明初社会安定，农业发展，国力强盛奠定了基础。另外，这一时期较多实行宝钞赈济，虽然有利于提高救灾的效率，而实际中却增加了灾民的负担。⑤陈友力分析了明代仁宣时期的救灾措施和救灾力度，认为"仁宣致治"也反映在救灾措施方面。⑥杨华认为成化、正德年间，统治阶层对灾荒的重视程度远远低于明前期，加上财政的捉襟见肘，国家在救灾中出现了以"蠲免"和"赈粜"为主的特点。⑦鞠明库通过对正德、万历间两次水灾的灾损情况、报勘程序、主赈形式、救灾措施等的比较，指出政治腐败、财政困窘、救荒机制僵化，导致了明中后期灾害应对

---

① 王卫平、戴卫东：《明代传统社会保障政策述论》，《宿州学院学报》2005 年第 5 期。
② 周致元：《洪武时期的农业自然灾害和救灾措施》，《中国农史》2000 年第 2 期。
③ 杨天保：《朱元璋廉政救荒述评》，《玉林师范学院学报》(哲学社会科学版) 2002 年第 2 期。
④ 洪书云：《明代洪武年间的蠲免与赈恤》，《郑州大学学报》(哲学社会科学版) 1987 年第 3 期。
⑤ 蔡小平：《明代洪武永乐时期的荒政概述》，《防灾科技学院学报》2013 年第 3 期。
⑥ 陈友力：《明仁宣时期农业自然灾害及救灾措施述论》，《重庆社会科学》2007 年第 1 期。
⑦ 杨华：《明正德、成化年间的灾荒与赈济》，硕士学位论文，江西师范大学，2008 年。

能力不断下降。①

(3) 明代荒政立法及相关制度

荒政立法方面。李鸣认为明朝救荒法令内容丰富，社会作用明显，可以帮助广大灾民维持生存，恢复生产。② 蔡小平指出为了保证荒政顺利而有效地进行，明太祖制定了较为详细的法律条文，对灾害防治、灾害赈济、赈灾官员选用、荒政监察与腐败治理都予以明确规定。通过荒政立法，惩治了救灾中的腐败，提高了救灾的效率，减轻了灾荒对社会生产力的破坏。③

荒政制度方面。鞠明库认为明代已形成一套包括报灾、勘灾、决策、赈济等环节的较为完善的救灾程序，对于规范救灾行为、减少腐败是有利的。勘灾方面，明代经历了遣使勘灾、地方官踏勘与户部覆勘结合、监察官广泛参与、巡按主导等阶段，形成了一套较为严密的勘灾机制。同时，明代加强了报灾、勘灾、赈济等救灾环节，以及仓储、水利等备灾环节的监察，监察主体由多元趋向抚按一体。因此，到了明中后期，抚按已成为灾荒救济的核心力量。他们奏报灾伤，请蠲请赈；踏勘灾伤，核实灾情；受命赈灾，主持赈务；监督赈济，澄清吏治。二者职任有交叉也有分工，巡按侧重勘灾和救灾监察，巡抚侧重报灾和领导赈灾，共同负责灾荒的救济。在用人方面，鞠明库认为明代救灾官员的选任，既重廉洁，亦重能力；既承继传统的遣使救灾，又充分发挥巡抚的多重作用，并重视府州县赈务官的选任。④

(4) 明代荒政措施

关于灾蠲。张兆裕指出万历二十七年起明神宗对朝政采取消极

---

① 鞠明库：《试析明中后期政府灾害应对能力的嬗变——以正德、万历间两次水灾政府应对的比较为视角》，《郑州大学学报》（哲学社会科学版）2014年第4期。
② 李鸣：《明朝救荒立法述略》，《现代法学》2000年第4期。
③ 蔡小平：《明太祖的荒政立法》，《防灾科技学院学报》2012年第4期。
④ 鞠明库：《明代救灾的基本程序与效率》，《兰州学刊》2014年第5期；鞠明库：《明代勘灾制度述论》，《中国社会经济史研究》2014年第1期；鞠明库：《试论明代的荒政监察》，《河南师范大学学报》（哲学社会科学版）2011年第5期；鞠明库：《抚按与明代灾荒救济》，《贵州社会科学》2013年第1期；鞠明库：《明代救灾用人问题》，《江西社会科学》2009年第7期。

态度，各地报灾请蠲之疏往往留中不发，之前蠲免频繁，之后则日渐减少。此外，万历后期国家的财政状况恶化，也直接限制了蠲免的力度。① 他还论述了地方士绅对于田赋征收与救荒关系的看法、灾蠲受到重视的原因、士绅们为实现灾蠲所做出的努力以及表达诉求的途径等。他认为士绅们为灾蠲而努力的过程中，表现出了对地方事务较强烈的参与意识，这使得他们在维护利益的同时，对地方官员的行为起到了一定的监督作用。② 商传分析了永乐朝全国户口、税粮及主要地区蠲免赈济的数据，指出明代的灾害政策在明初有一个明显的转变，即从官方一次性蠲赈与减免租赋，演变为普遍的减赋与减赋后的地方救治，指出这种转变体现了中央集权能力的下降，以及国家应灾政策的变化。③ 鲁建国认为万历时期的灾蠲制度一方面有利于缓解因灾荒触发的经济危机，另一方面灾蠲的实施受明神宗个人意志的影响很大。灾蠲种类中多蠲存留而少蠲起运，以及改折形式的灾蠲很难让灾民从中得到实惠，灾蠲在实施过程中出现的吏治腐败又使灾蠲成效大打折扣。④

关于赈济。段自成等认为明代后期的煮赈制度已近于完善，成为荒年救饥的主要方式，并发挥了不可替代的作用。⑤ 龚小峰论述了明代赈粥的方法、粥粮的来源、粥厂的管理等，指出赈粥以其简易可行、成本不高、救治迅速、颇具实效性而被广泛采用。⑥ 鞠明库等认为设立粥厂只是临时性的救济措施，无法从根本上解决问题，而官吏的贪腐又使粥厂在救灾中的作用大打折扣。⑦ 顾颖论述了明代赈粮的

---

① 张兆裕：《明代万历时期灾荒中的蠲免》，《中国经济史研究》1999年第3期。
② 张兆裕：《明后期地方士绅与灾蠲——灾荒背景下明代社会的政策诉求》，《明史研究论丛》2013年第11辑。
③ 商传：《从蠲赈到减赋——明政府灾害政策转变的三个个案》，赫治清主编《中国古代灾害史研究》，中国社会科学出版社2007年版。
④ 鲁建国：《万历时期的灾蠲制度研究》，硕士学位论文，云南师范大学，2003年。
⑤ 段自成、张运来：《明代后期煮赈研究》，《殷都学刊》1997年第3期。
⑥ 龚小峰：《论明代的赈粥》，《东南大学学报》（社会科学版）2003年第4期。
⑦ 鞠明库、李秋芳：《论明代灾害救济中的粥厂》，《防灾科技学院学报》2007年第4期。

来源、方式和效果，指出了制约明代赈粮之惠的主要因素。① 黄强论述了明代中后期白银赈济兴起的原因以及白银赈济的程序、资金来源、标准及主要用途。认为使用赈银避免了粮食赈济等方式耗时长、损耗大等缺点，从而能够有效地稳定灾区的社会秩序，并有力地支持灾后重建。②

关于民间赈济。赵昭分析了明代民间力量参与赈济的动因以及赈济的具体方式，认为民间赈济不仅力度大，而且组织严密、方式稳妥。③ 胡卫伟等指出自宣德年间开始，由于官方赈济系统渐趋不振，因而逐渐动员民间参与赈济以减轻朝廷的负担，正统以后，民间赈济的地位有了进一步的上升。④

关于劝分。赵克生指出明代奖劝措施由汉代以来的"入粟补官"为主演变成"义民旌表"为主，这一举措有利于充实仓廪、灾荒赈济、稳定社会秩序。⑤ 方志远认为持续不断的天灾和大范围的饥荒促使"旌异优免""冠带荣身""纳米入监"政策的相继推出并不断降低门槛，这折射出了国家权力与社会财富之间态势的变化。如果说"旌异优免"是政府对富民"义举"的奖励，"冠带荣身"则是政府以国家荣誉和社会财富进行的"明码标价"的交易。而富民在"冠带荣身""纳米入监"过程中的讨价还价，更是将财富"待价而沽"，颇有"俯视"国家权力之势。⑥

关于禳灾。周致元指出，在制约昏君暴主苛政害民、抑制贪官佞臣的胡作非为方面，制度化的祷雨活动具有积极的功能。明世宗朝君臣的宗教活动中，有一部分是为了消除或减轻自然灾害，以救灾为目

---

① 顾颖：《明代赈粮研究》，《中国社会经济史研究》1993年第4期。
② 黄强：《明代中后期的白银赈济》，硕士学位论文，江西师范大学，2013年。
③ 赵昭：《论明代的民间赈济活动》，《中州学刊》2007年第2期。
④ 胡卫伟、刘利平：《明前期民间赈济的初步考察》，《江西师范大学学报》（哲学社会科学版）2003年第6期。
⑤ 赵克生：《"义民旌表"：明代荒政中的奖劝之法》，《史学月刊》2005年第3期。
⑥ 方志远：《"冠带荣身"与明代国家动员——以正统至天顺年间赈灾助饷为中心》，《中国社会科学》2013年第12期。

的宗教祭祀活动通常也伴随有赈济、蠲免等救灾的实政，对朝中政治格局产生了一些影响，也为整饬刑罚和吏治提供了契机。① 徐芳芳论述了明朝禳灾的事由、主体、客体、主要禳灾仪式，对明朝禳灾的效果进行了较为客观的评价。②

此外，戴卫东总结了明代采取的提供基本生存条件、编籍管理、鼓励垦荒、免租税等安辑流民的政策和措施，认为这些政策对社会的稳定和经济增长起到了很大的促进作用。③

（5）明代荒政的弊端

门娜指出制度僵化、程序冗长是明代荒政存在的突出问题，致使实际的救济效果并不尽如人意。④ 肖发生等指出明前期荒政中的报灾、勘灾、蠲免、发赈、安抚、仓储、水利等各方面均存在着诸多的腐败问题，得益于政府采取措施的行之有效，使明代社会仍然能在破坏—重建—再破坏—再重建的历史轨迹上继续向前发展。⑤ 刘卫英认为匿灾是灾害发生与地方官员政绩、人格评价紧密对应关系的表现，匿灾的原因在于将灾害体现出的天意责罚归结到地方官员行事上，导致地方官员为避免追责而匿灾。⑥

此外，余飞勇论述了明代荒政与生员群体之间的关系，分析了生员在救灾中的作为和影响。⑦ 腾朋认为明前期通过法规、制度确保灾情信息传播的效率与真实，然而信息渠道的过度集中在明中后期也显现出弊端，皇帝的昏庸导致灾情传播系统几近瘫痪。⑧

---

① 周致元：《明代君臣祷雨的宗教阐释》，《安徽大学学报》（哲学社会科学版）2002年第1期；周致元：《明世宗朝的宗教救灾活动》，《安徽史学》2005年第2期。
② 徐芳芳：《明朝官方禳灾研究》，硕士学位论文，江西师范大学，2010年。
③ 戴卫东：《明代安辑流民政策述论》，《苏州大学学报》（哲学社会科学版）2003年第1期。
④ 门娜：《浅论明代荒政的弊端》，《科技创业家》2013年第6期。
⑤ 肖发生、方志远：《明前期荒政中的腐败及治理》，《北方论丛》2007年第1期。
⑥ 刘卫英：《明清灾害叙事中匿灾事象的文学言说机制》，《东疆学刊》2013年第1期。
⑦ 余飞勇：《生员与明代荒政》，硕士学位论文，江西师范大学，2011年。
⑧ 腾朋：《明代灾情传播研究》，《新闻大学》2007年第2期。

7. 明代荒政文献和思想

关于荒政文献。鞠明库认为明代荒政史籍是明代荒政建设的重要组成部分和集中反映，具有经世致用的实用价值、反映历史的史学价值和保存资料的文献价值。① 董恺忱分析了明代救荒植物著述众多的原因、学术价值及相互关系。② 祁磊认为万历朝的救荒专著具有目的明确、内容丰富、救荒措施灵活变通的特点，但也存在逻辑简单的缺陷。③

关于荒政思想。周致元认为朱元璋年少时的灾荒经历是其救荒思想形成的独特社会背景，朱元璋时期的荒政措施虽然不够完备，但其确立的救荒备荒的原则、方法却成为后来明王朝荒政建设的基本范式。④ 王卫平也认为朱元璋重视荒政，与他出身贫苦以及早年复杂的人生经历有关。⑤ 蔡小平考察了朱元璋因时制宜的荒政思想。⑥ 王卫平论述了丘浚以平时预防为要，强调政府救灾责任，明确官员职责的荒政思想。⑦ 熊帝兵总结了宋应星主张掌握规律，务尽人力抗御灾害的思想。⑧ 李秋芳认为林希元救荒思想的突出之处在于强调救荒贵在得人，将灾民分等区别救济，重视灾后农业生产恢复，充分利用民间力量赈济灾荒四个方面。⑨ 孙良玉论述了明代的仓储备荒思想、发展经济备荒思想、祈禳思想，以及积极救治思想和顺天应人的弭灾思

---

① 鞠明库：《试论明代荒政史籍及其价值》，《天府新论》2008 年第 6 期。
② 董恺忱：《明代救荒植物著述考析》，《中国农史》1983 年第 1 期。
③ 祁磊：《试论万历朝救荒专著的特点》，《宝鸡文理学院学报》（社会科学版）2006 年第 3 期。
④ 周致元：《朱元璋的救荒思想和荒政措施》，《安徽史学》2000 年第 2 期。
⑤ 王卫平：《朱元璋社会保障思想研究》，《华中师范大学学报》（人文社会科学版）2012 年第 4 期。
⑥ 蔡小平：《明太祖的荒政思想探析》，《经济与社会发展》2012 年第 10 期；蔡小平：《明太祖"因时制宜"的荒政思想》，《城市与减灾》2013 年第 1 期。
⑦ 王卫平：《丘浚社会保障思想研究》，《苏州大学学报》2012 年第 4 期。
⑧ 熊帝兵：《〈天工开物〉中的抗灾思想和技术探析》，《宜春学院学报》2012 年第 9 期。
⑨ 李秋芳：《林希元救荒思想述论》，《农业考古》2008 年第 6 期。

想。① 张兆裕论述了贫富相资论的内涵，指出受贫富相资论的影响，许多富民在救荒中采取了比较积极的态度。②

三 明代河南灾荒及其治理研究

目前，关于明代河南地区灾荒研究的专著仍属空白，本部分的论述只能以有关明代河南灾荒的博硕士学位论文和期刊论文为基础，从明代河南灾情、灾因、灾荒影响、灾荒应对、救荒思想等方面进行展开。

（一）明代河南灾情研究

（1）关于明代河南灾害的总体性分析

迭小方指出明代河南的天灾主要以水涝、干旱、蝗灾为主，且多以旱涝、旱蝗、水旱饥荒等灾害链或灾害组的形式存在，呈现出地域普遍性、广泛性的特点。③ 马雪芹从旱、涝、蝗、盐碱、风、沙、雹、震等几个方面分析了明清时期河南省自然灾害的发生情况。④ 朱永杰等分析了洪武年间河南各府之间自然灾害的数量、类型和程度，指出南阳、汝宁二府及汝州较少，河南、开封、归德、彰德、卫辉、怀庆等府州皆有灾害发生，而开封府则是自然灾害类型较多、洪涝频次最多的地域。⑤ 邢方明认为晚明河南地区灾害种类较多，以水灾、旱灾、虫灾和饥馑为主，且具有伴生性和积累性。⑥

（2）关于明代河南灾害的区域性分析

钟兆站等根据旱涝史料，运用旱涝等级评定法和农田水分平衡

---

① 孙良玉：《明代的救灾思想及现代启示》，《社会科学家》2013年第6期。
② 张兆裕：《贫富相资论与明后期的荒政思想》，《第十届明史国际学术讨论会论文集》，南京，2004年。
③ 迭小方：《明代河南的赈济慈善研究》，硕士学位论文，华东师范大学，2012年。
④ 马雪芹：《明清河南自然灾害研究》，《中国历史地理论丛》1998年第1期。
⑤ 朱永杰、韩光辉：《洪武年间河南自然灾害时空特征探析》，《农业考古》2014年第4期。
⑥ 邢方明：《晚明河南的灾荒救治（1573—1644）》，硕士学位论文，东北师范大学，2006年。

法，对河南省境内淮河流域1470—1980年逐年的旱涝状况进行了评定；并采用"区域综合法"，重建了河南省境内淮河流域1470—1980年近五百年的旱涝等级序列。① 王学要论述了明代河南地区黄河水患的概况、特点及河防措施、治理思想，总结了在治河过程中积累的经验，包括水情监测预报、培筑堤工、堤防养护、利用黄河兴修水利等。② 陈晓玲论述了明代豫北地区自然灾害的特点，指出灾害发生的高频度、类型以水旱灾为主、季节性和区域性等特点。③ 郭文韬探讨了商丘地区两千年来旱灾发生发展的规律，包括干旱的周期性、干旱的季节分布规律，以及连年干旱的频率等问题，认为商丘地区历史时期发生的旱灾是有周期性的，并且周期有逐渐缩短的趋势。④ 曹隆恭分析了商丘地区历史时期水灾发生的规律、周期、季节分布、连年水灾的频率，以及河决的周期与季节分布的规律。从时段上看，商丘地区水灾及河决的周期有逐渐缩短的趋势；从季节分布上看，商丘地区历史时期发生的水灾以夏季最多。⑤

（3）关于明代河南旱灾的研究

萧廷奎等整理了明代河南的旱情史料，制作了明代旱期表（1371—1641年），指出了本阶段连续性干旱的间隔周期。⑥ 萧廷奎、李长傅等还发现河南自元代以来共有11次特大干旱，且具有季节性、区域性、旱情重于涝情、特大干旱与太阳黑子活动相对数之间存在着

---

① 钟兆站、李克煌、阎育华：《河南省境内淮河流域近五百年旱涝等级序列的重建》，《河南大学学报》（自然科学版）1994年第4期。

② 王学要：《明代河南地区黄河水患与治理思想研究》，硕士学位论文，郑州大学，2011年。

③ 陈晓玲：《明清时期豫北地区自然灾害研究——1368—1840》，硕士学位论文，广西师范大学，2015年。

④ 郭文韬：《商丘地区的干旱规律及其治旱的历史经验》，《中国农史》1993年第1期。

⑤ 曹隆恭：《商丘地区的水灾规律及其治水的历史经验》，《中国农史》1990年第3期。

⑥ 萧廷奎等：《河南省历史时期干旱规律的初步探讨》，《开封师范学院学报》1961年第00期。

某种关联性等特征。① 向安强等论述了明清以来河南旱灾的概况、特征及其原因，指出明清以来河南旱灾更为频繁和严重，具有频度大、范围广、持续时间长，季节性、区域性强，灾害链式特征显著、危害大等特征。② 鞠明库论述了明代河南旱灾的特征、危害以及社会应对，认为明代河南旱灾具有频率高、持续时间长、后期重于前中期、空间分布广、地域和季节分布不平衡等特点。③ 李艳萍等通过对明代277年河南地区干旱灾害史料的整理、分类与统计分析，从频次和强度两个方面分析了河南地区干旱灾害的时空分布特征，结果表明：河南地区在明代共发生干旱灾害88次，其中1级旱灾35次，2级大旱灾38次，3级特大旱灾5次。在时间分布上，呈现出前期少、中后期多的特点，其中后期尤为突出；在发生季节上，多集中于春、夏季，秋季次之，冬季最少。在空间分布上，豫北地区既是干旱灾害易发区，也是干旱灾害最严重的地区；豫西地区干旱灾害发生频次偏低，但干旱灾害强度偏大；地处西南的南阳府干旱灾害发生最少且强度最低。④ 李谢辉等在1450—1979年分区历史水旱灾年频率计算的基础上，利用GIS技术从时空尺度上对河南省干旱灾害危险性、洪水灾害危险性、水旱灾害综合危险性进行了分析。⑤

（4）关于明代河南水灾的研究

刘如仲以杨东明的《饥民图说》为基础对万历二十一年河南的水灾进行了描述。⑥ 吴朋飞等分析了明代河南大水灾城洪水灾害发生的时空特征及其发生的规律，结果表明：明代河南大水灾城洪水灾害共发生101次，平均每3.65年发生一次，14世纪80年代、15世纪70

---

① 萧廷奎、彭芳草、李长傅：《河南省历史时期干旱的分析》，《地理学报》1964年第3期；李长傅：《李长傅文集》，河南大学出版社2007年版，第450—468页。
② 向安强、贾兵强：《略论明清以来的河南旱灾》，《农业考古》2005年第3期。
③ 鞠明库：《明代河南旱灾与社会应对》，《华北水利水电学院学报》（社会科学版）2010年第5期。
④ 李艳萍等：《明代河南地区干旱灾害的时空特征分析》，《干旱区资源与环境》2015年第5期。
⑤ 李谢辉、王磊：《河南省历史水旱灾害危险性分析》，《资源科学》2012年第8期。
⑥ 刘如仲：《从〈饥民图说〉看河南水灾》，《史学月刊》1982年第4期。

年代、16世纪30年代、16世纪90年代灾害最为频繁；灾害季节性强，主要集中在夏秋两季，具体为农历的六月至九月间；主要类型为河灌型灾害，占水灾总次数的46%；河溢型、雨灾型各占水灾总次数的35%、19%。明代河南有64个州县发生水灾，约占全省的61.5%；处于黄河南泛区的开封府、归德府受灾严重，南阳府、汝宁府受灾最轻；总体特征为东部密、西部疏，黄河沿岸及其泛区、沁河流域、伊洛河下游密，其他流域及支流疏。①

（5）关于明代河南蝗灾的研究

王静指出明末河南蝗灾具有连年性、阶段性、区域性、继起性、积累性等特点，其范围几乎遍及河南全省，以黄河沿岸最为严重。三朝相比，蝗灾的发生年频率逐渐增长，崇祯朝的灾情最严重；蝗灾多发生在夏秋季节，并和旱灾有着密切的关系。②

（二）明代河南灾荒原因研究

（1）关于自然因素与明代河南灾荒

盛福尧较早论述了河南历史上的气候变化规律及极端气候，认为河南历史时期的气候具有整体性、波动性、大陆性和规律性的特点，指出历史上极端气候中的极大旱年、特大寒年、特大风年均出现在明代，导致了崇祯十三年的旱灾、弘治六年的雪灾和万历十八年的风灾。③ 向安强等认为地理位置和气候条件等自然因素，以及灾害意识淡漠、人地矛盾恶化生态环境、水利设施严重不足、农业生产中的短期化行为等人为因素是河南旱灾频发的原因。④ 陈晓玲分析了明代豫北地区自然灾害频发的自然因素和社会因素，自然因素包括气候因素、地形地貌等方面；社会因素有植被减少对生态的破坏，水利失

---

① 吴朋飞等：《明代河南大水灾城洪涝灾害时空特征分析》，《干旱区资源与环境》2012年第5期。
② 王静：《明末河南蝗灾和基层社会》，硕士学位论文，辽宁师范大学，2008年。
③ 盛福尧：《初探河南省历史气候之特点及极值》，《中原地理研究》1986年第2期。
④ 向安强、贾兵强：《略论明清以来的河南旱灾》，《农业考古》2005年第3期。

修、积谷储备不足对防灾能力的削弱等。①

(2) 关于生态因素与明代河南灾荒

王兴亚认为明清时期中原地区为人口持续增长所驱动，继续采用毁林造田、扩大耕地面积、增加粮食产量的方式解决生计问题，由此造成自然环境质量日趋恶化。②马雪芹认为明代中期流民无计划地盲目开垦引发山地水土流失，是南阳盆地周边灾害频发的重要原因。她还认为森林植被的破坏和水利事业的衰落是当时自然灾害频繁的主要原因。③孙景超认为明清时期河南地区森林资源的严重破坏，使得该地区的环境灾害频次与强度都达到了有史料记载以来的顶峰，森林破坏与自然灾害之间形成恶性循环。④李俊锋认为由于明清时期人口的急剧增长，玉米等高产耐旱作物的推广种植，农业垦殖面积的不断增大，森林的大量砍伐，再加上山地环境的脆弱性及干冷的气候，使原本人口稀少、植被茂密的伏牛山区森林不断减少，农业生态环境亦渐趋恶化。⑤

(3) 关于社会因素与明代河南灾荒

马雪芹认为水利事业兴盛则自然灾害减少，反之则自然灾害增加，明清时期水利失修是灾害增多的原因之一。⑥许俊认为明代中后期归德府水患多发既有自然地理环境的原因，更有一些社会历史原因，其中明代抑河保运方略的实施，更加剧了水患的发生。⑦程森认

---

① 陈晓玲：《明清时期豫北地区自然灾害研究——1368—1840》，硕士学位论文，广西师范大学，2015 年。

② 王兴亚：《明清中原土地开发对生态环境的影响》，《郑州大学学报》（哲学社会科学版）2009 年第 3 期。

③ 马雪芹：《明中期流民问题与南阳盆地周边山地开发》，《陕西师范大学学报》（哲学社会科学版）1995 年第 1 期；马雪芹：《明清河南自然灾害研究》，《中国历史地理论丛》1998 年第 1 期。

④ 孙景超：《明清时期河南森林资源变迁与环境灾害》，《农业考古》2014 年第 1 期。

⑤ 李俊锋：《明清伏牛山区生态环境变迁及其原因初探》，《南阳理工学院学报》2014 年第 1 期。

⑥ 马雪芹：《南阳地区两汉、唐宋、明清时期水利事业之比较研究》，《中国历史地理论丛》1993 年第 2 期。

⑦ 许俊：《明代中后期归德府水患治理研究》，硕士学位论文，安徽大学，2012 年。

为丹河水利的开发、对漕运的保证,使得丹河下游民间农业用水量大为减少,对正常的农业生产造成了影响,这无疑会降低社会的灾荒抵御能力。[1] 赵长贵认为明清时期中原地区生态环境的破坏是引发严重自然灾害的重要原因,而中原百姓不知积蓄的习俗降低了应对危机的能力,也是灾荒发生的重要因素。[2]

(三) 明代河南灾荒影响研究

(1) 关于灾荒对明代河南社会的整体性影响

王兴亚认为明清以来的河患与河道屡变给人民生命财产带来难以估计的损失,也恶化了中原的自然环境和土地条件,进而影响了河南经济的发展。[3] 鞠明库认为明代河南频繁的旱灾,引发了严重饥荒,诱发了其他灾害,造成了严重的社会动荡。[4] 王静认为国家赈济减少,地方精英赈济不力,致使百姓生活陷入绝境,纷纷铤而走险,成为李自成由败转胜、迅速崛起的关键因素。[5] 刘士岭认为进入明朝末年,严重的自然灾害、疾病瘟疫和持续数年的战争动乱,造成河南人口大量死亡、减少。[6] 王星光等认为明代的黄河水患是历朝以来最为严重的,在很大程度上改变了泛区的生态环境,同时给当地的社会经济和生活也带来了很大的影响和破坏。[7]

(2) 关于灾荒对明代河南区域性的影响

陈晓玲论述了自然灾害对豫北地区的影响,主要是人口的严重损

---

[1] 程森:《国家漕运与地方水利:明清豫北丹河下游地区的水利开发与水资源利用》,《中国农史》2010 年第 2 期。

[2] 赵长贵:《明清中原生态环境变迁与社会应对》,博士学位论文,南京大学,2007 年。

[3] 王兴亚:《略论河南古代经济由先进到落后的转变》,《中州学刊》1986 年第 3 期。

[4] 鞠明库:《明代河南旱灾与社会应对》,《华北水利水电学院学报》(社会科学版) 2010 年第 5 期。

[5] 王静:《明末河南蝗灾和基层社会》,硕士学位论文,辽宁师范大学,2008 年。

[6] 刘士岭:《大河南北,斯民厥土——历史时期的河南人口与土地 (1368—1953)》,博士学位论文,复旦大学,2009 年。

[7] 王星光、杨运来:《明代黄河水患对生态环境的影响》,《黄河科技大学学报》2008 年第 4 期。

耗，地方社会经济遭到破坏，以及地方社会生态的恶化。① 刘森分析了黄河水患与地方社会的内在联系，认为频繁的黄河水患导致归德府的土地兼并问题严重，加重里甲民户的赋役负担，致使里甲民户或分户或流徙，民间家族组织很难建立起来，反而使一些特权阶层更容易占据地域支配地位。② 李东坡指出黄河河道长期在商丘的迁徙，对商丘的自然地理面貌和社会经济生活产生了巨大的影响。③ 王军伟论述了明清时期水患对郑州地区社会经济、生态环境、水环境自身、地质环境的影响。④ 张文安认为明清时期郑州的水患不仅吞噬了无数人口，冲毁大量良田，淹没大批城池和村庄，而且加剧了社会阶级矛盾，成为社会不稳定的重要因素。⑤ 吴小伦认为明清时期，频繁遭受黄河水患的开封境内沿黄州县的土质相继出现沙化或碱化，耕作环境渐趋恶化，农业发展受到很大程度的制约。⑥ 陆静认为明清黄河水患在很大程度上改变了开封的自然生态环境，开封的土壤沙化和盐碱化趋于严重。⑦

（3）关于灾荒与明代河南流民的关系

苏新留发现明代河南流民逐渐滋生的过程与当地预备仓的逐渐破坏一直相始终，进而指出明代流民的滋生、发展在很大程度上正是因

---

① 陈晓玲：《明清时期豫北地区自然灾害研究——1368—1840》，硕士学位论文，广西师范大学，2015年。
② 刘森：《明代河南的黄河水患与地方社会——以归德府为例》，《华北水利水电学院学报》（社会科学版）2009年第5期。
③ 李东坡：《黄河在商丘的迁徙及其影响》，《商丘职业技术学院学报》2004年第4期。
④ 王军伟：《明清时期郑州地区水环境变迁研究》，硕士学位论文，郑州大学，2010年。
⑤ 张文安：《明清时期郑州水患及其治理》，《华北水利水电学院学报》（社会科学版）2007年第1期。
⑥ 吴小伦：《明清时期开封境内的耕作环境与农业发展》，《农业考古》2013年第3期。
⑦ 陆静：《明清黄河水患对开封生态环境的影响及其变迁》，《第七届全国地理学研究生学术年会论文摘要集》，开封，2012年10月。

为政府救荒政策的周期性失误所致。①李永伟认为灾荒频发与政府赈济制度的缺失是河南本地流民产生的主要成因。②代永峡也指出自然灾害的频发以及政府救灾机制的失效是造成大量流民的关键因素。③

(4) 关于灾荒对明代河南城镇发展的影响

吴小伦认为历史时期开封城的几度兴衰都与河流的变迁关系甚密,河道之通塞、水运之盛衰,是影响开封城发展变迁最为核心的因素。明清时期,开封城水灾深重,人口数量及百姓营生、水产品种类、灾后生活、日常用水、赏游地点与内容选择等基层民生的诸多方面无不发生较大变迁。同时,黄河水患的频繁冲击,极大地影响了该地区的水运能力和农耕环境,表现为农业经济发展迟缓,城市经济由兴渐衰。他还分析了河道变迁对朱仙镇商业兴衰的影响,认为以贾鲁河修浚为契机,朱仙镇在明嘉靖、万历间开始兴起。④陈隆文认为由于水患的危害,氾水由县而镇,地位不断下降,氾水县城的衰落说明城市周围生态环境是决定城市兴亡盛衰的重要因素之一。⑤

(5) 关于灾荒对明代河南城市营建的影响

陈曦论述了商丘地区古城洪涝适应性景观的历史演变过程及其影响因素,认为商丘地区处于黄泛平原的核心区,在长期抵御洪、涝、沙灾的过程中,该地区古城逐渐形成了与黄泛过程相适应的独特的洪

---

① 苏新留:《明代流民成因新探》,《中州学刊》2002年第3期;苏新留:《明代河南流民问题述论》,《南阳师范学院学报》2009年第7期。

② 李永伟:《明代河南流民的来源及其成因探析》,《三门峡职业技术学院学报》2011年第2期。

③ 代永峡:《明代中原地区流民对区域农业发展的影响》,硕士学位论文,西北农林科技大学,2015年。

④ 吴小伦:《河流变迁与城市兴衰:基于开封的个案考察》,《黄河科技大学学报》2013年第6期;吴小伦:《水灾与明清开封城市民生的变迁》,《殷都学刊》2014年第3期;吴小伦:《河道变迁与明清朱仙镇的兴衰》,《兰台世界》2015年第2期;田冰、吴小伦:《水环境变迁与黄淮平原城市经济的兴衰——以明清开封城为例》,《中州学刊》2014年第2期。

⑤ 陈隆文:《水患与黄河流域古代城市的变迁研究——以河南氾水县城为研究对象》,《河南大学学报》(社会科学版)2009年第5期。

涝景观。① 张涵认为黄河引发的沙灾是形成商丘古城"城摞城"现象的重要原因，而在应对洪灾及沙灾的过程中，商丘古城"水上城"的城市格局逐渐形成。择"高"而居、避害思"迁"、"坚"城以"防"、兼"导"并"蓄"的防洪方略，以及城墙、城湖、圆形护城堤组成的三位一体的防洪排涝体系使得商丘古城有效抵御了黄河洪灾，成为黄泛平原城市的模式。②

此外，李永菊认为在河患频仍的归德地区，由于农民不断迁徙逃亡，土地买卖非常频繁，当地军事权贵和藩王等特权阶层趁机兼并流徙民户的土地，卫所军户和邻县居民也趁河患之际兼并大量民田，致使明代归德府的在册田地大量流失。她还指出以农业为主的生产方式和河患频仍的生态环境，使得明代归德的商业经济并非纯粹的商业活动，而是具有农商结合的特点。③

（四）明代河南灾荒应对研究

（1）关于明代河南灾荒应对的整体性研究

孙玲以河南布政司的救荒活动为例，考察了明洪武时期的救荒措施及影响。④ 刘旭东以救灾机构和救灾举措为主论述了明代河南的荒政，并以钟化民赈豫为例分析了明代河南荒政的弊端。⑤ 张静指出明代河南地区民间赈济力量相对薄弱，更多地依靠中央赈灾，主要体现在四个方面，即灾前的仓储、灾时的蠲免、赈济以及养恤等。⑥ 邢方明论述了晚明时期中央政府、地方政府的备荒救荒措施，以及民间力量

---

① 陈曦：《河南商丘地区古城洪涝适应性景观研究》，硕士学位论文，北京大学，2008年。
② 张涵：《明清商丘古城营建史研究》，博士学位论文，华南理工大学，2014年。
③ 李永菊：《明代河南的军事权贵与士绅家族——归德府世家大族研究》，博士学位论文，厦门大学，2008年；李永菊：《地域商人与社会变迁——从几通墓志看明代河南归德商人》，《河南理工大学学报》（社会科学版）2010年第1期。
④ 孙玲：《明洪武时期救荒实践及其影响——以河南布政司为中心》，《齐齐哈尔师范专科学校学报》2012年第1期。
⑤ 刘旭东：《明代河南灾荒与荒政》，硕士学位论文，陕西师范大学，2012年。
⑥ 张静：《明代河南地区水旱灾害与社会应对》，硕士学位论文，郑州大学，2015年。

中地主阶级的救灾活动和普通贫民的自救行为。① 鞠明库论述了明代河南社会采取的兴修水利、积粮备荒、蠲免赋税、组织赈救、祭祀祈雨等措施，但在明末罕见旱灾的打击下，在政治腐败、财政空虚的大环境中，效果并不理想。② 迭小方从中央政府、地方政府、民间力量三个层面论述了明代河南的灾荒赈济，中央政府试图通过蠲免、动用仓储、折征起运、煮粥等手段达到救济灾民的目的；地方官员通过备荒、救荒及灾后重建工作，实现灾荒的救治；民间力量的救助慈善活动包括自救和求助富民，地方社会内部形成了以个体、富民、宗族为主体的救助系统，他们之间交互构成了民间救助网络。③ 王静认为天启以后，国家对河南蝗灾的赈救大大减弱，明末河南地方精英从配合国家实施各项赈济措施，到组织民众进行捕蝗，通过输粟、散粮、煮粥等途径在救荒中发挥着越来越重要的作用。④ 张玉娟分析了明代河南省级官员的治黄措施，指出明初河南黄河频决，而自正德以后，由于筑堤、疏浚、开凿之法的实施，黄河在河南境内的肆虐得到了一定程度的遏制。⑤

（2）关于明代河南灾荒应对的区域性研究

许俊从水患治理、水患救助两方面论述了明代中后期归德府水患应对的措施，水患治理措施有疏浚沟洫、修守堤防、建坝防洪、堵塞决口等，水患救助集中体现在对仓库、药局、义冢等的修建方面。⑥ 郭文韬总结了商丘地区防旱治旱的历史经验，如选用抗旱作物和耐旱品种，增强农作物自身的抗旱能力；溲种、渍种和浸种，提高作物抗

---

① 邢方明：《晚明河南的灾荒救治（1573—1644）》，硕士学位论文，东北师范大学，2006年。
② 鞠明库：《明代河南旱灾与社会应对》，《华北水利水电学院学报》（社会科学版）2010年第5期。
③ 迭小方：《明代河南的赈济慈善研究》，硕士学位论文，华东师范大学，2012年。
④ 王静：《明末河南蝗灾和基层社会》，硕士学位论文，辽宁师范大学，2008年。
⑤ 张玉娟：《论明代河南省级官员治理黄河》，《黄河科技大学学报》2011年第5期。
⑥ 许俊：《明代中后期归德府水患治理研究》，硕士学位论文，安徽大学，2012年。

旱力；实行抗旱播种，力争保苗全苗；冬月种谷，早熟抗旱等。① 曹隆恭总结了历史上商丘地区治水排涝的经验，如筑堤护堤堵塞决口，开挖河渠和疏浚河道沟渠等。② 吴小伦论述了明代开封府应对黄河水患的措施，包括设置专司官员、完善法规、筹措经费、预备物料等，保证了挖沟开洫、修堤筑坝、疏河浚渠、堵决塞口等具体工程的实施。他还分析了明代开封城的防洪与排洪建设，包括筑堤防、修护堤、缮城墙，御水于城体之外；开凿城内之沟渠，疏浚城外之河道，挖暗沟、建水门、置水闸、造水车，泄水于成灾之初。③

（3）关于明代河南重大灾荒应对的个案研究

这方面的研究集中于万历二十一年、二十二年的特大水灾和饥荒应对。王日根等认为万历二十二年河南大饥荒的救助是万历朝政府救荒的一个范例。此次饥荒救助之所以成功，除了制度建设外，还有两个外在因素：一是因为皇帝对此次灾荒特别重视，二是由于救荒的主管官员执行力强，既高效，又廉洁。地方在此次救荒中一定程度的无作为或者说是无能为力，也从一个侧面反映出中央政府在救荒中负有较大的责任。④ 牛建强认为刑科给事中杨东明独特图画形式的呼吁、阁臣王锡爵等上下沟通的不懈努力以及钦差钟化民舍命为之的系统救济，使河南等地最终幸运地度过了劫难。灾难救济的过程既体现了明代社会变动的某些信息，也反映了在固有制度体系框架内人治因素的重要作用。⑤

---

① 郭文韬：《商丘地区的干旱规律及其治旱的历史经验》，《中国农史》1993 年第 1 期。

② 曹隆恭：《商丘地区的水灾规律及其治水的历史经验》，《中国农史》1990 年第 3 期。

③ 吴小伦：《明清时期开封境内的黄河水患与社会应对——以府境为视角的系统探讨》，《黄河科技大学学报》2016 年第 4 期；吴小伦：《明清时期沿黄河城市的防洪与排洪建设——以开封城为例》，《郑州大学学报》（哲学社会科学版）2014 年第 4 期。

④ 王日根、涂丹：《从万历二十二年河南大饥荒看政府救荒与备荒之得失》，郝平、高建国主编《多学科视野下的华北灾荒与社会变迁研究》，山西出版集团、北岳文艺出版社 2009 年版。

⑤ 牛建强：《明万历二十年代初河南的自然灾伤与政府救济》，《史学月刊》2006 年第 1 期。

四　明代河南灾荒史研究评述

　　通过以上的分析可以看出，在众多学者的努力下，明代河南灾荒史研究取得了不少成绩，但依然显得较为薄弱。概而言之，主要有以下几个方面：

　　第一，灾荒史料整理方面。相对于全国性以及区域性的灾荒史料整理成果，明代河南灾荒史料显得极为薄弱。重要的几种如《河南省西汉以来历代灾情史料》《河南省历代旱涝等水文气候史料》《河南省历代大水大旱年表》《河南省气候历史记载初步整理》《河南地震历史资料》均出现在20世纪70、80年代，近年出版的仅有《河南蝗虫灾害史》。且这些均非专门关于明代河南灾荒史料的整理，在内容的全面性、体例的科学性方面都有进一步提升的空间。

　　第二，从明代灾荒史研究区域上来看。明代的灾荒史研究多集中在江南、江淮和江汉地区，对华北、中原及其他地区关注较少。即使在华北地区，关于河南灾荒的研究也整体上落后于周边的山西、山东等省份。

　　第三，从河南灾荒史研究看。历史时期上，研究清代、民国时期的成果较为丰富，而明代河南灾荒的研究较为欠缺。这一点从到目前为止仍没有一本关于明代河南灾荒史的专著即可见一斑。

　　第四，从明代河南灾荒史研究看。研究时段上，多集中在洪武、万历、崇祯三朝，而对其他时期关注较少。研究地域上，偏重于开封府、归德府、南阳府，其他地方较少。研究内容上，偏重于水灾和旱灾，而对蝗灾、饥荒以及其他灾害种类研究较少；而且灾荒应对的研究关注政府举措的较多，对民间力量的关注较少；同时，现有的研究多集中于明代河南灾荒的某一方面或某些方面，缺乏系统性的研究。

　　因此，以更宽阔的视野对明代河南灾荒史进行更加系统而深入的研究，显得非常必要。

明代县域灾荒及其治理比较研究
——以新乡、长垣、范县为例

明代是中国古代灾荒最为频发的历史时期，明代灾荒及其治理得到了学者们的广泛关注，并从不同的视角展开了研究，取得了较为丰硕的成果。部分学者对不同区域的灾荒治理进行了研究，然而对于县域范围的灾荒治理研究尚不多见，对于不同县域灾荒治理的比较研究目前还付之阙如。其实，这种横向的比较也应该是有价值的，因此本文拟选择新乡、长垣、范县这三个县作为样本进行初步的分析。之所以选择这三个县，一是它们均处于黄河下游，地形也均为平原，灾害类型相似。二是尽管现在他们都属于河南省，但在明代则分属于河南布政司、北直隶和山东布政司。对于上述三个地区灾荒治理情况的比较，可以更清楚地了解明代不同地方尤其是相邻省份在灾荒治理方面措施及其绩效的异同。

关于灾荒次数的统计，如果史料记载该县当年发生一种类型的灾荒，记为一次，如果发生多种类型的灾荒，记为多次。如果史料记载该县所属府发生灾荒，也视为该县发生了灾荒。关于灾荒应对，史料记载中央政府对该县所属府采取的措施，也视为对该县的措施；其所属府采取的应对措施，也视为包括该县。

一 明代新乡、长垣、范县概况

（一）自然条件
1. 地理位置

新乡县，今隶属于新乡市，位于河南省北部，太行山南麓，卫河上游。东与延津相连,西邻获嘉,南接原阳,北部与新乡市区的东、南、西三面相接。新乡县自隋开皇六年置县以来,迄今已有1400多年历史。据正德《新乡县志》记载,明代新乡县在卫辉府西稍南,其境东接汲县,西连获嘉,南邻阳武,北至辉县,横50里,纵80里。① 东至汲县界20里,西至获嘉县界25里,南至阳武县界20里,北至辉县界20里。②

长垣县,今隶属于新乡市,位于豫东北地区,居郑州、新乡、安阳、濮阳、开封、菏泽等城市之间,东隔黄河与山东省东明县相望,南与封丘县、兰考县毗连,北与滑县、濮阳县接壤。明代长垣县,在山东东昌府城东南300里,东抵东明,西抵滑县,南抵兰阳,北抵开州,广100里,袤65里。东至东明县裴子岩集70里,西至滑县马村店30里,南至兰阳县界沙窝40里,北至开州胡丘店25里。③

范县,今隶属于濮阳市,位于河南省东北部,黄河中下游北岸,东北与台前县相邻,南部与山东省鄄城县接壤,北部与山东省阳谷县接壤,西南部与濮阳县接壤,西北部与山东省莘县接壤。明代范县广140里,袤75里,东至郓城县喉音集50里,西至观城县哈疃集15里,南至郓城县界70里,北至朝城县界3里。④

2. 地形地貌

新乡县地处古黄河冲积平原的北翼和太行山前冲洪积扇的南缘地带,海拔70—82米,地势西高东低。西北部卫河以北地区,为太行山前冲洪积倾斜平地。中部古阳堤以北至卫河以南,是古黄河、沁河泛流地区与背河沉地,由黄河、沁河泛滥沉积形成,地貌复杂,多为槽状注地和龙岗坡地。南部与东南部为黄河故道漫滩沙丘地区,地势起伏较大。境内有卫河、黄河、沁河,以及正统十三年,黄、沁二河泛涨,自获嘉县东经本县南20里固军马头东注于海的新黄河。所谓"太

---

① 正德《新乡县志》卷一《疆域》。
② 正德《新乡县志》卷一《至到》。
③ 正德《大名府志》卷一《疆域志·里至》。
④ 嘉靖《范县志》卷一《疆域》。

行远峙于北，五陵近镇于东，卫水流北门之外，黄河经南野之滨。"①

长垣为黄河冲积平原的一部分。境内无山，地势平坦低洼，海拔57.3—69.7米，黄河大堤连接太行堤呈东北—西南走向贯穿全境，堤东为黄河滩区，地势西高东低，南高北低；堤西为黄河冲积平原，区内地势平坦，少有缓坡。弘治六年，黄河南徙之后，长垣境中无河，然河距县城不及60里，每遇泛滥依然为患甚大。②

范县属于冲积平原，是黄河中下游冲积平原的组成部分。地面海拔一般在48—58米。范县境内无山，旧志所称的卧牛山、凤凰岭只是土阜而已。③属黄河水系，河流、沟渠较多，水资源丰富，主要河流有黄河、金堤河、孟楼河。范虽小邑，当齐鲁卫晋之冲，清河绕其东，马陵卫其西，贾鲁之堤拱其南，贾让之岭障其北。④

总之，新乡、长垣、范县均属于黄河中下游冲积平原。海拔上新乡最高，范县最低。从局部地貌上看新乡县地貌复杂，地势起伏较大，时有河水泛滥。长垣县地势平坦低洼，黄河大堤东北西南斜贯全境，又居于黄河故道，河水泛滥河决灾情一发不可收拾。范县地处黄河中下游，海拔较低，河流沟渠较多利于排水，位置靠北，受黄河改道泛滥的影响较小。

3. 气候条件

新乡县境属温带大陆性季风气候，四季分明。春季干旱多风，夏季多雨，秋季天高气爽，冬季寒冷少雪。年均降水量548.3毫米，多集中在7、8月间。

长垣县属暖温带大陆性季风气候，四季分明，季节性降水差异较大，春季多风少雨，夏季多雨较热，秋季气候凉爽，冬季较冷少雪。年降水量644.4毫米，无霜期208天。

范县属暖温带大陆性季风气候，温度适宜，光照充足，具有冬季

---

① 正德《新乡县志》卷一《山川》。
② 民国《长垣县志》卷三《地理志·河流》。
③ 嘉庆《范县志》卷首《凡例》。
④ 嘉靖《范县志》卷一《形胜》。

寒冷雪少、春季干旱风沙多、夏季晴暖日照足的特点。由于降水分配不均，年际变化大，易形成春旱夏涝、旱涝交替的情况。范县四季降水量分配不均，以夏季雨量最为集中。

可见，新乡、长垣、范县均属于大陆性季风气候，四季分明，降水多集中于夏秋两季，这些对其灾害的特点均有体现。

（二）社会条件

1. 户口田亩

（1）新乡县

户口方面，乾隆《新乡县志》记载了明代6个年份的户口数，分别为：洪武二十四年，4322户，27063口；永乐十年，3812户，20113口；成化十八年，6628户，37138口；正德十六年，6787户，56582口；万历八年，6638户，31702口；万历十四年，6789户，56587口。[1] 田地方面，洪武永乐间，夏地1582顷32亩，秋地2206顷68亩；成化间，夏地1618顷42亩，秋地2408顷14亩；正德间，官地12顷60亩，民地2350顷14亩。万历十四年，官民夏秋上中下地共8828顷16亩。[2] 详情见表1：

表1　　　　　明代新乡县户口、田地情况统计表

年份	户	口	田地总数（亩）	人均田地（亩）
洪武二十四年	4322	27063	378900	14
永乐十年	3812	20113	—	—
成化十八年	6628	37138	402656	10.8
正德十六年	6787	56582	236274	4.2
万历八年	6638	31702	—	—
万历十四年	6789	56587	882816	15.6

[1] 乾隆《新乡县志》卷十六《赋役上·户口》。
[2] 正德《新乡县志》卷二《贡赋·田赋》；乾隆《新乡县志》卷十六《赋役上·贡赋》。

可以看出，明代新乡县户口总体趋势是不断增长的，除了万历八年，在户数稳定的情况下，人口数却减少那么多，实在不可思议。另外，其正德十六年与万历十四年的户口数几乎一模一样，也难以解释。明代新乡县的田地除了正德年间有所减少外，总体也是增长的，尤其是万历年间增长幅度较大。

（2）长垣县

户口方面，正统七年，6069户，37409口；弘治五年，8670户，76435口；弘治十五年，9236户，82971口；① 万历三十一年，13130户，84485口。② 明代长垣县田地，仅正德《大名府志》有记载，当时夏地1692顷78亩，秋地4006顷86亩。③ 详情见表2：

表2　　　　　　　明代长垣县户口、田地情况统计表

年份	户	口	田地总数（亩）	人均田地（亩）
正统七年	6069	37409	—	—
弘治五年	8670	76435	—	—
弘治十五年	9236	82971	—	—
正德十六年	—	—	569964	6.9*
万历三十一年	13130	84485	—	—

注：*此数字为正德年间田地数除以弘治十五年人口数而得来。

可以看出，明代长垣县户口增长较快，从其户口数推断，其田地也应该是总体趋于增长的，否则极难养活那么多的人口。

（3）范县

户口方面，洪武二十四年，1410户，5215口；永乐十年，1165户，5070口；天顺五年，1345户，12688口；弘治十六年，1577户，22695口；正德十六年，1550户，19898口；嘉靖十年，3020户，

---

① 正德《大名府志》卷三《田赋志·户口》。
② 民国《长垣县志》卷四《行政志·人口》。
③ 正德《大名府志》卷三《田赋志·地亩》。

9845 口。① 田地方面，洪武二十四年，官民地 1072 顷 13 亩；永乐十年，官民地 1072 顷 13 亩；正德十年，官民地 1149 顷 3 亩；嘉靖十年，粮地 1148 顷 52 亩。② 详情见表 3：

表 3　　　　　　　　明代范县户口、田地情况统计表

年份	户	口	田地总数（亩）	人均田地（亩）
洪武二十四年	1410	5215	107213	20.6
永乐十年	1165	5070	107213	21.1
天顺五年	1345	12688	——	——
弘治十六年	1577	22695	——	——
正德十六年	1550	19898	114903	5.8
嘉靖十年	3020	9845	114852	11.7

可以看出，明代范县的田地是小幅增长的，变动较为平缓。而其户口数在天顺、弘治、正德年间有了较大幅度的增长。然而，嘉靖十年，在户数翻倍的情况下，人口数反而减少了一半还多，是否为修志之人在前面少写了"一万"二字。否则，很难解释这种现象。

2. 赋役情况

（1）正税

正德年间新乡、范县的户口、田亩、赋税数量都可以查到，而长垣县仅有正德年间的田地记载，因此本文以此时间为准来分析三个县的税负情况。新乡县，夏税麦 8701 石，秋粮米 25794 石。③ 长垣县，夏税麦 9183 石，秋粮米 21451 石。④ 范县，夏税麦 1843 石，秋税米 4301 石。⑤ 结合前文三个县的户口、田地数量，列出表 4：

---

① 嘉靖《范县志》卷二《户口》。
② 嘉靖《濮州志》卷二《田赋志》；嘉靖《范县志》卷二《田赋》。
③ 正德《新乡县志》卷二《贡赋·田赋》。
④ 正德《大名府志》卷三《田赋志·贡赋》。
⑤ 嘉靖《范县志》卷二《田赋》。

表4　　　正德年间新乡、长垣、范县人均、亩均税粮情况

地区	人数（口）	田地（亩）	税粮（石）	人均税粮	亩均税粮
新乡县	56582	236274	34495	0.61（石）	0.15（石）
长垣县	82971*	569964	30634	0.37	0.05
范县	19898	114903	6144	0.31	0.05

注：*长垣县缺乏正德年间人口统计，以弘治十五年数据代替。

可见，无论是从人均，还是从亩均来看，明代新乡县税负都是最重的，而长垣县和范县是基本接近的。

（2）土贡

新乡县岁办杂皮共234张，其中鹿皮14张，獐皮20张，羊皮40张，杂皮160张。岁办活雁3只，活獐6只，活兔3只。① 长垣县杂皮404张；杂翎6850根。② 范县岁进活雁8只，岁办杂色獐羊皮135张。③ 这些土产，有些并非当地所出，如范县"本土不出，每岁金大户收价他处购之"。这些地方均非山地，鹿、獐等均非当地所有，所以有时只能折价了，如新乡县的土贡即"易价银八十七两"④。

（3）各色课程

新乡县，岁办各项课程钞共75锭1贯440文，酒课44锭1贯，鱼课钞25锭4贯600文，房赁钞5锭840文。⑤ 长垣县，盐钞201942贯，课钞6833贯。⑥ 范县有商税、岁办、课钞等，合计421贯700文。⑦

（4）差役

长垣县，杂差银546两，各城弓兵银85两，会同馆夫银10两，本

---

① 正德《新乡县志》卷二《贡赋·土贡》。
② 正德《大名府志》卷三《田赋志·贡赋》。
③ 嘉靖《范县志》卷二《田赋》。
④ 正德《新乡县志》卷二《贡赋·土贡》。
⑤ 正德《新乡县志》卷二《贡赋·课程》。
⑥ 正德《大名府志》卷三《田赋志·盐课》。
⑦ 嘉靖《濮州志》卷二《田赋志》。

府儒学斋膳夫银34两，本县儒学斋膳夫银92两，本府并本县柴薪皂隶银216两，本县各官马夫银160两，邯郸递运所防夫银40两，京班柴薪皂隶银1070两，驿传地亩银2169两，快手银1440两，皂隶银240两，军器银28两，柴夫银686两，皮张折征胖袄银107两。①

范县，银差1390两，力差银565两，包括周家店闸夫5名、李海务闸夫6名、本县广储库库子2名、儒学库子1名、本府禁子2名、本县禁子4名、马夫手20名、铺兵16名、水保巡检司弓兵15名、县门子3名、各司门子5名、各坛门子3名、本府皂隶4名、县皂隶20名、县斗级4名、税课司巡检4名、水次仓门子1名、鼓夫4名、民壮65名、易州厂柴夫5名、京班皂隶12名、临清牌夫18名、东昌府牌夫45名。②

总体上，就赋役而言，除了正税新乡县较重之外，其他方面的负担长垣是最重的，而范县在各方面的负担都是较轻的。

3. 风俗

《新乡县志》记载："国朝混一以来百四十余年，斯民涵濡圣化，故今男耕女织，士业诗书，淳朴是尚，而流漓尽革焉。"③

《长垣县志》记载："闻裴子岩集旧属长垣，居民侈靡过甚，每筵会皆以服饰相高。……按垣俗习于奢侈久矣，知县杜纬甫下车即敦本崇俭，以身率之。又大揭一联于仪门之外，曰：喜士风之高尚尊贤为大，恶民俗之奢靡敦朴是先。自是垣民颇知务本，而奢靡渐革矣。"④

范县"士敦信义，民务稼穑，习尚礼让，不喜夸诈，绰有邹鲁之遗风"。而且"士多阖门自守，非公事未登有司之堂，仕宦之家不敢携贵以骄人，阎闾细民兢兢畏法，一应税课及期报完，虽贫窭之甚者悉贷子钱以输之。所以，县无逋赋，号为易治。婚姻死葬称家有无，

---

① 嘉靖《长垣县志》卷二《田赋·贡赋》。
② 嘉靖《范县志》卷二《力役》。
③ 正德《新乡县志》卷一《风俗》。
④ 嘉靖《长垣县志》卷八《古迹·闻异》。

宫室衣服量乎贫富，饮食宴会随人厚薄"①。

由此来看，除了长垣县习于侈靡，新乡、范县至少在正德、嘉靖年间民风还是较为淳朴的。而长垣县的奢靡之风经过杜知县的教化，在嘉靖年间已经得到了遏制。

二　明代新乡、长垣、范县灾情分析

（一）总体情况

笔者依据《明史》《明实录》及三个县所属府州县志，对它们的灾荒情况进行了统计，详见表5：

表5　　　　　　明代新乡、长垣、范县灾荒总体情况

灾种	新乡 次数	新乡 比例	长垣 次数	长垣 比例	范县 次数	范县 比例
雹灾	4	3%	3	2%	1	2%
风灾	3	2%	1	1%	0	—
旱灾	32	24%	41	24%	12	20%
蝗灾	22	17%	31	18%	8	13%
饥荒	15	11%	22	13%	13	22%
霜灾	0	—	2	1%	1	2%
水灾	37	28%	59	35%	12	20%
雪灾	5	4%	0	—	0	—
疫灾	3	2%	3	2%	2	3%
震灾	11	8%	6	4%	11	18%
总计	132		168		60	

由表5可以看出：

第一，相对于新乡和范县，明代长垣遭受的灾荒最为严重。总量

---

① 嘉庆《范县志》卷一《风俗》。

为168次，按明代统治277年计算，年均达到了0.61次，超过了明代河南年均0.53次的频率。而明代新乡县灾荒总量为132次，年均0.48次，接近明代河南整体灾荒频率。范县灾荒总量为60次，年均0.27次，远低于明代河南整体灾荒频率，更低于长垣县的灾荒频率，是三个县中灾荒最少的一个县。

第二，水灾、旱灾、蝗灾是新乡和长垣最为严重的自然灾害，新乡县三种灾害所占该县总灾次比例分别为28%、24%、17%，长垣县分别为35%、24%、18%。而在范县，最为严重的自然灾害则是水灾、旱灾和震灾，所占比例分别为20%、20%和18%，而蝗灾紧随其后，为13%。其中长垣县的水灾最为严重，次数超过了新乡和范县两县之和。

第三，虽然范县总体灾荒程度较轻，但是其饥荒次数所占比例却达到了22%。而长垣县虽然总体灾荒程度较为严重，但饥荒次数所占比例则小于范县，为13%。新乡县饥荒次数所占比例更低，仅为11%，为范县的一半。

（二）灾荒影响

1. 人口伤亡、流移

表6　　明代新乡、长垣、范县灾荒导致人口死亡、流移情况

地区	年份	灾害记录	史料出处
新乡	成化十年	去岁夏秋雨潦，饥馑特甚，民多流移。	《明宪宗实录》卷一二四
新乡	成化十八年	河溢，漂溺人畜甚众。	乾隆《卫辉府志》卷四《祥异》
新乡	万历三十七年	人攫食于市，死者相枕藉。	乾隆《卫辉府志》卷四《祥异》
新乡	万历十六年	大疫，死者枕藉，至不能殓，填弃沟壑。	康熙《新乡县续志》卷二《灾异》
长垣	正统十三年	大名河决，溺死千余人。	咸丰《大名府志》卷四《年纪》
长垣	正德九年	雨雹，人畜死者众。	咸丰《大名府志》卷四《年纪》
长垣	嘉靖二年	秋霖雨，死者甚众。	民国《长垣县志》卷一《大事志》

续表

地区	年份	灾害记录	史料出处
长垣	嘉靖三十年	彰卫水决，长垣尤甚，溺死者无算。	咸丰《大名府志》卷四《年纪》
长垣	万历十六年	大疫，弃骸横野。	民国《长垣县志》卷一《大事志》
长垣	万历十八年	民扶携窃走，自相践毙者不可胜数。	民国《长垣县志》卷一《大事志》
长垣	崇祯十四年	大疫，死者枕藉。	民国《长垣县志》卷一《大事志》
范县	成化六年	大歉，民多枵腹，野有饿殍。	康熙《范县志》卷中《义民》
范县	成化九年	大旱，五谷不登，人多饥死。	嘉靖《濮州志》卷八《灾异》
范县	成化十五年	濮州等处地震，压死者五十余人。	宣统《濮州志》卷一《年纪》
范县	弘治十三年	骤雨冰雹交下，毙人畜。	《明孝宗实录》卷一六一
范县	嘉靖七年	大旱，临境民转徙流移，不可胜计。	嘉庆《范县志》卷一《灾祥》
范县	万历十六年	春，饥民有死者，夏疫死甚众。	宣统《濮州志》卷一《年纪》

由表6可以看出，明代长垣县人口死亡、流移记载次数最多，范县其次，新乡县最少。

2. 财产损失

财产损失，包括田地、官民房产等，详见表7：

表7　　　　明代新乡、长垣、范县灾荒导致财产损失情况

地区	年份	灾害记录	史料出处
新乡县	永乐十三年	黄沁二河溢，漂流民居，坏卫辉兑粮仓。	乾隆《卫辉府志》卷四《祥异》
新乡县	正统九年	秋大水，没民舍。	乾隆《卫辉府志》卷四《祥异》
新乡县	正统二年	自去年闰六月，天雨连绵，河水冲溢，淹没田土。	《明英宗实录》卷二九
新乡县	正统三年	开封等七府所属州县，淹没官民地七万一千三百四十余顷。	《明英宗实录》卷三九
新乡县	正统四年	自五月至今，淫雨河涨，漂民居舍。	《明英宗实录》卷五六
新乡县	天顺五年	六月以来骤雨誉旬，河水泛溢，漂流民居。	《明英宗实录》卷三三二

续表

地区	年份	灾害记录	史料出处
新乡县	成化十八年	六月二十三日河溢,淹没田产。	乾隆《卫辉府志》卷四《祥异》
新乡县	弘治二年	河决,坏官亭、民舍。	乾隆《卫辉府志》卷四七《艺文》
新乡县	弘治六年	大霖雨,黄河横溢四出,城郭官民几尽荡没。	乾隆《卫辉府志》卷四七《艺文》
新乡县	弘治十五年	六月河溢,淹没田禾民舍。	乾隆《卫辉府志》卷四《祥异》
新乡县	嘉靖二十二年	沁河决,新乡城中水深数尺,滨河禾稼庐舍漂没殆尽。	万历《卫辉府志》卷一六《灾祥》
新乡县	万历六年	夏大雨,河水卒涨入城,没官署民居。	康熙《新乡县续志》卷二《灾异》
新乡县	万历十五年	三月地震,城堞摧圮,屋宇动摇。	乾隆《卫辉府志》卷四《祥异》
新乡县	万历二十五年	沁河决,大水淹没东北二关,城半颓圮。	乾隆《卫辉府志》卷四《祥异》
新乡县	万历三十五年	霪雨四十余日,城垣尽颓。	乾隆《卫辉府志》卷一〇《城池》
长垣县	正统四年	河决朱家口,泛长垣,没田庐。	咸丰《大名府志》卷四《年纪》
长垣县	正统十三年	河决,淹三百余里,坏庐舍二万区。	咸丰《大名府志》卷四《年纪》
长垣县	景泰三年	长垣等十五州县被水淹没无收田地五千六百余顷。	《明英宗实录》卷二二三
长垣县	弘治十五年	地震,坏城垣、民舍。	《明史》卷三〇《五行志三》
长垣县	嘉靖十七年	夏秋淫雨连月,四望一壑,漂庐舍。	正德《长垣县志》卷八《灾祥》
长垣县	嘉靖三十三年	连四载水灾,坏民庐舍无算,田畴尽没。	民国《长垣县志》卷一《大事志》
长垣县	隆庆元年	秋大水,漂没官民土田庐舍。	咸丰《大名府志》卷四《年纪》
长垣县	隆庆三年	夏霖雨,秋复雨,坏城垣,民舍多圮。	民国《长垣县志》卷一《大事志》
长垣县	万历十五年	秋,河决广粮堤,漂民田庐。	民国《长垣县志》卷一《大事志》
长垣县	万历四十一年	六月大名河涨,府属大水,漂没田庐。	咸丰《大名府志》卷四《年纪》
长垣县	崇祯六年	六月河水淹没田舍。	咸丰《大名府志》卷四《年纪》

由表7可以看出,明代新乡县灾害导致的财产损失要稍大于长垣县,而范县灾荒史料中没有这方面的记载。

3. 禾稼损伤

表8　　　　　明代新乡、长垣、范县灾荒导致禾稼损伤情况

地区	年份	灾害记录	史料出处
新乡县	永乐十三年	黄沁二河溢，漂流民居，淹没禾稼。	乾隆《卫辉府志》卷四《祥异》
新乡县	永乐二十年	夏秋淫雨，黄河泛滥并伤田稼。	《明太宗实录》卷二五九
新乡县	宣德七年	亢旱，田禾无收，人民艰食。	《明宣宗实录》卷九九
新乡县	宣德八年	春夏不雨，苗稼旱伤，秋田无收。	《明宣宗实录》卷一〇三
新乡县	正统四年	五月至今，淫雨河涨，漂民居舍禾稼。	《明英宗实录》卷五六
新乡县	正统四年	自二月至四月不雨，高阜之地夏麦无收。	《明英宗实录》卷五五
新乡县	景泰五年	历夏亢旱，二麦槁死。	《明英宗实录》卷二四一
新乡县	景泰六年	二月至五月不雨，田苗旱伤。	《明英宗实录》卷二五八
新乡县	景泰六年	淫雨水泛，伤民稼穑。	《明英宗实录》卷二五五
新乡县	天顺五年	六月以来骤雨誊旬，河水泛溢，淹没谷豆。	《明英宗实录》卷三三二
新乡县	弘治十五年	六月河溢，淹没田禾。	乾隆《卫辉府志》卷四《祥异》
新乡县	嘉靖二十二年	沁河决，新乡城中水深数尺，滨河禾稼漂没殆尽。	万历《卫辉府志》卷一六《灾祥》
新乡县	嘉靖三十七年	沁河水溢，伤禾。	乾隆《卫辉府志》卷四《祥异》
新乡县	万历十五年	七月大水，黄沁二河决。二十一、二日，连日大风，田禾伤损。	乾隆《卫辉府志》卷四《祥异》
新乡县	万历二十四年	秋蝗，食禾殆尽。	乾隆《卫辉府志》卷四《祥异》
新乡县	万历三十四年	秋蝗，伤禾稼。	康熙《新乡县续志》卷二《灾异》
新乡县	万历四十六年	飞蝗蔽天，食禾殆尽。	乾隆《卫辉府志》卷四《祥异》
新乡县	万历四十五年	秋蝗，食禾殆尽，至啮人衣。	顺治《卫辉府志》卷一九《灾祥》
新乡县	天启二年	八月冰雹，大如掌，损秋禾。	乾隆《卫辉府志》卷四《祥异》
新乡县	崇祯六年	大水，县北行舟，淹没田禾。	康熙《新乡县续志》卷二《灾异》
新乡县	崇祯十一年	旱，无麦。秋蝗蔽日，食禾尽。	乾隆《卫辉府志》卷四《祥异》
新乡县	崇祯十二年	旱，蝗食麦。	顺治《卫辉府志》卷一九《灾祥》
新乡县	崇祯十四年	蝗复生，食麦。	康熙《新乡县续志》卷二《灾异》

上篇　中国国家治理的传统智慧

续表

地区	年份	灾害记录	史料出处
新乡县	崇祯十五年	蝗食春苗。	乾隆《卫辉府志》卷四《祥异》
长垣县	宣德二年	七月内连雨，谷豆皆伤。	《明宣宗实录》卷三一
长垣县	宣德三年	五、六月苦雨，山水泛涨，淹没田稼。	《明宣宗实录》卷四五
长垣县	宣德六年	长垣霖雨伤稼。	民国《长垣县志》卷一《大事志》
长垣县	宣德八年	自宣德七年冬至今年春夏不雨，田稼旱伤。	《明宣宗实录》卷一〇三
长垣县	宣德九年	蝗蝻食稼。	民国《长垣县志》卷一《大事志》
长垣县	天顺元年	今夏阴雨连绵，河堤冲决，淹没禾稼。	《明英宗实录》卷二八一
长垣县	天顺四年	六月间骤雨，河堤冲决，禾稼伤损。	《明英宗实录》卷三一八
长垣县	弘治四年	长垣雨雹伤稼，大饥。	咸丰《大名府志》卷四《年纪》
长垣县	正德九年	夏五月雨雹，伤禾稼。	咸丰《大名府志》卷四《年纪》
长垣县	嘉靖十六年	淫雨数月，禾稼尽空。	民国《长垣县志》卷一《大事志》
长垣县	嘉靖二十年	春旱，五月雨，六月至秋复大旱蝗，禾稼俱尽。	民国《长垣县志》卷一《大事志》
长垣县	嘉靖二十一年	闰五月，淫雨（坏）麦，伤秋稼。	民国《长垣县志》卷一《大事志》
长垣县	嘉靖二十九年	旱蝗伤稼。	咸丰《大名府志》卷四《年纪》
长垣县	嘉靖四十年	夏蝗，伤麦禾，民饥。	咸丰《大名府志》卷四《年纪》
长垣县	隆庆二年	夏旱，禾枯。	咸丰《大名府志》卷四《年纪》
长垣县	隆庆三年	夏霖雨，秋复雨，亡麦苗。	民国《长垣县志》卷一《大事志》
长垣县	万历五年	水伤谷。	民国《长垣县志》卷一《大事志》
长垣县	万历十四年	春大旱，六月始雨，蚜蚄食晚苗尽。	民国《长垣县志》卷一《大事志》
长垣县	万历二十一年	夏大雨，坏麦。	民国《长垣县志》卷一《大事志》
长垣县	万历二十二年	三月霜，杀稼。	民国《长垣县志》卷一《大事志》
长垣县	万历四十四年	七月旱蝗，食禾殆尽。	咸丰《大名府志》卷四《年纪》
长垣县	崇祯十二年	四月旱，六月大蝗，伤稼殆尽。	咸丰《大名府志》卷四《年纪》
长垣县	崇祯十四年	大旱，飞蝗食麦。	民国《长垣县志》卷一《大事志》
范县	正统二年	八月黄河溢决，禾稼漂没。	《明英宗实录》卷三五

· 132 ·

续表

地区	年份	灾害记录	史料出处
范县	弘治五年	自正月不雨,至四月,民不得稼。	嘉靖《濮州志》卷八《灾异》
范县	正德六年	大水,陆地行舟,害民禾稼殆尽。	嘉庆《范县志》卷一《灾祥》
范县	正德七年	六月,蝗害稼。	嘉靖《濮州志》卷八《灾异》
范县	万历十五年	八月,霜杀稼。	宣统《濮州志》卷一《年纪》
范县	万历二十年	五月,淫雨坏麦。	宣统《濮州志》卷一《年纪》
范县	崇祯十四年	夏,蝗蝻为害,食麦禾皆尽。	嘉庆《范县志》卷一《灾祥》
新乡、长垣、范县	天顺二年	今春历夏不雨,麦苗无收,黍谷等苗亦不长茂。	《明英宗实录》卷二九二
新乡、长垣、范县	天顺七年	自正月至四月不雨,二麦槁死。	《明英宗实录》卷三五二

由表 8 可以看出，明代新乡县禾稼损伤情况与长垣县差不多，均远重于范县。

因此，总体而言，明代新乡县和长垣县灾荒总体情况相似，均较为严重，而范县灾荒总体较轻。

三 明代新乡、长垣、范县的灾荒应对

(一) 中央政府的应对举措

1. 遣使勘灾

面对受灾地方官员的报灾，中央采取进一步应对措施之前，首先要做好勘灾工作。相关史料也有明代中央政府遣官勘查三县灾情的记载，如：

[正统四年五月庚午] 河南彰德、怀庆、开封、卫辉诸府奏，自二月至四月不雨，高阜之地夏麦无收。上命行在户部遣官覆视

以闻。①

[正统四年六月癸巳]河南开封、卫辉、彰德三府奏：自五月至今，淫雨河涨，漂民居舍禾稼。上命行在户部遣官覆视以闻。②

[成祖永乐]十三年，命户部遣官核实大名等府州县户口，给钞置牛具种子。五年后，征其税。③

宣德六年秋，开州长垣霖雨伤稼。诏行在户部遣官抚视，蠲其租税。④

[正统二年冬十月己未]濮州范县奏：八月黄河溢决，民居牲畜禾稼皆被漂没。上命该部勘实，从宜修筑优恤。⑤

2. 遣使抗灾

这里的抗灾是指对正在发生的灾害的抗御，一般指治水和除蝗。相关记载有：

正统十三年秋，河决（新乡）八柳树口，命工部右侍郎王永和发工修筑，寻议止⑥。

正统十三年戊辰夏六月，大名河决，淹三百余里，坏庐舍二万区，溺死千余人。命工部尚书石璞、右侍郎王永和、都御史王文塞黄河决口。⑦

弘治二年，河决，其一决封丘荆隆口，漫于祥符、长垣，下曹、濮，冲决张秋，命刑部尚书白昂治之。⑧

弘治六年，以刘大夏为副都御史治张秋决河，乃浚黄陵岗南

---

① 《明英宗实录》卷五十五，正统四年五月庚午。
② 《明英宗实录》卷五十六，正统四年六月癸巳。
③ 民国《长垣县志》卷一《大事志》。
④ 民国《长垣县志》卷一《大事志》。
⑤ 《明英宗实录》卷三十五，正统二年冬十月己未。
⑥ 乾隆《新乡县志》卷十四《河渠上》。
⑦ 咸丰《大名府志》卷四《年纪》。
⑧ 民国《长垣县志》卷一《大事志》。

贾鲁旧河，八年正月筑塞黄陵岗及荆隆等口七处，河势复归兰阳南流，故道以复。①

万历十五年，河决封丘荆隆口卫城南广粮堤，漂民田庐，势且迫城，命工部给事中常居敬相度修治。②

天顺八年甲申蝗，遣官驰驿督捕。③

3. 蠲免

对新乡县的蠲免，如：

［正统十一年八月戊申］命河南开封、卫辉二府被水田地粮草存留本处者，停免二分，其八分准令折钞。④

［成化九年秋七月甲寅］免河南彰德、卫辉二府所属州县去年税粮十六万六千八百余石，以旱灾故也。⑤

［成化十四年三月戊辰］以水灾免河南开封、南阳、卫辉三府汝州属县成化十三年无征夏麦二万七千七百一十余石，税丝一万六千四十九两，秋粮十九万二千一百九十五石，草二十五万八千一百八十五束。⑥

［弘治三年十月庚申］以旱灾……免卫辉府麦一万五千五百五十三石，丝八千九百二十四两。⑦

［弘治十一年十二月癸卯］以旱灾免河南卫辉、彰德二府及彰德等三卫粮草子粒有差。⑧

---

① 民国《长垣县志》卷三《地理志·堤防》。
② 民国《长垣县志》卷三《地理志·河流》。
③ 咸丰《大名府志》卷四《年纪》。
④ 《明英宗实录》卷一百四十四，正统十一年八月戊申。
⑤ 《明宪宗实录》卷一百十八，成化十四年三月戊辰。
⑥ 《明宪宗实录》卷一百七十六，成化十四年三月戊辰。
⑦ 《明孝宗实录》卷四十四，弘治三年十月庚申。
⑧ 《明孝宗实录》卷一百四十五，弘治十一年十二月癸卯。

对于长垣县的蠲免，如：

[宣德] 七年冬旱，至八年夏六月不雨，稼尽槁死。以岁旱命行在户部遣官抚视，蠲其税。①

[景泰三年十一月丙寅] 免大名、广平、顺德三府所属开州、长垣、南和、曲州等十五州县被水淹没无收田地五千六百余顷。②

[景泰四年五月辛酉] 免直隶大名府长垣县被灾地亩税粮。③

[景泰五年冬十月庚寅] 免直隶长垣县今年被灾无征税粮粟麦五十余石，绢五百余匹，绵花二千四百余斤，谷草六万八千余束，枣地课米、食盐价米二千余石，钞四万九千余锭。④

[成化十六年十二月丙午朔] 免直隶长垣秋粮五千九百二十余石，以水灾故也。⑤

[世宗嘉靖六年丁亥] 春夏大旱，自三月至六月不雨，诏加赈恤。秋九月，免被灾税粮。⑥

[神宗万历十六年] 春大旱，民食树皮。大疫，弃骸横野。秋复大旱，亡豆田。是年夏四月，赈大名诸府饥。又是年免停征租四分。⑦

4. 赈济

史料中，关于中央政府赈济长垣县的较多，如：

[宣德] 七年冬旱，至八年夏六月不雨，稼尽槁死。以岁旱

---

① 民国《长垣县志》卷一《大事志》。
② 《明英宗实录》卷二百二十三，景泰三年十一月丙寅。
③ 《明英宗实录》卷二百二十九，景泰四年五月辛酉。
④ 《明英宗实录》卷二百四十六，景泰五年十月庚寅。
⑤ 《明宪宗实录》卷二百一十，成化十六年十二月丙午。
⑥ 咸丰《大名府志》卷四《年纪》。
⑦ 民国《长垣县志》卷一《大事志》。

命行在户部遣官抚视，蠲其税。①

　　[世宗嘉靖六年丁亥]春夏大旱，自三月至六月不雨，诏加赈恤。②

　　[世宗嘉靖七年戊子]大旱。诏免田租十之八，大赈。③

　　嘉靖二十年春旱，五月雨。六月至秋复大旱蝗，禾稼俱尽。自十六年十八年二十年二十一年，俱因灾伤赈恤。④

　　世宗嘉靖三十三年雨，大饥。连四载水灾，坏民庐舍无算，田畴尽没。自三十年三十一年三十二年三十三年俱因灾诏赈蠲。⑤

　　隆庆四年秋，以上年淫雨发廪赈贷。⑥

　　万历十六年春大旱，民食树皮。大疫，弃骸横野。秋复大旱，亡豆田。是年夏四月，赈大名诸府饥。⑦

除了上述措施，明代中央政府关于三县灾荒应对的举措还有其他一些。有劝农，如成化十一年，诏增长垣县主簿各一员，劝课农桑。⑧有筑堤备水患，如洪武十八年九月，诏修新乡黄河、卫河堤。⑨宣德九年，从知县许宣之请，修筑新乡县马曲湾堤。⑩还有因灾荒免除地方官员朝觐的，如弘治八年九月，以旱灾免卫辉府并所属州县正官明年朝觐。⑪正德十一年六月，以河南抚按官奏灾伤故，免新乡等三十六县正官朝觐。⑫

笔者依据史料统计了明代中央政府对三县的应对举措，详见表10：

---

① 民国《长垣县志》卷一《大事志》。
② 咸丰《大名府志》卷四《年纪》。
③ 咸丰《大名府志》卷四《年纪》。
④ 民国《长垣县志》卷一《大事志》。
⑤ 民国《长垣县志》卷一《大事志》。
⑥ 民国《长垣县志》卷一《大事志》。
⑦ 民国《长垣县志》卷一《大事志》。
⑧ 民国《长垣县志》卷一《大事志》。
⑨ 乾隆《新乡县志》卷十四《河渠上》。
⑩ 乾隆《新乡县志》卷十四《河渠上》。
⑪ 《明孝宗实录》卷一百四，弘治八年九月癸未。
⑫ 《明武宗实录》卷一百三十八，正德十一年六月甲戌。

表10　　明代中央政府应对新乡、长垣、范县灾荒举措情况

地域	遣使勘灾（次）	遣使抗灾（次）	蠲免（次）	赈济（次）	其他（次）	合计（次）
新乡县	5	3	9	4	7	28
长垣县	5	4	20	16	4	49
范县	4	3	—	1	—	8

由表10可以看出，在遣使勘灾、抗灾方面，明代中央政府对于三个县是相似的，而在蠲免和赈济方面，长垣县均远超新乡县和范县，其中范县是最少的。

（二）地方政府的应对举措

1. 备灾

一是督民垦种。如万历五年任新乡县知县的余相，"尤加意民事，建省耕楼，朔望聚老幼课以农事。"① 米寿图，"垦荒土，引卫河灌田。"②

二是建仓积粮。万历间，新乡县知县徐大可，"过有当惩者，弟罚谷，贮常平，积至八千余石。去任后饥馑荐至，百姓仰赖仓粟得全活。"③ 嘉靖年间，长垣县知县杜纬"敷教化，裕积贮"。④ 嘉靖二十年任长垣县知县的郝良臣，"奉檄建筑大岗、版邱、南岳、樊相四堡，复按堡设义仓四以贮谷。当是时，诸州邑贮谷尚少，独长垣积万石有奇。"⑤

三是筑堤、疏浚以备水患。如洪武间，新乡县知县胡南溟筑块村堤，开泄水沟以防水患。⑥ 万历七年，知县余相修块村堤。⑦ 万历十四年，知县张赤心建块村闸。⑧ 成化间，长垣县东南患水，知县畅亨

---

① 乾隆《新乡县志》卷二十九《循吏》。
② 乾隆《新乡县志》卷二十九《循吏》。
③ 乾隆《新乡县志》卷二十九《循吏》。
④ 民国《长垣县志》卷十《循政志》。
⑤ 民国《长垣县志》卷十《循政志》。
⑥ 乾隆《新乡县志》卷十四《河渠上》。
⑦ 乾隆《新乡县志》卷十四《河渠上》。
⑧ 乾隆《新乡县志》卷十四《河渠上》。

"相其原隰，筑堤以御之，民不罹水患"。① 另一位成化间任长垣知县的王辅鉴于东北隅地最下，横潦积而成壑的状况，"疏而注之河，化泽国为膏腴地。"②

2. 报灾

新乡县灾情的上报，有本县直接奏报的，如：

> [宣德八年七月癸酉]……河南卫辉府所属六县，彰德府武安县各奏：今年春夏不雨，苗稼旱伤，秋田无收。③

也有河南抚按奏报的，如：

> [正统二年夏四月壬午] 巡抚河南、山西行在兵部右侍郎于谦奏：开封、彰德、河南、怀庆、卫辉五府所属州县自去年闰六月，天雨连绵，河水冲溢，淹没田土，其备灾地亩、粮刍乞为豁免。④
>
> [景泰三年秋七月丙午] 巡抚河南右都御史王暹奏：开封府祥符等十五县，卫辉府胙城、新乡二县，汝宁府西平县俱被水灾，乞停免科办，以宽民力。⑤
>
> [景泰五年五月壬申] 巡按河南监察御史张澜等奏：怀庆卫守御、卫辉前千户所，卫辉、彰德等府所属一十三州县春初大雪，历夏亢旱，二麦槁死，夏税无征。⑥

更多的是由卫辉府来奏报，如：

> [正统四年五月庚午] 河南彰德、怀庆、开封、卫辉诸府奏，自

---

① 民国《长垣县志》卷十《循政志》。
② 民国《长垣县志》卷十《循政志》。
③ 《明宣宗实录》卷一百三，宣德八年七月癸酉。
④ 《明英宗实录》卷二十九，正统二年四月壬午。
⑤ 《明英宗实录》卷二百十八，景泰三年七月丙午。
⑥ 《明英宗实录》卷二百四十一，景泰五年五月壬申。

二月至四月不雨，高阜之地夏麦无收。上命行在户部遣官覆视以闻。①

[正统四年六月癸巳]河南开封、卫辉、彰德三府奏：自五月至今，淫雨河涨，漂民居舍禾稼。上命行在户部遣官覆视以闻。②

[景泰四年秋七月丙辰朔]直隶凤阳、淮安府，徐州，河南开封、卫辉、南阳，山东兖、青、莱诸府各奏：自五月以来，淫雨连绵，河水泛溢。③

[天顺元年七月戊子]直隶淮安府、徐州，河南怀庆、卫辉诸府各奏：今夏淫雨，河决。④

长垣县灾情，则是本县直接奏报的较多，如：

[洪熙元年四月戊申]长垣县奏：民饥。命发县仓粟赈之。⑤

[宣德二年九月壬子]直隶大名府长垣县、开州，保定府祁州及徐州丰、沛、萧三县各奏：七月内连雨，谷豆皆伤。⑥

[宣德三年七月丙辰]大名府开州及长垣、南乐、濬、清丰、滑、魏六县，广平府成安县，湖广岳州府华容县及南直隶和州各奏：今年五、六月苦雨，山水泛涨，冲决堤埂，淹没田稼。⑦

[宣德六年七月己丑]大名府开州、长垣县各奏：今年六月以来久雨，潦水淹没禾稼。⑧

[宣德八年六月丙申]大名府开州及魏、长垣、元城、内黄四县……各奏：自宣德七年冬至今年春夏不雨，田稼旱伤。⑨

---

① 《明英宗实录》卷五十五，正统四年五月庚午。
② 《明英宗实录》卷五十六，正统四年六月癸巳。
③ 《明英宗实录》卷二百三十一，景泰四年秋七月丙辰。
④ 《明英宗实录》卷二百八十，天顺元年七月戊子。
⑤ 《明仁宗实录》卷九下，洪熙元年四月癸亥。
⑥ 《明宣宗实录》卷三十一，宣德二年九月壬子。
⑦ 《明宣宗实录》卷四十五，宣德三年七月丙辰。
⑧ 《明宣宗实录》卷八十一，宣德六年七月己丑。
⑨ 《明宣宗实录》卷一百三，宣德八年六月丙申。

[正统二年三月丁巳] 直隶大名府长垣县奏：比因荒歉，人民乏食，已发廪赈济，俟秋成偿官。①

　　[正统十年八月壬戌] 直隶大名府长垣县奏：本县今岁雨少，子粒薄收，乞将该纳粮草折收钞贯，每米一石钞一百贯，草一束钞五贯。②

也有大名府奏报的，如：

　　[宣德七年九月戊辰] 直隶大名府奏：所属开州并长垣、南乐、内黄、清丰、滑、浚六县自今年五月至七月终旱干，黍谷皆槁。③

　　[正统十三年九月甲申朔] 河南开封府及直隶大名府各奏：所属州县六月以来黄河泛涨，淹没民庐舍，秋田尽被灾伤。④

范县与新乡县相似，灾情由东昌府奏报的较多，本县直接奏报的较少，如：

　　[正统二年冬十月己未] 濮州范县奏：八月黄河溢决，民居牲畜禾稼皆被漂没。上命该部勘实，从宜修筑优恤。⑤

　　[景泰五年六月辛巳朔] 山东济南、青州、登州、东昌，河南怀庆、卫辉、汝宁、南阳府俱奏：四、五月中，亢旱不雨，二麦槁死，夏税无征。⑥

　　[景泰六年九月壬寅] 山东济南、东昌、青州、兖州四府，河南河南、卫辉、怀庆三府，山西平阳府各奏：今年二月至五月

---

① 《明英宗实录》卷二十八，正统二年三月丁巳。
② 《明英宗实录》卷一百三十二，正统十年八月壬戌。
③ 《明宣宗实录》卷九十五，宣德七年九月戊辰。
④ 《明英宗实录》卷一百七十，正统十三年九月甲申。
⑤ 《明英宗实录》卷三十五，正统二年十月己未。
⑥ 《明英宗实录》卷二百四十二，景泰五年六月辛巳。

不雨，田苗旱伤。①

3. 抗灾

三个县史料所载，多是治水的，如宣德间沁水溃决，新乡县处下游，水深成河，筑堤以防，不能捍御，知县许宣"坚筑决口俾由故道"，最终收到了良好的效果。②成化十八年，新乡遭大水为患，人多溺于水中，知县王素"伐木具舟，全活者千数"。③隆庆年间，大水集黑洋山，诸水乘之直薄长垣县城下，知县孙锦"督夫役具备锸，立雨中濬城北小河，三日而水有所归，邑赖以安"④。

也有除蝗的，如嘉靖八年，范县蝗灾，巡抚王尧封"命官以粟易蝗，民捕之，不旬日足千石"⑤。此外，万历三十八年，范县飞蝗蔽野，巡抚黄克瓒"命官以米易蝗，民捕之不计其数"⑥。

4. 赈灾

一是赈济。有赈贷的。宣德八年，因上年亢旱，田禾无收，人民艰食，新乡县将本处见贮仓粮验口借给灾民，俟秋成还官⑦。正统二年，长垣县荒歉，人民乏食，也"发廪赈济，俟秋成偿官"⑧。有赈粥的。万历间，新乡大饥，董知县取积谷"设场粥食之"并"躬诣场检视"，民赖以全活。⑨有赈给的。嘉靖三十年，大名府大水，长垣县溺死者无算，知府张瀚"抚循备至，出官库银赈给之，民赖以生"⑩。

二是安辑流民。洪武初年，新乡县民多流徙，知县王让"竭力收

---

① 《明英宗实录》卷二百五十八，景泰六年九月壬寅。
② 乾隆《新乡县志》卷二十九《循吏》。
③ 乾隆《新乡县志》卷二十九《循吏》。
④ 民国《长垣县志》卷十《循政志》。
⑤ 嘉庆《范县志》卷一《灾祥》。
⑥ 嘉庆《范县志》卷一《灾祥》。
⑦ 《明宣宗实录》卷九十九，宣德八年二月庚寅。
⑧ 《明英宗实录》卷二十八，正统二年三月丁巳。
⑨ 乾隆《新乡县志》卷二十九《循吏》。
⑩ 咸丰《大名府志》卷四《年纪》。

复其贫不能耕者,躬劝富家出牛具以代之,民赖以安"①。万历间新乡县知县余相也注重"抚流移"。②嘉靖中期,长垣县屡遭水患,民流亡者大半,三十七年任知县的黄纪"招谕宽其赋役,且给以牛具籽种,使之复业,得林和等八百余户"③。万历二十一年任长垣知县的袁和看到该县遭水旱灾,民庶流离,便"缓逋赋,请赈恤,民渐复业"。④

此外,明代三县地方官员还有祈祷、迁县治等灾荒应对举措,限于篇幅,此不一一列举。

根据史料记载,笔者也对三个县灾荒应对的举措进行了统计,详见表11:

表11　明代新乡、长垣、范县地方政府灾荒应对举措情况

地域	备灾 筑堤（次）	备灾 仓储（次）	备灾 农垦（次）	报灾（次）	抗灾（次）	赈济（次）	其他（次）	合计（次）
新乡县	4	1	2	17	2	4	1	31
长垣县	4	2	—	15	2	8	3	34
范县	—	—	—	8	2	1	1	12

由表11可以看出,明代新乡县和长垣县(含该县所属上级政府)应对灾荒采取的举措内容及数量都较为接近,范县因为灾荒数量较少而有所不及。值得关注的是,报灾方面,长垣县直接奏报的次数远多于其他两县。

(三) 地方精英的应对举措

1. 备灾

垦荒方面,嘉靖间,新乡县块村营军户出身的宋准看到县北沮洳

---

① 正德《新乡县志》卷四《名宦》。
② 乾隆《新乡县志》卷二十九《循吏》。
③ 民国《长垣县志》卷十《循政志》。
④ 民国《长垣县志》卷十《循政志》。

之地"亩止取租值钱数文",而卫所军士亡匿者过半。因为该地濒临卫河,可种稻田,于是"约众请开石闸",使"瘠壤尽变膏腴,视昔之所入□不啻十百"①。

仓储方面,新乡县人尚嘉庆,慷慨好施,立义塾,兴义仓,周急济困。万历间诏给粟帛加冠带表其门,祀孝悌祠。②此外,嘉靖间,新乡县人潘铎修块村堤。

2. 报灾

地方精英报灾请蠲的记载,新乡、长垣两县各有一例,如:

> 崇祯十三年春夏不雨,秋蝗,从邑人张缙彦请发帑金二万以赈。③

> [宣德八年闰八月丁巳]直隶大名府长垣县民奏:亏欠所畜孳生马四百四十七匹应偿,今岁天旱无收,请以明年秋成买偿。④

3. 赈灾

一是捐输。新乡县有:

> 徐鳌,本县司马社人,轻财好义,援例出谷赈济,正统间旌表门闾。⑤

> 梁大纶,居乡谦谨,富而好礼,慕义乐施,出粟赈贫。邑有圮庙圮桥,辄施金鼎新之。里人高其谊,呼为善友,而不名云。⑥

> 梁旭征,都宪问孟之子,早游□序,工篆好著述,少时即以济物为念。丁酉岁饥,捐金以赈。⑦

---

① 乾隆《新乡县志》卷三十三《义行》。
② 乾隆《卫辉府志》卷三十三《孝义》。
③ 乾隆《新乡县志》卷十七《赋役下·恤政》。
④ 《明宣宗实录》卷一百五,宣德八年闰八月丁巳。
⑤ 正德《新乡县志》卷五《尚义·义民》。
⑥ 乾隆《新乡县志》卷三十三《义行》。
⑦ 乾隆《新乡县志》卷三十三《义行》。

· 144 ·

长垣县有：

> 崔闻礼，尚书景荣父也，生平正谊自立，课农立本。万历癸巳以来，岁屡歉，捐谷赈贫，全活甚众。①
> 于敬，正统五年输粟一千二十石赈济，事闻，七年敕表其庐曰"义民"。②
> 朱璘，天顺年输米四百石赈济，事闻，敕表其庐曰"义民"。③
> 张至要，巘子，千户。嘉靖二十五年输粟四百石于四堡仓，知县张道表其门。④

范县有：

> 高祥，家颇殷厚，成化六年大歉，出粟千石以赈饥民，有司上其事，赐敕奖谕，旌为义民。⑤
> 鲁整，世为农家，以勤俭累积殷厚，成化六年大饥，捐粟一千余石助赈，有司以闻，赐敕旌表。⑥
> 许勉，濮州人……岁大饥，捐粟麦一千二十余石，助有司以赈。朝廷嘉其义，赐诏褒谕仍旌其门闾。⑦

二是赈济。相关记载均为范县的，如：

---

① 民国《长垣县志》卷十二《人物·懿德》。
② 民国《长垣县志》卷十二《人物·义行》。
③ 民国《长垣县志》卷十二《人物·义行》。
④ 民国《长垣县志》卷十二《人物·义行》。
⑤ 嘉庆《范县志》卷二《义民》。
⑥ 嘉庆《范县志》卷二《义民》。
⑦ 嘉靖《濮州志》卷八《灾异》。

孙光祚，字孟裕，号月恒，万历戊午科举人……会辛未大荒，出积谷数百石赈饥瘗亡。①

吴尚文，以耕读起家，选授开州吏目，事母孝，其性好施，嘉靖二十二年大水，年饥，舍米煮粥以赈饥民。②

吕杰，嘉靖三十二年岁饥，远近人咸持券称贷，遂出所积粟二千余石应之。年丰卒无所偿，出其券并会计簿悉焚之。③

三是养恤。如嘉靖间，长垣县张相捐地十亩为漏泽园。④ 范县吴尚文捐地给棺为漏泽园以葬道殣。⑤

此外，还有代民完税的。正德十二年，长垣县大荒，税粮不敷，张、阎、刘、王四人"各持数百金备纳，国储得不废，而民不扰。"⑥

根据史料记载，笔者也对三个县地方精英灾荒应对的举措进行了统计，详见表12：

表12　　　　明代新乡、长垣、范县地方精英灾荒应对情况

地域	筑堤（次）	仓储（次）	农垦（次）	报灾（次）	赈济（次）	代民完税（次）	合计（次）
新乡县	1	1	1	1	3	—	7
长垣县	—	—	—	1	6	—	7
范县	—	—	—	—	9	1	10

---

① 嘉庆《范县志》卷二《乡贤》。
② 嘉庆《范县志》卷二《义民》。
③ 嘉庆《范县志》卷二《义民》。
④ 民国《长垣县志》卷十二《人物·义行》。
⑤ 嘉庆《范县志》卷二《义民》。
⑥ 民国《长垣县志》卷十二《人物·义行》。

由表 12 可以看出，在明代，新乡、长垣、范县地方精英参与灾荒应对的积极性相差不多，备灾方面，新乡县做得更好，赈济方面，长垣县和范县超过了新乡县。

通过对明代新乡、长垣、范县自然和社会条件的分析，其孕灾环境是相似的，长垣县较低的海拔应是其水灾最为严重的一个因素。正税方面，新乡县重于长垣和范县，也佐证了河南赋重这一情况。范县面积大于其他两县，而其户口和田地数量却少，可能是大量荒地未得以开垦的缘故，而这也部分地解释了其灾害较少的现象。在灾荒应对方面，长垣县获得朝廷蠲免和赈济均大于其他两县，可以认为作为京畿大名府属县的长垣县获得了中央政府更多的关注和支持。而地方政府应对方面，地处河南的新乡则与地处北直隶的长垣相差不大。范县的地方精英参与灾荒应对的积极性似乎与其较少的灾害次数不成比例，或许与其地豪爽尚义的民风有一定关系。

下 篇

中国国家治理的当代变迁

论公共管理中的公共利益与政府利益[*]

公共管理是公共管理主体运用公共权力有效地维护、增进和分配公共利益的活动和过程，它同时也是协调各种利益关系的过程。公共利益是公共管理的出发点和归宿，政府是公共管理的核心主体。因此，探讨公共管理中公共利益、政府利益以及它们的关系，无疑具有十分重要的意义。

一 利益与公共利益

对于什么是利益，人们众说纷纭。"对利益的通俗解释离不开物质报酬和与人们受尊重程度有关的社会名誉"，"从哲学上来讲，利益是一定的利益主体对于客体的价值肯定，它所反映的是某种客体（物质的以及精神的东西）能够满足主体（个人、集体和社会）的某种需求。由此可见，对于主体的生存发展具有直接或间接的积极肯定意义的，就是这个主体的利益。"[①] "人们的社会关系形成后，不仅使人们在特定的社会范围内生产和生活，而且支配着生产成果在社会成员之间的分配，因而本质上制约着人们需要的满足，这就使得人与需求对象之间的关系转化为人与人之间的关系，需要由此以个人的生理

---

[*] 原载《重庆科技学院学报》（社会科学版）2007年第3期。
[①] 桑玉成：《利益分化的政治时代》，学林出版社2002年版，第5页。

和心理形式获得了社会内容和社会特性。这种获得了社会内容和社会特性的人们的需要就是利益。""所谓利益就是基于一定的生产基础上获得了社会内容和社会特性的人们的需要。"①

谈到公共利益,大多数学者都承认公共利益是客观存在的,但对如何界定和解释公共利益却看法不一。亨廷顿认为,"传统上,处理公共利益有三种方式。把公共利益与抽象的、实际的、理想的价值以及诸如自然法则、正义或者正确的理性等准则等同起来;或者同某一特定人物(朕即国家)的、集团的、阶级(马克思主义)的或多数大众的具体利益等同起来;或同个人之间(古典自由主义)或集团之间竞争过程中得出的结果等同起来"②。亨廷顿所列举的上述三种有关公共利益的观点很有典型性。其中,第一种观点是把公共利益理解为一种抽象的价值取向,认为公共利益作为一种观念和原则,如同正义和理性一样应该成为人们追求的目标。这种观点具有一定的现实意义,特别是公共利益和其他利益发生冲突时,这种观念有利于维护公共利益和正义。同时这种抽象的公共利益观念也有缺陷,它忽视甚至否认了公共利益的具体性。事实上,公共利益不仅仅是一种观念,它也是一种客观的存在。在公共管理中,各种公共物品就是公共利益的具体表现。正如有人指出的那样,"站在公众的立场上,公共利益是现实的,它表现为公众对公共物品的多层次、多样化和整体性的利益需求"③。第二种观点认为公共利益就是特定人物(如君主)、集团、阶级或多数派的特殊利益。显然,这种观点是不正确的,它把公共利益和个人利益、集团利益或阶级利益混为一谈,抹杀了它们之间的本质区别。即公共利益是具有社会共享性,集团利益或阶级利益具有组织共享性,个人利益具有个人独享性。这种观点虽然看到了个人利益、集团利益的重要性,却忽视了公共利益的基本属性,如果不能

---

① 王浦劬:《政治学基础》,北京大学出版社1995年版,第53页。
② [美]亨廷顿:《变革社会中的政治秩序》,王冠华等译,上海译文出版社1989年版,第27页。
③ 张庆东:《公共利益:现代公共管理的本质问题》,《公共行政》2001年第8期。

维护和增进公共利益，任何个人利益、集团利益和阶级利益都是不能维持长久的。只有公共利益的维护和增进才会有个人利益、集团利益和阶级利益的长期稳定的获取和维持。第三种观点认为公共利益是参与竞争的各利益主体追逐自身利益最大化的必然结果。这种观点是极端自由主义者的看法，它只看到了公共利益与个人利益的一致性，没有看到二者的斗争性。在现实世界中，公共利益与个人利益既有统一的一面，又有斗争的一面。如果只有统一，公共管理就没有存在的必要；如果只有斗争，公共管理就没有存在的可能。

亨廷顿本人对上述三种观点也持反对态度。他认为这些观点"在大多数情况下，具体的定义缺乏普遍性，普遍的定义又缺乏具体性"。于是他提出了自己的看法，"部分解决这个问题的一种方式，是根据实行统治的体制的具体利益去界定公共利益。具有高度制度化的统治组织和程序的社会能够更清楚地表达和实现其公共利益"。"确切地说，它是增强政府体制的任何事物。公共利益就是公共体制的利益。"[①] 亨廷顿的这些说法把公共利益和公共体制联系起来，认识到公共利益存在的客观性和具体性，但"这样的看法显然是一种理想化的看法，起到了美化现存制度的作用。实际上我们说政治制度体现公共利益是从规范的角度，也即理想或应然的角度来讲的，而现实中的政治制度不可能完全符合这种规范，要不然我们就无法说明历史中的国家兴衰和朝代更替"。"但是，历史中的兴衰证明，政治制度所具有的阶级性也是无法完全避免的一个现实。"[②] 由此可见，亨廷顿在看到公共体制代表公共利益的同时，没有看到或者否认了公共体制所代表的统治阶级的阶级利益。实际上，在阶级社会里，公共体制所代表的公共利益最终也是为其所代表的阶级利益服务的。

由上述的分析我们可以看出，公共利益有以下特征：

---

① ［美］亨廷顿：《变革社会中的政治秩序》，王冠华等译，上海译文出版社 1989 年版，第 27 页。
② 马德普：《政治制度及其功能》，《郑州大学学报》（哲学社会科学版）2000 年第 5 期。

首先，公共利益是抽象性和具体性的统一。公共利益是一个与个体利益相对应的范畴，在这一意义上，它往往被当成一种价值取向，一个抽象的或虚幻的概念，如同正义、平等一样。它只是阐明了公共利益作为一种特殊的利益形式所具有的特殊利益指向性，而没有告诉人们公共利益包括哪些具体内容。即"公共利益并不表示一致同意的利益，而仅表示某些人看来对公众有利的事物。有时公共利益表示某种普遍利益，即确信有益于社会中每个人的价值观念"。[①] 我们不能由此认为公共利益就没有具体的内容。事实上在公共管理中，各种公共物品和公共服务就是公共利益的客观形式，而各种公共管理主体就是公共利益在规范意义上的现实代表者。正是公共物品、公共服务和公共管理主体的现实性决定了公共利益的具体性。因此公共利益既有抽象性又有具体性，是二者的统一体，它们只是从不同的角度透视出公共利益的不同特征。正如有些学者所指出的："公共利益既是抽象的又是具体的，各种价值之间相互关联，具有一定的层次性，形成一定的利益的结构体系。"[②]

其次，公共利益是社会性和阶级性的统一。所谓社会性是指公共利益的相对普遍性和非特定性，即它不是特定的部分人的利益，而是共同体所有成员或绝大多数成员的利益，这种利益具有社会共享性，也即消费上的非排他性。所谓阶级性是指由于公共利益的提供者即各种公共管理主体本身具有阶级性，特别是在阶级社会里，各公共管理主体最根本的利益是其阶级利益，公共利益只是维护阶级利益的副产品，或者公共利益的提供就是为维护阶级利益服务的。因而，公共利益也就不可避免地被打上了阶级的烙印。但是，这种意义上的阶级性也并不能否定公共利益在客观上的社会共享性，因此我们可以说，公共利益是阶级性和社会性的统一，只是这种统一在不同的社会有本质的区别。在阶级社会里，公共利益的社会性和阶级性，只能达到形式

---

① 沈惠平：《公共政策中的公共利益取向》，《决策借鉴》2002年第4期。
② 赵成根：《民主与公共决策研究》，黑龙江人民出版社2000年版，第119页。

上的统一，即社会性和阶级性同时存在，但社会性最终是为阶级性服务的；在社会主义社会，公共利益的社会性和阶级性达到了本质的统一，即社会性和阶级性同时存在，并最终都是为了实现最广大人民的根本利益。

除上述特征之外，公共利益还有层次性、全局性、根本性和长期性等基本特征，这里不再赘述。

二 政府利益及其与公共利益的关系

如前所述，公共利益是公共管理的核心和本质，这是公共管理的内在要求。但公共利益不会自动地得到增进和分配，这就需要公共管理主体借助于公共权力来完成，那么在公共管理过程中，政府作为公共管理的核心主体，是否有自身的利益即政府利益？是否总是追求公共利益？

国内外众多的学者都认为政府利益是客观存在的。公共选择学派认为政府也是经济人，存在自利性，也会追求自身利益的最大化，政府一旦形成，其内部的官僚集团，便会有自身的利益，这可能导致政府失灵。中国也有很多学者承认政府利益的存在。如认为"政府是市场经济中的利益主体之一"，[①] "政府也是经济人，有其自己的利益追求，只不过中国的社会制度和社会性质要求政府利益和公共利益保持同一方向"。"在市场经济中，政府利益并不完全等同于公共利益，只不过政府利益与其他利益主体相比，与公共利益的关系更加密切和规范，更加严格。"[②] 国家作为表面上凌驾于社会之上的第三种力量，它在抽象观念上象征着公共利益，但作为国家体现者的政府和政府官员，则是具体的，并且他们在社会中扮演着多重角色，因而必然会代表和追求多重利益。作为社会中的普通一员，他们追求自身利益的最

---

① 陈淮：《政企分开不能保证政府行为合理化》，《中国经济时报》1998 年第 11 期。
② 臧乃康：《政府利益论》，《理论探讨》1999 年第 1 期。

大化;作为政府部门中的成员,他们追求部门利益最大化;作为现实政府组织整体中的成员,他们追求政府利益最大化;作为抽象意义上的政府即国家的体现者中的一员,他们追求社会公共利益最大化。传统的计划经济体制否定了政府官员的多重角色,只把他们当成"公仆",从而否定了公共利益以外的其他利益。而市场经济体制则承认政府官员的多重角色,允许他们合法追求公共利益以外的其他角色利益。"只不过社会制度应当要求形成这样的机制:利益主体的利益追求过程,同时也是社会公共利益的实现过程;而一旦损害社会公共利益,自身利益也受损害。"①

政府利益的存在对公共利益的影响有多种情形,如果政府利益的方向与公共利益的方向保持一致,则政府利益的追求和公共利益的追求就会相互促进;如果政府利益和公共利益的方向不完全一致,由于自身利益的考虑,政府可能放弃维护和增进公共利益的最佳选择,而作出对政府更有利的选择,这会部分地减损公共利益,但仍不失为一种总体最优无法实现时的一种次优选择,而且"适度合理的政府利益能够转化成为推动经济与社会发展的动力,具有积极效应"②。最后,如果政府利益突破一定的约束和界限,沿着与公共利益背道而驰的方向进行,这必然会从根本上损害公共利益,这主要表现为政府机构的自我扩张和膨胀、地方利益和部门利益的扩张、大量的政府"设租"和"寻租"行为及官员腐败等。由上述分析可知,政府利益对公共利益有两个方向的作用:政府利益和公共利益的方向一致,则政府利益的追求会促进公共利益的实现;政府利益和公共利益的方向相反,则政府利益的追求必然造成公共利益的减损。

公共管理就是协调社会利益关系以促进公共利益的过程,因此协调政府利益和公共利益的关系是公共管理的必然要求。既然政府利益是客观存在的,而且政府利益并不总是与公共利益保持一致,那么,

---

① 臧乃康:《政府利益论》,《理论探讨》1999年第1期。
② 臧乃康:《政府利益论》,《理论探讨》1999年第1期。

如何保证政府在实现自身利益的同时又不致损害公共利益呢？我们认为一要靠教育，通过教育，在政府中塑造一种公共精神，"也就是摆脱利己主义而为大多数公共利益着想的精神。"[①] 在公共精神的激励和鼓舞下，在公共管理活动中，政府及其工作人员就会更多地关注公共利益，而不仅仅着眼于自己或所在部门的利益。二要靠制度，首先，以制度来界定政府利益的范围；其次，以制度来约束政府行为，使其不能突破一定的界限而损害公共利益；最后，加强惩罚机制，使那些侵害公共利益者难逃法网，使那些跃跃欲试者望而却步。

---

① ［美］史蒂文·凯尔曼：《制定公共政策》，商正译，商务印书馆1990年版，第2页。

试析契约制在公共部门治理中的应用与限制[*]

西方新公共管理运动兴起后，西方公共部门不断借鉴私人部门的成功经验，积极探索和创新公共部门的治理模式和治理机制。契约作为一种协调手段在公共部门中得到广泛应用，契约制逐渐成为公共部门治理的新机制。有的学者甚至认为，新公共管理首先是契约制，它的研究重点是契约的管理，即如何有效地制定和实施契约，如何实行有效的监控等。[①] 研究契约制在公共部门的应用与限制，以及对中国公共部门改革的启示，具有重要的理论意义和现实意义。

一 契约制在公共部门中的应用

公共部门的契约就是公共部门作为契约一方与部门内部或外部的组织和个人就某一事情、物品或服务协商一致而签订的某种协议。[②] 作为公共部门治理机制的契约制就是公共部门在治理过程中，大量采用契约的方式运作，用契约规定双方的权利和义务，在交换而不是权威的基础上，向社会成员提供公共物品和公共服务的运作机制。契约制在公共部门治理中应用的理论基础是委托—代理理论。公共部门中

---

[*] 原载《河南科技大学学报》（社会科学版）2007年第5期。
[①] ［英］简·莱恩：《新公共管理》，赵成根译，中国青年出版社2004年版，第8页。
[②] 储亚萍：《论作为政府管理工具的合同》，《福建行政学院、福建经济管理干部学院学报》2005年第2期。

同样存在着委托—代理关系。公共部门通过契约雇用各部门的管理者和其他雇员，或与私人部门或其他公共部门签订有关服务数量和质量的契约，把一些由其他部门生产可能更有效率的服务外包出去。

用契约制实现公共部门治理，会涉及大量不同形式的契约，这些契约归纳起来主要有两种：雇用契约和绩效契约。雇用契约是政府选择代理人后与其签订的雇用关系协议。绩效契约则陈述的是政府的代理人要为自己的委托人政府所做的事务及其结果。依据契约关系对象的不同，契约包括外部契约和内部契约。外部契约又称外包契约，是公共部门与承包商（企业或其他公共部门）签订的关于提供物品和服务的协议。内部契约是公共部门与其内部机构或工作人员签署的协议，是公共部门内部的一种管理方法。

（一）契约制可以降低交易成本

交易成本是指在提供产品和服务过程中由于协调、信息和策略行为而导致的非生产性成本的增加。① 契约的履行也需双方支付一定的交易成本。但是，契约是建立在双方合意的基础上的，契约的内容是双方达成一致的结果，契约的实现符合他们自身的利益要求。因此，各方一般愿意自觉遵从契约的规定。这就降低了协调成本和因政策无法执行而导致的损失。

（二）契约制把竞争机制引入了公共部门

民营化大师萨瓦斯认为，"如果把政府服务看作是永久垄断，把自由市场安排看作是持续竞争，合同承包则是具有阶段性竞争特点的临时性垄断"。② 签约外包是直接利用竞争机制获得物品和服务，打破了政府对公共服务的垄断地位。而在公共部门内部建立模拟市场机制，开展内

---

① [美] 埃莉诺·奥斯特罗姆、拉里·施罗德、苏珊·温：《制度激励与可持续发展》，毛寿龙译，上海三联书店2000年版，第142页。
② [美] E.S. 萨瓦斯：《民营化与公司伙伴关系》，周志忍等译，中国人民大学出版社2002年版，第171页。

部竞争，使公共部门确立了明确的投入产出目标，管理者能够直接以产出目标指挥并协调公共物品和服务的提供，提高了公共部门的效率。

（三）契约制使得公共部门治理过程中的参与者权责明确

契约是关于双方当事人权利和义务的一系列协议，它详细地规定了双方的权利和义务，即把各方所享有的权利以及应承担的相应的责任都明确地纳入了契约。契约的实施过程，就是权利和责任得以体现的过程。契约内含的明确的责任机制，以及关于违约惩罚的相关规定，可以保证公共部门治理目标的实现。

（四）契约制是结果导向的

公共部门的通病之一就是事前审慎评估计划，却对结果不重视，即只注重投入而不重视产出，这种本末倒置的做法，使其运作效率大大降低。[①] 契约关系是围绕着公共部门的目标和任务而建立的。签约双方在公共部门所要完成任务的基础上进行谈判，最后达成关于如何完成任务的协议。因此，契约中反映了公共部门所要达到的目标和所要实现的目的，公共部门的目标管理变为对契约的管理。契约制体现了对公共部门治理结果的重视。

二 契约制在公共部门应用的限制

契约制在公共部门的应用有诸多优势，但是，由于公共部门的特性和契约本身的问题，契约制在公共部门的应用又会受到种种限制。

（一）公民享有的权利无法纳入契约中，契约不能维护公民的基本权利

公共部门是公共物品和服务的提供者，也是公民权利的保障者。

---

① 张成福、党秀云：《公共管理学》，中国人民大学出版社 2002 年版，第 356 页。

公共部门通过提供公共物品和服务，维护着宪法和法律中规定的公民权利。权利是现代公共部门治理的先决条件，任何关于公共服务的契约中，权利都必须得到尊重，权利是无法通过委托人和代理人之间的谈判而纳入契约中的。在某些公共部门，委托人难以监控代理人的活动，即使能够监控，监控成本也是很高的，委托人无法防止代理人损害公民权利的行为出现。

（二）契约不能提供足够的动力，使得代理人追求委托人利益最大化

私人部门中，委托人可以依靠提供高薪来激励代理人，然而公共部门的薪水是法定的，民众也不可能赞同政府拿过高的薪水去雇用代理人。政府只能在现有预算条件下，雇用代理人为其工作。在缺乏足够动力的情况下，代理人面临的选择，如果他们不愿冒风险背约，表现或多或少的欺诈行为，也可能只消极地按照约定完成工作，而不是最大限度地实现委托人的利益。

（三）契约制难以克服机会主义行为，无法处理道德风险问题

机会主义是指在契约制中不正当地追求自我利益的行为。委托人和代理人都会有机会主义行为。委托人的机会主义行为是当结果与期望不一致时，不管代理人是否有错误，都为使自己摆脱责任而选择终止契约和不再续约的策略。而代理人在签约前为了获得契约可能会有隐瞒委托人的行为，在签约后也会利用信息优势逃避责任，谋求自身利益。委托人和代理人也许会签订一个对双方是最佳的契约，而不是对公众利益最有利。这些契约失败都可归为契约的道德困境。委托人和代理人都发现利用道德风险对自身是有利的，任何契约都面临着道德风险。

（四）契约制中政府的角色定位模糊，难以解决角色冲突的矛盾

在新公共管理模式中，政府作为签约者的角色和政府作为公共财产所有者的角色之间存在着冲突，因为政府最终可能坐在桌子两端，坐在桌子一端的作为签约者的政府，与坐在另一端的作为一个组织资产所有者的自己谈判。①公共部门契约制的理想状态是明确界定购买者和供应者，而政府可能同为购买者和供应者双方的委托人。当政府作为采购者行动时，将会对一个"便宜"的交易感兴趣，但是，当他要为维持供应者的组织运转时，政府将会对"昂贵的"交易感兴趣。政府角色定位的模糊性，影响了契约的有效执行。

三 契约制对中国公共部门改革的启示

长期以来中国多采取政府办企业、办社会的方式来满足政府或公众对物品和服务的需求，政府采购仍限于一定范围，签约外包的实践更不普遍。因此，西方公共管理运动中的契约制，对中国公共部门改革具有重要启示。

（一）推广使用签约外包制，向有限政府回归

在政府和公共组织中引入签约外包策略，把不属于组织核心职能的部分剥离出去，交给社会或企业去完成，使政府向有限政府回归。从而有助于政府职能转变和机构改革。政府将有限的资源和精力专注于其核心职能，有助于提高政府效率，优化资源配置，更好地回应"顾客"需求。

（二）掌舵而不是划桨，把决策和执行功能分开

政府职能是掌舵而不是划桨。换言之，决策和执行功能必须分开。行政过程中的决策与执行分开主要有两条路径：美国的公私合作模式与英国的建立执行局（法定机构）模式。中国的国情决定了我们不可能大规模地利用私营部门的力量来参与执行政府决策。国外成

---

① ［英］简·莱恩：《新公共管理》，赵成根译，中国青年出版社2004年版，第176页。

立法定机构的做法更适合中国。法定机构是指按照一定程序成立的，不属于政府职能部门序列的，又承担具体的执行性职能的行政机构。[①] 中国政府如果把决策和执行功能分开，就应该在条件具备的地方成立一些法定机构，专门负责执行政府决策。

（三）创新公务员制度，引入内部管理契约

公务员制度是官僚制体系得以运行的基础。与西方国家相比，中国目前最重要的是建立和完善公务员制度。但是，由于中国所处的特殊阶段，以及国际大背景的影响，我们又必须借鉴西方国家的实践经验，在建立和完善公务员制度的同时，避免其走向僵化。把契约制应用于公共部门人力资源管理中，创新中国公务员制度。在公共部门人力资源管理过程中引入内部契约，与工作人员签署绩效契约，并作为考核的标准。

（四）提高管理契约的能力，学会契约化管理

"对公共部门的很多管理者来说，他们必须学会契约的草拟、谈判以及监督其他组织的专业性知识，工作才能有效进行，否则，他们的管理者地位将受到挑战。"[②] 契约化管理已成为公共管理者必备的技能之一。契约制的应用能力已成为衡量公共部门管理者管理能力的重要标准。在中国公共部门应用契约制，就必须对公共部门管理者进行相关知识和业务技能的培训，使他们学会契约化管理，以更好地签订契约，监控契约。

[①] 陈振明：《政府再造：西方新公共管理述评》，中国人民大学出版社 2003 年版，第 109 页。

[②] [英] 诺曼·弗林：《公共部门管理》，曾锡环等译，中国青年出版社 2004 年版，第 9 页。

社区社会组织有效参与基层社会治理的途径分析[*]

基层是社会的基础,当前中国许多社会问题和社会矛盾都是在基层触发的。社会治理的重点在基层,难点也在基层,加强和创新基层社会治理任重道远。一个良好的社会绝不是政府单一治理的社会,而是需要政府之外的大量合乎逻辑的社会力量来参与。社会组织,包括社区社会组织,不仅构成了治理主体的多元化格局,而且为治理提供了使其得以运转的动力。以社区发展为标志,社会基础管理、基础服务的格局发生了根本的变化。[①] 党的十八大报告提出,要更加注重社会建设,推动社区社会组织健康、有序发展,充分发挥社区社会组织在社区建设和构建和谐社会中的积极作用。党的十八届三中全会决定提出,要进一步深化社会体制改革,其中就包含社会治理体制改革,而社会治理体制改革的目的就是建构现代社会治理体制,将"治理"还给社会。[②] 作为基层社会重要的组织细胞,社区社会组织应该成为基层社会治理一个不可或缺的主体,发挥更加有效的作用。

---

[*] 原载《中国行政管理》2014年第12期。
[①] 吴锦良:《基层社会治理》,中国人民大学出版社2014年版,第149页。
[②] 王名:《社会组织与社会治理》,社会科学文献出版社2014年版,第40页。

一 社区社会组织参与基层社会治理的现状

（一）发展规模扩大，结构明显失衡

由于社会发展的需求和国家政策的推动，近年来中国社区社会组织获得了较快的发展，规模不断扩大。"截至2013年底，全国共有各类社区服务机构25.2万个，社区服务机构覆盖率36.9%；其中：社区服务指导中心890个，社区服务中心19014个，比上年增加3517个，社区服务站108377个，比上年增加20446个，养老等其他社区服务机构12.4万个，比上年增加2.8万个。城镇便民、利民服务网点35.9万个，社区志愿服务组织12.8万个。"[1]

与蓬勃发展势头形成鲜明对比的是中国社区社会组织的结构明显失衡。"从社区社会组织的类型来看，登记的社区社会组织主要以教育类、服务类的民办非企业单位为主，备案类的社区社会组织以体育健身类和文化艺术类为主，从整体上看，社会公益类和志愿服务类的社区社会组织较少。"[2] 虽然教育类和服务类的社区社会组织在促进社区建设中具有重要作用，但是公益类和志愿类的社会组织对倡导公民精神和促进居民参与社区治理具有更重要的意义，而后者的缺乏在一定程度上影响了社区居民参与社区治理的积极性。

（二）参与领域拓宽，社会影响不高

从民政部发布的《2013年社会服务发展统计公报》中可以看出，社会组织参与社会治理、提供社会服务已经涉及养老服务、残障人服务、儿童福利服务、社会救助服务、医疗救助、防灾减灾服务、慈善捐助等众多方面。在北京，社区社会组织工作涉及经济社会发展的诸多方面，基本形成了门类齐全、覆盖广泛的组织体系，突破了前些年

---

[1] 民政部：《2013年社会服务发展统计公报》，http://www.mca.gov.cn/article/zwgk/mzyw/201406/20140600654488.shtml。

[2] 王名：《社会组织与社会治理》，社会科学文献出版社2014年版，第168页。

主要集中于文体活动领域的状况，业务范围扩展到便民服务、社区治安与管理、医疗救助、科技教育、环境保护、社会心理等公共服务领域，呈现出明显的多元化发展态势。① 社区社会组织广泛参与社会管理活动，既满足了不同群体的需求，也推动了自身的发展。

但是，随着社会发展，社区居民的需求不断增长，而社区社会组织无论是专业力量、社会活动能力，还是组织运行、与社会需求的对应和衔接，都不能满足社会发展的实际需求。社区社会组织自身能力和社区服务的巨大需求二者之间，存在着矛盾。这种需求与供给之间的矛盾，大大降低了社区社会组织在社区治理中的影响力。此外，社区社会组织由于其成员以社区居民为主，而且老年人居多，年轻人偏少，更缺乏专业的社会工作人才，因而仍停留在自我娱乐和服务的层面，应对市场化、社会化管理的能力不足，服务层次偏低的问题还比较突出。②

（三）参与意识增强，社会信任度较低

由于政府的主导和推动，社区社会组织参与意识较之前有很大程度的增强，以各种形式积极地参与到社区治理中：一是参与公共政策制定过程。社区社会组织参与社区治理，一方面满足社区居民需求，另一方面把居民需求诉诸政府，影响政府决策。二是参与社区公共事务的治理，如社区公共物业的维护使用、社区公共秩序、社区邻里关系等事务。三是提供政府无力提供和市场不愿提供的部分公共服务，如社区养老、特殊群体利益维护等。

然而，民众对社区社会组织的信任度仍然不高。一方面，大部分社区社会组织在组织结构、管理体制、决策程序等方面不健全，导致内部管理状况欠佳，难以动员更多社会资源支持其发展；另一方面，

---

① 卢建：《浅析北京市社区社会组织现状及有关发展对策与建议》，《社团管理研究》2011年第11期。

② 孔德福：《天津：发挥社区社会组织在基层治理和公共服务中的积极作用》，《中国社会组织》2014年第8期。

社区社会组织缺乏内外部监督机制,导致社区社会组织的活动处于无监管状态,影响了社区居民及外部人员对他们的信任,加深了社区社会组织的信任危机。[①] 另外,社区社会组织人员素质参差不齐、提供服务质量高低不一,也在一定程度上影响了社会对他们的信任度。

(四) 管理能力提高,整合能力不足

随着政府对社区社会组织的重视以及社区社会组织在社区治理中日益发挥重要作用,社区社会组织自身管理能力得到进一步提高。一是内部制度建设进一步完善。很多社会组织内部制定一套比较完整的制度,能够对制度进行执行和落实。二是人力资源较为丰富。由于社区社会组织市场空间广阔,发展前景比较好,吸纳越来越多的人员参与。

同时也应该看到,社区社会组织的产生不是社会和市场自主选择的结果,他们主要是由政府自上而下推动和主导发展起来的。虽然适应市场和社会的能力有所提高,但是由于对政府有较强的依赖性,社区社会组织不能根据市场和社会所需,及时调整资源,并且它们过度依赖政府,各自之间的联系变得松散,资源整合能力不强。

二 社会组织参与基层社会治理的现实困境分析

(一) 社区职能行政化导致组织独立性缺失

社区职能行政化是指政府为寻求经济增长与社会稳定的平衡,依靠行政权力,自上而下地实行社会再组织的过程。中国社区建设的兴起,既是社会、经济不断发展推动的结果,也与政府自上而下推动的管理模式密不可分。这部分地解释了中国社区管理过程中,社区更多地依靠政府力量,行政化倾向严重的问题。社区是政府管理社会的纽

[①] 耿云:《我国城市社区社会组织发展困境及其对策》,《云南行政学院学报》2013年第6期。

带，政府不愿从社区中彻底退出，社区人员配置、基础设施配置、经济发展更多地依赖政府，社区自治始终不能脱离政府的干预与影响。

中国社区社会组织的发展是由政府在社区内推动和主导的，政府一方面推动着社会改革和社会组织的发展，另一方面其本身亦存在需要改革的地方。既是改革者又是被改革者的双重身份使他们对社区内社会组织的发展面临两难选择，主要表现在对社会组织往往是束缚多于支持。这种"上下级"关系，也就意味着政府成为其资源的主要供给者，社区社会组织自身募集社会资源能力较弱，对政府投入依赖性较强，独立性缺失。使得社区社会组织过分依赖政府，缺乏自主性，在治理结构中仍然从属于弱势地位。

（二）行为主体责任不明导致社会资源离散

从社区治理和满足居民最大化需求层面来看，社区治理行为主体是多元化的，包括基层党组织、基层政府、市场、居民委员会、社区居民、社区社会组织、物业公司等。以上行为主体应该在社区治理中发挥着各自不同的作用，但在现实中，各主体之间存在着相互冲突和矛盾。

第一，政府和市场失灵导致社区资源离散。政府为社区提供资源的具有规模化、制度化、整齐化特点，而社区居民的需求是琐碎的、复杂多样的。政府这种自上而下的供给模式不能及时发现居民多元化的需求，而且刚性的供给制度也不能满足他们日益发展的需求，政府在直接调节人们细微利益关系方面也显得越来越力不从心。尽管市场在资源配置中起着决定性作用，但是市场以追逐利益为出发点，而在社区公共事务、社区公益事业、社区公共福利等非营利性的领域，因其无利可图，市场投资缺位变得司空见惯。政府、市场的失灵一方面导致社区资源空置浪费，另一方面政府投入和市场投资重复也会导致资源浪费。在政府与市场双重失灵状态下，社会组织整合离散、缺失、失效、无序化的资源就显得任重道远。

第二，各行为主体之间权责不明导致各行其是。一是基层政府与居委会权责不明，指导与被指导的关系往往实际上形成上下级关系。二是社区社会组织对政府的过分依赖。政府提供资金，向社区社会组织购买服务，政府将部分职能推向社会，社区社会组织承担起这部分职能。但现实中社区社会组织为争取项目，往往将其与政府的关系扭曲为"商家与客户"或者"主与仆"的关系。三是社区社会组织对居委会的从属关系。居委会和社区社会组织本应是相互协商、相互平等的关系，但在现实中，由于社区社会组织举办活动所需的活动场所、经费等往往由居委会提供，社区社会组织常常需听从居委会指挥，失去话语权。四是社区社会组织和居民之间的供需矛盾。社区社会组织为居民提供服务，满足居民不同的需求，而现实中，服务效果不理想或未能满足部分居民需求，二者之间的供需矛盾便产生了。五是社区社会组织之间的矛盾。同类型的社区社会组织之间存在业务竞争关系，它们往往难以合作，以竞争关系存在，无法协调一致。

（三）社区成员原子化生存导致居民公共参与意识淡薄

中国传统社区是以血亲为基础形成的。新中国成立后，城市社区突破了血亲束缚，组建了"单位制"社区。居民在这两种传统的典型社会组织中形成了非正式群体，成员相互之间有着割不断的联系，人们之间的归属感、认同感较强，对社区治理有着较高的参与性。随着城市化、市场化不断发展，社会流动日益增强，人们不再囿于单一的领域和职业，传统的"血亲"社区和"单位制"社区被打破，商业型社区逐步建立。原来社会组织中的非正式群体圈子被冲击，人们由熟人社会进入了陌生人社会，呈现出原子化的生存状态，人与人之间的关系变得冷漠、疏离，人们之间的价值观也变得多元化，群体认同感和社区归属感日趋弱化。

尽管成熟的商业社区居民的社会交往和参与空间比传统型社区大，但是，非正式群体难以建立，人们越来越原子化地选择自己的社会网络和社会支持，这种网络和支持具有选择性和超地域性，所以社区之间团结和控制的纽带"归属感、认同感"就弱化了。社区居民人际关系疏离，社会联系纽带松弛，导致社区居民邻里关系淡漠，社区维护责任意识不强，社区治理参与意识消极。

三 社区社会组织参与基层社会治理的有效路径

创新社会治理体制已成为时代主题之一，社区是基层社会的载体，社区治理是构建和谐社会的基本要求，完善社区社会组织参与基层社会治理的有效路径，对于推动社会治理创新，构建和谐社会具有深远的意义。

（一）合理定位：政府、组织、居民多元互动

社区治理主体间关系的构建是一项系统工程，需要合理定位政府、组织、居民多元主体之间的角色，平衡三者之间的关系。从经济体制、管理体制以及价值观念、文化理念等层面入手，及时纠正不合时宜的制度、体制、观念，构建合理的多元互动关系。

第一，坚持基层党组织领导，明晰职权。一是要毫不动摇地坚持党组织在构建和谐社会和创新社会治理中的主体地位，巩固党的执政地位，将党建工作和社区治理目标有机结合起来。二是要统筹协调好党政之间的关系，使党政双方各司其职，各尽其责，相互配合，形成合力。

第二，政府转变职能，合理让权。政府应转变职能，改变在社区管理和公务服务领域包揽一切的传统。同时，政府合理地将社区公共事务转移或委托给相应的社区社会组织承担，逐渐从公益服务的唯一提供者转变为保证者，形成政府主导、社会参与、民众受益的社区治理新格局。

第三，强化社区社会组织的独立能力。要发挥社区社会组织的作用，政府应培育、发展和壮大社区社会组织。一是扶持社区社会组织发展，降低其准入门槛，简化登记办法。二是推进社区社会组织"去行政化"，要求党政群机关工作人员不在协会、学会、各类社区社

组织兼职。三是减少政府过度的行政干预,戒掉社区社会组织过度的"依赖症"。四是制定、补充、完善相关法律法规,对社会组织开展活动给予法律法规保障,既能保护它们的合法权益,提高社区社会组织参与社会治理的积极性,还能对它们的活动依法监督。在保障独立性的同时,社区社会组织也应通过各种措施,完善内部管理,提升成员素质,创新工作方法,不断增强参与社会治理的能力。

第四,鼓励居民参与社区治理。一是通过宣传教育提高居民参与意识,提高居民的归属感和认同感,树立正确的社区意识,把个人利益与社区利益紧密联系起来,积极参与社区公共事务。二是健全居民参与体系,鼓励协助居民成立业主委员会等自治组织,畅通居民意见表达渠道,拓宽居民参与社区治理的途径。

(二)资源整合:信息、财政、设施配套支撑

社区治理是一个完整的行动系统,不仅涉及行动主体的多元互动,还需要在组织结构、业务流程、体制机制、人员职责等方面进行创新,在信息、财政、配套设施等方面更需要政府给予大力支持。

第一,整合信息资源。民政部《关于推进社区公共服务综合信息平台建设的指导意见》中明确指出要整合社区公共服务信息资源。各地应依托社区公共服务信息系统,加快统筹社区公共服务网络和信息资源,原则上凡涉及社区居民的公共服务事项,均要逐步纳入社区公共服务综合信息平台集中办理。有条件的地区,要广泛吸纳社区社会组织、社区服务企业信息资源,促进社区公共服务、便民利民服务、志愿互助服务的有机融合和系统集成。[1]

第二,整合财政资源。一是建立有效的财政预算机制和绩效评估机制,实现跨部门预算整合机制,统一规划社区公共服务所需资金,整合各社会组织之间的利益。二是增加政府购买服务。政府应逐渐增

---

[1] 民政部:《关于推进社区公共服务综合信息平台建设的指导意见》,http://www.mca.gov.cn/article/zwgk/fvfg/jczqhsqjs/201311/20131100551613.shtml。

加购买服务的领域和数量,形成社区社会组织提供服务经费定期增长机制,用政府的公共财力确保社会组织提供社区服务的基本运转。三是完善社区服务资金的多元投入机制,即吸收更多资源为社区服务贡献力量,运用税收杠杆鼓励企业、个人和其他组织进行社区投资,以获得更多的市场化支持。

第三,建设综合性社区服务设施。加强社区公共服务设施建设,对提高社区社会组织建设质量,拓展社区社会组织服务功能,提升社区社会组织服务水平有着积极作用。为有效解决社区公共服务设施建设中存在的问题,民政部在《社区服务体系建设规划(2011—2015年)》中明确提出:"根据工作需要每个社区建设一个综合性、多功能的社区服务站;实现每个街道至少拥有一个综合性的社区服务中心,基本建成以社区综合服务设施为主体、各类专项服务设施相配套的综合性、多功能的社区服务设施网络。"[1] 在设施的整合利用上,社区和社区社会组织要采用综合性服务设施和单位性服务设施"混合集中"和"适度分散"相结合的模式,考虑设施之间功能、效应共享。

(三)价值重塑:社会资本重构与参与意识提升

重塑社区居民社会价值是居民主动参与社区治理的前提。与原子化生存状态下伴随的往往是功利主义、道德滑坡、规范失灵,甚至是与主流背离的畸形价值观。通过社区居民社会资本重构和参与意识提升,可以减少社区居民生活方式原子化、社会态度功利化、社会价值物质化等对社区治理的不利影响,实现居民主流社会价值的回归。

第一,重构居民社会资本。现代社会的发展,初级社会群体衰败,个人与个人、个人与组织、个人与社区关系弱化,使得社区居民社会资本大量流失,社会支持网络不够强大。社区社会组织要以个人

---

[1] 民政部:《社区服务体系建设规划(2011—2015年)》,http://www.gov.cn/zwgk/2011-12/29/content_2032915.htm。

与环境互动所形成的社会关系入手开展工作，寻求增强个人的社会资本。首先，将社区居民诉求反馈给政府，将政府惠民政策和各项公共服务措施传递给社区居民，实现社会服务供需信息的衔接。其次，设法进入他们的社会领域，挖掘、整合社区居民各种正式与非正式社会资源，重构社会资本，摆脱原子化困境。

第二，提升居民参与意识。原子化生存状态下人们关系疏离，公共精神和社区归属感缺失，是导致居民参与意识不强的主要原因。首先，要培养居民的集体意识和公共精神，激发他们参与社区治理的热情。其次，要培养居民的社区归属感，树立参与社区治理的责任意识。最后，要注重挖掘居民个人潜能，增强他们的参与社区治理的信心和能力。通过教育和引导，居民对自我、他人、社区关系形成新的认识，公共精神与社区归属感不断增强，参与意识不断提升，参与社区治理的能力和水平也会逐渐提高。

基层是社会的基石，社区社会组织是基层社会治理的重要主体。尽管社区社会组织参与社会治理存在着各种各样的问题，但已经显露出强劲的发展势头，并开始在社区层面的社会治理中发挥积极作用。随着社会体制改革的不断深入和社区社会组织的逐渐成长，社区社会组织必将发挥更加重要的作用。

政府向社会力量购买公共服务的现实困境及改进路径

社会力量在国家治理中发挥着越来越大的作用，提供优质公共服务是重要的途径之一。党的十八届三中全会强调，要"推广政府购买服务，凡属事务性管理服务，原则上都要引入竞争机制，通过合同、委托等方式向社会购买"。现实中，政府向社会力量购买公共服务在实施中还存在着诸多问题，只有排除这些障碍，才能进一步推动政府向社会力量购买公共服务数量的增长和质量的提高。

一 政府向社会力量购买公共服务的现实困境

（一）相关经验不足，积极性不高

（1）相关经验不足。政府向社会购买公共服务是一种新型的公共产品供给方式，它起源于20世纪70年代的欧美发达资本主义国家，如今在各项程序及服务上已经相当成熟。在中国，政府向社会力量购买公共服务仍处于探索和启动阶段，各种经验及配套措施很不完善。由于政府对购买公共服务的经验不足导致了一系列问题出现，从购买服务的内容选定到买卖过程的公平、公开、公正，再到服务供给的监督与考核都缺乏相应的专业人才和管理经验。

（2）政府向社会力量购买公共服务的积极性不高。由于一些政府传统的"大包大揽"思想仍然存在，小团体利益的吸引，导致本来可以由社会力量有效提供的公共服务仍掌握在政府手中。另外，还存在着政府推卸责任式购买行为。一些政府借购买公共服务之名，将对自己不利的、责任较多的、好处较少的公共服务外包出去，而将责任少、好处多的公共服务留给自己。

除了政府积极性不高之外，群众对于政府购买公共服务的认可程度也不太高。在中国，群众对于政府的信赖度远远大于社会组织，在长期的生活中群众习惯于政府提供公共服务的模式，认为公共服务就应该由政府进行提供。当政府逐渐将部分公共服务交给社会组织提供时，群众往往对社会力量有种莫名的不适应和不信任感，有些群众甚至会产生抵触情绪。

（二）购买标准不清晰，购买程序不规范

（1）购买标准不清晰。清晰明确的购买标准是政府向社会购买有效公共服务的重要指导。由于中国政府向社会购买公共服务仍处于起步阶段，统一的、适应社会需求的购买标准和法律法规尚不完善。即使一些地方出台了相关法规与文件，也大多是指导性意见，缺乏可操作性。

（2）购买流程缺乏公开性。社会公共服务的购买权属于政府，而服务的享有权属于广大人民群众，因此公共服务的购买过程应该公平和公开，将群众最需要的公共服务交给最具资质的社会力量。但是现阶段一些地方政府官员为了自身利益，故意将一些大型项目交给本部门下属单位或指定的企业或组织，导致供给的公共服务质量不达标，最后群众也反对由社会力量提供公共服务。

（3）购买过程缺乏竞争性。购买过程中缺乏竞争主要由两方面造成：一方面，由于中国当前社会组织仍处于快速发展阶段，整体实力较弱，能满足政府规定条件的社会力量仍比较缺乏，因此在政府招投标过程中出现了投标较少的现象，导致竞争性不足。另一方面，一些地方政府为了本地区或部门利益，故意提高市场主体准入标准，将一些社会力量和外地企业排除在外，加剧了竞争性的不足。

（三）政府主导购买过程，群众参与度低

政府购买公共服务是为了更好地满足人民群众的生活需要，因此购买哪些公共产品，向哪些社会力量购买公共产品，群众应该有知情权、决定权和监督权。现阶段在向社会力量购买公共服务中，政府起着绝对的主导作用，购买什么产品、购买哪家组织的产品均由政府决定。但是政府单方面的决定不一定完全适应群众的生活需求，导致政府购买的部分公共产品并不是群众急需的，而群众比较急需的公共产品却不能及时地提供。而且，社会组织和企业鱼龙混杂，政府选定的社会组织并不一定在群众中具有较高的信任度；有些选定的社会组织在提供公共服务时也许成本较低，但对群众来说便利性较差、服务质量较低。

（四）供给市场紊乱，产品质量较难保障

（1）公共产品供给市场混乱。中国的社会组织发展相对滞后，公共服务的承接能力并没有完全达到理想状态。在硬的实力上，许多社会力量仅仅能够提供一些初级的社会公共服务项目；在软的理念上，国内的社会组织工作标准、专业能力、责任感等与发达国家的社会组织有很大差距。在中国一些大城市，由于社会组织发展较为完善，政府可以相对充分地筛选公共产品提供者，而在许多中小城市，具有承接公共服务的社会力量并不太多，由此导致政府的可选择性较低。

对于社会组织和企业来说，政府公共服务工程属于大型的项目，在实际操作中为了获取自身效益，许多社会组织对政府的公开订单往往不择手段一哄而上前去争抢，将公共服务的提供当作一个纯利润性的生意来看待。一些社会组织在获取订单和提供公共服务时仅仅以利益为考量，很少考量到该项目的公共性与服务性，这都是中国社会组织发展不够完善的体现。

（2）购买的公共服务质量难以保障。由于中国社会组织发展较为

滞后，承接公共服务的能力比较有限，导致政府购买到的公共服务质量参差不齐。有些社会组织往往宣传工作做得比较好，想尽办法将政府的订单拿到手，但是自身却缺乏提供相关服务的经验和能力，致使群众无法享受到应有的公共服务产品。与此同时，由于缺乏相应的监督，有些社会组织对于得到的政府项目往往浮于形式。而群众对此缺乏相应的反馈渠道，不能及时将相关信息反馈给政府，只能接受低质量的公共服务产品。

二 现实困境的原因分析

（一）观念滞后导致政府购买意愿淡薄

现代治理理论认为，除了政府部门，治理主体逐渐多元化，其中社会组织和私人部门也是重要的治理主体。这种多元主体供给公共服务的局面给公众提供了更多的选择，从而有助于公共服务质量和效率的提升。但是在中国，多元化治理、由社会力量提供公共服务属于新的治理方式，无论是政府还是群众对此了解程度都不够深。在中国的传统观念中，一切公共性的事务都应由政府分配和管理，没有认识到可以由社会力量提供公共服务，由政府进行管理，将公共服务的管理者和提供者分开。对于政府部门来说，由于长期受计划经济和传统权威观念的影响，许多政府官员没有认识到多元服务提供的意义，而且由于部门利益和小团体利益的存在，更是加大了对于向社会力量购买公共服务的阻力。从社会公众方面看，现阶段公众对社会组织提供公共服务的认识尚未普及，公众对社会组织的认可度并不太高。公众往往相信政府的执行力与公信力，对于社会力量往往有一种天然的不信任感。而且长期以来中国的宣传都是有困难找政府、有问题找政府，所以政府在社会公众中具有极高的威信与信任度。加之现阶段社会力量发育不太健全导致其提供的公共服务质量不高，甚至远低于政府提供的公共服务与保障，这更增加了公众的抵触心理。

（二）机制不完善导致购买过程随意性较大

现阶段中国政府向社会力量购买公共服务最大的难点在于缺乏科学严格的标准与管理机制。由于购买标准的缺乏给政府购买公共服务的实际工作造成了很大的难度，也带来了较大的购买随意性。现在关于购买公共服务的标准和法律法规大都是纲领性的，缺乏实际的可操作性，而且越到地方相关规范越少，随意性就越大。在实际工作中，各政府部门往往按照自己的标准开展工作，购买什么服务与产品、怎样购买、购买多少等各不相同，造成购买公共服务标准的混乱，不利于购买工作的科学化与规范化。

管理机制的不健全也影响了对公共服务的管理和良性发展。首先，政府逐渐由公共服务的生产者转型为公共服务的管理者，但是缺乏相应的管理机构。公共服务的提供是政府的一项重要工作，同时也是专业性很强的工作，对于社会组织提供公共服务的工作应该由专门的机构进行管理。可现在大多数地区政府部门没有专门的管理机构，缺乏专业性强的管理人员。其次，公共服务的购买运作机制不够完善。例如购买招投标的运作流程、购买合同的签订、购买资金的预算和支出都没有明确的机制和流程，这就给权力寻租留下了一定的空间。最后，购买公共服务缺乏规划性与长远性。许多政府部门往往是发现什么可以购买就买什么，在购买之前没有进行科学的论证，许多购买到的服务由于效果不好就将之搁置而不再进行，购买服务未能有计划、有梯度、渐进地进行。

（三）监管不到位导致服务供给质量不达标

在现阶段，对于提供公共服务的社会组织的监督主要是政府，以政府的内部监督为主。而在中国一些政府部门一直存在着重视项目落实、轻视后续监督管理的现象。由于缺乏相应的监督机制和量化标准，许多单位在向社会购买公共服务之后就不再监管，将包袱完全推卸给社会组织。即使有一些定期检查，也大多是行政性的例行公事，不能及时地指出存在的问题并向社会组织提出整改意见，难以做到有效地监管。

除了政府监管乏力，社会的外部监督也严重缺失。对于公共服务提供商的外部监督，主要是指除了政府相关机构、服务提供商之外的社会组织、新闻媒体、企业、个人的第三方监督。在现代社会，第三方评估是对相关机构进行考核的重要渠道，也是对政府监督的有效补充。对于提供的公共服务是否满意，最终的发言权应是享受公共服务的公众，公众应该享有对服务的监督权和评价权。而新闻媒体能够进行细致有效的跟踪调查，及时发现问题所在，剖析问题发生的原因，将信息及时传播出去，引起社会和政府的重视。但是由于缺乏相应的法律规范保障以及信息反馈渠道的限制，社会第三方很难起到监督的作用。

（四）社会组织发展不完善导致服务质量不高

政府可以购买公共服务的范围与质量某种意义上取决于社会组织的发展程度。目前，西方发达国家的社会组织涵盖领域广、专业能力较强、发展比较成熟，能够很好地承担起提供公共服务的职能。与之对比，中国的社会组织等市场力量起步较晚、发展不够成熟。从国内社会组织涉及的领域来看，也大多以商会、协会为主，涉及专业服务性的社会组织发展程度较低，公益性、教育性、慈善性的正规公共组织更是屈指可数。由此不仅使可供政府选择的服务提供者受到限制，也缩小了可供政府购买公共服务的范围。

另外，社会组织的自身能力也有局限性，不能提供较高质量的公共服务。首先，从规模上讲，中国的社会组织一般规模较小，大多局限于本地区和本领域，没有较为强大的影响力和提供大规模服务的能力。其次，从人员上看，现阶段中国社会组织大多缺乏具有长期工作经验的专业人员和管理人才，导致这些组织经营较为随意和混乱，发展目标不明确，服务行为不规范，服务质量良莠不齐。最后，从发展前景看，国内社会组织发展困难较多。现阶段社会组织大多是自筹资金，政府的定向扶持和社会捐助较少，经费的缺乏是国内社会组织发展的一大障碍。很多社会组织没有自己的长远发展目标与规划设计，另外社会组织的发展缺乏适当的发展空间，许多社会组织的发展都会受到政府较多的干预，往往使社会组织偏离了自身的发展轨道。

三 完善政府向社会力量购买公共服务的路径

（一）转变治理理念，跳出思想误区

公共服务面向市场化、社会化首先要从思想观念入手，将"传统的治理理念"向"现代治理理念"转变。首先，政府部门应该清楚地认识到，政府不再是唯一的和单独的社会治理主体，社会组织也是重要的治理主体。而且社会力量在现代治理中将发挥越来越重要的作用，可以与政府相互配合、优势互补共同对社会进行宽领域、多层级的治理。因此，在与社会组织进行合作时，政府部门要转变传统思维，打破上下级之间隶属关系的心态，建立平等合作的新型关系，主动将一些适合市场和社会提供的公共服务项目交给社会力量完成。其次，在公共服务的选择上，政府也要打破传统的思想误区，根据实际情况选择购买什么样的产品。在购买公共产品的选择阶段，应该广泛征集群众意见，邀请专家进行科学论证，充分考虑各方面的呼声与意见，通过科学民主的决策确定最急需、最适合的公共产品项目。

（二）选择正确策略，积极稳步推进

由于中国政府向社会力量购买公共服务仍属于起步阶段，各项措施条例不完善、专业管理经验还不足，因此应选择正确策略，在搞好试点的基础上，由点到线、由点及面，积极稳步推进，为更大范围推广和实施积累经验。政府可以首先选择资金较少、难度较低的公共服务类项目交给社会力量完成，在项目确定、招投标管理、合同签订、后续监督和评估等一整套过程中逐渐发现该项工作的特点与难点，从中总结经验。在具体的项目选定上，应从养老、社会救助、社区保障

等最基础、最接近群众的方面入手，首先解决人民群众最关心、最急需的服务工程，也为后续工作的推广打下坚实的群众基础。在搞好试点的同时，政府要注意相关管理人才的培养工作。公共服务的管理权属于政府，政府要有效地行使管理权离不开专业化的人才队伍，在试点工作中，大量引进专业人才，大胆起用年轻队伍，使政府管理人员接受实践的考验，为政府对公共服务的管理积累人才优势，也为后期大规模工程的推进积累专业经验。

（三）健全相关机制，增强购买服务规范性

（1）健全法律法规，保障依法购买。推进政府向社会力量购买公共服务，规范购买的标准与程序，必须要有明确的法律法规及规章条例作为指导和依据。因此亟待出台全国性、专门性的《政府购买公共服务法》。现阶段对于政府购买公共服务具有最高指导性的文件是2015年1月30日公布的《中华人民共和国政府采购法实施条例》，该条例确定了政府采购的基本原则，明确了采购的流程和申诉环节，保证了社会监督的权利，有利于促进政府购买公共服务的规范化。但是，政府购买公共服务并不完全等同于政府采购，随着政府向社会力量购买公共服务力度的加大，出台相应的法律法规进行规范势在必行。在《政府购买公共服务法》《政府购买公共服务条例》中应明确规定政府购买公共服务的原则、种类、范围，制定详细的购买程序，划定严格的资金使用方法，保证多元主体的监督权利以及科学合理的评估指标，为各级政府购买公共服务提供法律指导。

（2）完善体制机制，确保科学管理。针对现在政府向社会购买公共服务存在的乱象，第一，要建立专门的机构进行管理。将较为混乱的各部门各自主管的现象统一划归"政府购买服务办公室"进行管理，完善各级流程，提高行政效率。第二，建立科学合理的管理机制，本着"公开、公平、公正"的原则全程负责对公共服务的跟踪管理。将整个购买流程划分为需求论证、采购招标、竞价谈判、后期管理、监督检查、意见评估等环节，每一方面按照本任务的特点制定

详细的工作分工,责任到人,全力确保整个公共服务的采购和使用流程的科学性和规范性。第三,引入购买服务问责机制。根据购买公共服务时签订的合同内容,定期对购买的服务进行检查评估,将评估结果作为负责部门和部门领导工作考核的重要指标,谁购买谁负责,坚决杜绝购买过程中的腐败和渎职现象。

(四) 强化监管力度,建立多元评估体系

(1) 继续完善政府内部监督。政府向社会力量购买公共服务时,其角色实际上已经从公共服务的提供者转变为公共服务的监督者。在整个过程中,政府应该扮演好监督者的角色,及时发现问题和不足并加以指导和改正。由此,就需要建立专业的评估小组,由专业的评估人员结合科学详尽的评估指标,对资金的使用动向、使用效率、服务满意度、服务质量等进行详细的考评,对于发现问题的社会组织进行批评警告甚至终止合同,对于积极履行合同的社会组织给予表彰和奖励。确保所提供公共服务的每一个流程都在政府的监督之下,使购买到的社会公共服务的效用最大范围地发挥出来。

(2) 保障外部监督权,建立多元监督体系。来自社会组织、新闻媒体及个人的监督能够发挥他们在各自领域的优势,是对政府监督的有效补充。第一,要发挥媒体的监督作用。新闻媒体具有调查程度深、持续时间长、公开公正的特点,利用新闻媒体的影响力和传播能量对违规社会组织进行舆论报道,引起政府相关部门和公众的注意。同时保障新闻媒体对政府的监督权利,督促政府在公共服务的购买和管理过程中始终保持廉洁和高效。第二,保障公民的监督权。在公共服务的使用过程中,普通公民直接与提供的部门进行联系,公共服务的质量和效果的高低直接取决于公众的评价。因此要切实保障群众监督权利,创新群众反映渠道。改变传统的互动方式,利用互联网平台,发挥微信、微博等新媒体交换力强、方便快捷的特点,创造条件拓宽群众监督和反映问题的渠道,发挥人民群众在监督中的基础性作用。第三,探索第三方评估机制。第三方评估以其具有专业能力强、

评价科学标准、独立公正的特点逐渐被社会所接受。在政府购买和使用公共服务的过程中，应该积极探索第三方评估模式，引入第三方独立机构对公共服务的购买主体、提供主体及使用主体进行综合性的评估，对整个购买过程进行详尽科学的评估，既起到监督督促作用，也为政府和社会组织更好地提供公共服务提供参考指标。

（五）创造良好环境，不断壮大社会力量

（1）加大力度培育和发展社会组织。第一，要降低社会组织准入门槛，突破阻碍社会组织发展的体制因素。当前政府向社会组织购买公共服务时面临着可选择面小的难题，政府要简化登记手续、降低准入资金限制，鼓励社会资本进入竞争性公共服务生产领域。[①] 第二，创造有利于社会组织发展的环境。政府可以通过多种媒体形式加大对社会组织作用的宣传，鼓励社会公众参与到公益性事业中，鼓励社会各界对公益性、教育性社会组织的捐款，鼓励青年加入到适合自己的社会组织中去，逐渐形成有利于社会组织发展的社会氛围。第三，加大对社会组织的资金支持。对于当前急需的慈善类、教育类、社区服务类社会组织，通过财政拨款、银行贷款、税收优惠等措施给予资金上的支持。对于新成立的社会组织，政府可通过免费提供发展规划、办公场所、人才培训等方式扶植其健康成长。第四，制定科学完善的法律法规，为社会组织健康有序发展提供良好的法制保障。目前有关社会组织的法律、条例多数已经滞后于社会组织的发展，而且还没有专门的社会组织法。因此，应该加快相关法律法规的修订，并制定专门的《中华人民共和国社会组织法》以明确社会组织的法律地位，保证社会组织的发展权利，促使社会组织健康、有序地发展。

（2）不断提高社会组织提供公共服务的能力。当政府倾向于更多地向社会力量购买公共服务后，社会公共服务的质量在很大程度上就

[①] 何平：《政府购买公共服务的现状及问题》，《学习时报（理论科研）》2013年第12期。

取决于社会组织提供公共服务能力的高低。第一，社会组织要有清晰的定位与明确的发展规划。区别于政府组织，社会组织自身特点决定了其能力的专业性和单一性，因此社会组织自身一定要有清晰的定位，制定符合自身条件的发展规划，加强自身管理，优化组织结构，积极提高自身在本领域内的服务能力与影响力。第二，提高社会组织的专业水平。提高社会组织能力的根本在人才，社会组织要大力引进专业人才，并对组织成员进行有针对性的专业培训，真正提高自身的服务质量。同时政府要在专业人员培训、高层次人才引进方面给予一定的支持和帮助，不断提高社会组织的专业水准。第三，社会组织要树立竞争意识，提高通过市场手段获取资源的能力。政府向社会力量购买公共服务的本质是通过市场手段最大限度地合理调节资源配置。因此，对于社会组织来说，也应该主动通过市场竞争手段进行自我淘汰、自我调节，利用市场的竞争作用，最终降低服务成本，提高服务质量。

"中国梦"背景下公众参与
生态文明建设浅谈

党的十八大以史无前例的篇幅论述了大力推进生态文明建设的重要性和紧迫性,特别强调要"把生态文明建设放在突出地位,融入经济建设、政治建设、文化建设、社会建设各方面和全过程,努力建设美丽中国,实现中华民族永续发展"[①]。2012 年 11 月 29 日,中共中央总书记、中央军委主席习近平在参观《复兴之路》展览时指出:"每个人都有理想和追求,都有自己的梦想。现在,大家都在讨论中国梦,我以为,实现中华民族伟大复兴,就是中华民族近代以来最伟大的梦想。"党的十八大报告关于生态文明建设的阐述勾勒了一个美丽的"生态梦",它是习近平总书记"中国梦"的重要组成部分和坚实基石。包括"生态梦"在内的"中国梦"的实现不是哪一个人、哪一个组织单独可以完成的,它离不开社会公众广泛的参与和支持。

一 生态文明建设:"中国梦"的坚实基石

(一)生态文明建设是"中国梦"的自然之基

国家富强、民族振兴、人民幸福是"中国梦"的主要内容。生态环境是人类社会赖以生存和发展的重要前提和重要基石。自然条件在

---

① 胡锦涛:《坚定不移沿着中国特色社会主义道路前进 为全面建成小康社会而奋斗——在中国共产党第十八次全国代表大会上的报告》,人民出版社 2012 年版,第 39 页。

生产力形成和发展中起着重大作用。然而，人们越来越迷信自身和所依仗的科技力量，在不断"成功"征服自然界的时候，几乎同时也得到了自然界的报复。我们不能忘记恩格斯当年的警告："我们不要过分陶醉于我们人类对自然界的胜利。对于每一次这样的胜利，自然界都对我们进行报复。每一次胜利，起初确实取得了我们预期的结果，但是往后和再往后却发生完全不同的、出乎预料的影响，常常把最初结果又消除了。美索不达米亚、希腊、小亚细亚以及其他各地的居民，为了得到耕地，毁灭了森林，但是他们做梦也想不到，这些地方今天竟因此而成为不毛之地。"[1] 国家的富强不可能建立在生态环境严重破坏的基础之上，民族的振兴也不会出现在生态资源枯竭消耗殆尽的无奈之中，人民的幸福也不应该存在于面对生态灾难层出不穷的恐惧之中。在实现中华民族伟大复兴的进程中，我们必须大力推进生态文明建设，在"生态梦"的基础上实现"中国梦"。

（二）生态文明建设是"中国梦"的民生之本

以人为本是中国共产党的执政宗旨，是科学发展观的核心要求。以人为本绝不应该只停留在口头上，实际的行动才能更好地体现出这一宗旨。切实维护好人民群众的根本权益，首要的就是维护好人民群众的生态权益。党的十八大报告提出要促进生产空间集约高效、生活空间宜居适度、生态空间山清水秀，给自然留下更多修复空间，给农业留下更多良田，给子孙后代留下天蓝、地绿、水净的美好家园。这里的"良田""青山""秀水"都是人民群众看得见、摸得着的实实在在的生态权益。

中国梦归根结底是人民的梦。人民的梦，首要的是建设好美丽中国的生态梦，是协调好人与自然的关系，达到和谐共生，推动可持续发展的梦。生态梦为中国梦奠定民生之本，是切实维护好人民群众生态权益的梦。[2]

---

[1] 《马克思恩格斯选集》（第4卷），人民出版社1995年版，第383页。
[2] 方世南：《生态梦：中国梦的坚实基石》，《学习论坛》2013年第6期。

二 公众参与与生态文明建设

（一）公众应该参与生态文明建设

生态问题，其实并不是生态本身的问题，归根结底是人与自然的关系问题，是人对自然不友好的态度导致的问题，是人们不恰当的生产生活方式引起的问题。改革开放以来，伴随着经济增长、城市化和工业化的不断推进，生态环境持续恶化，生态危机日益严重。有数据表明，2006—2009年短短4年时间，中国的能源消耗超过了之前25年的总和，我们的发电能力从2亿多千瓦增加到7亿多千瓦，煤炭的消耗从15亿吨上升到27亿至28亿吨，大大增加了二氧化碳的排放。2007年始，中国的二氧化碳排放总量已超过美国居世界首位。[①]

除了工业带来的生态破坏，我们日常生活中也存在违背生态文明的行为。据报道，中国每年生产的一次性筷子数量高达570亿副，相当于砍伐380万棵树。一次性筷子的生产和使用已经成为森林面积减少的一大罪魁。这些一次性筷子每年消耗木材130万立方米，如果把这些木材锯成普通厚度的木地板，可以铺满3700个足球场。[②] 此外，在景区、公园随处可见的垃圾、果树上过量喷洒的农药、庄稼里大量施用的化肥、公共水池里总是关不住的水龙头……

早在2000多年前，亚里士多德就曾经指出："凡是属于最多数人的公共事务常常是最少受人照顾的事务，人们关怀着自己的所有，而忽视公共的事务。对于公共的一切，他至多只留心到其中对他个人多少有些相关的事务。"[③] 然而，天下兴亡，匹夫有责。同样，我们既可能是良好生态的受益者，也可能是不良生态的受害者。因此，每个人都应该积极参与生态文明建设，保护好我们的环境。

[①] 张敏：《论生态文明及其当代价值》，中国致公出版社2011年版，第255页。
[②] 欧志葵：《禁用一次性筷子年节约木材130万立方米》，《南方日报》2011年12月2日第18版。
[③] ［古希腊］亚里士多德：《政治学》，吴寿彭译，商务印书馆1983年版，第48页。

(二) 生态文明建设离不开公众的参与

生态问题作为一个公共问题，不少人认为应该是政府的事情，而政府似乎也是这样认为的。在中国，政府是生态环境治理的权威主体，而其他社会组织、公众在生态环境保护方面的地位尚无明确说法。因此，在目前的生态环境保护和治理过程中，政府及其相关行政主管部门始终处于主导地位。然而，强制性的行政手段、运动式应急式的治理方式，加上条块分割的管理体制，使政府管制型的生态治理模式在实际中常常不能收到预期的效果。

首先，由于缺少其他主体的广泛参与，政府理性能力的不足无法克服，由此导致生态治理决策失误变得不可避免。其次，政府自身效率低下导致生态环境治理效率的低下。再次，由于缺乏监督，往往会造成公共资源的巨大浪费。最后，政府的垄断，常常会带来寻租的现象。

而公众参与却可以带来意外的效果。例如，为了解决北京市能源日益紧张的状况，北京市政府曾经在东城、西城、崇文、宣武4个区推广500万只"一元钱节能灯"计划，居民只需持北京市户口，每户就能限购5只节能灯。相比市场上18元一只的节能灯，"一元节能灯"受到了老百姓的欢迎。政府为此补贴5000万元左右，然而，这项计划可以为北京省电2亿度，节约标准煤7.4万吨，少排放二氧化碳20.5万吨。

三 公众参与生态文明建设的条件与途径

(一) 提高公众的生态文明意识

生态文明意识包括公民对生态文明知识的了解程度，对建设生态文明的态度和评价，以及对生态文明建设的参与程度。提高公众的生态文明意识，首先，要加强生态文明的自然观教育。通过生态文明自然观教育，真正认识到人是自然界中的一员，是自然界长期发展的产物，人一刻也不能离开自然界这个生存家园，生态危机就是人类生存危机。其次，加强生态文明的道德观教育。公众只有树立良好的生态文明道德观，才能真正认识到生态道德是人类道德的重要方面，生态道德是把人类社会的道德领域拓展到自然领域，强调人对自然的道德关系。再次，加强生态文明的法治教育。保护生态环境，建设生态文明，不仅需要人们的道德自觉，同时更需要社会法治的保障。最后，加强生态文明教育，要采取灵活有效的方式。在新媒体时代，要充分发挥微博、微信、网络等宣传平台强大的功能，采用公众喜闻乐见的方式介绍生态自然、宣传生态道德，普及生态法治。

（二）增强公众的生态危机意识

增强公众的生态危机意识甚至比提高公众的生态文明意识更加重要和迫切。曾经我们总是认为中国地大物博，其实我们面临着比许多发达国家都严重得多的能源和资源短缺问题。如果不转变经济增长方式，不改变不良的生产生活习惯，数十年之后中国将失去继续发展的动力和后劲，甚至我们的日常生活都将受到极大的威胁。增强危机意识，有助于使公众更加深刻地认识到生态建设的重要性和紧迫性，也会促使公众更加自觉地参与到生态文明建设中来。

（三）培养公众良好的生产生活方式

在农业生产方面，推广生态农业，遵循自然的内在规律，实现物质上多层次、多循环的综合利用，维护生态平衡，保护生态环境。在生产过程中，少用或不用化学肥料、农药、除草剂等，尽可能依靠作物轮作、秸秆还田、有机肥料来进行生产。在生活方式方面，一是倡导绿色消费的生活方式。它要求人们立足于节约资源，而不是通过消耗大量资源来追求舒适生活。同时，绿色消费还鼓励购买绿色产品。二是追求适度消费的生活方式，使物质和能量的循环保持在维持人类基本生存的水平。三是提倡节俭的生活方式，厉行节约、合理消费，反对铺张浪费。

(四) 创新机制，拓宽公众参与渠道

目前，政府主导的生态环境保护与治理模式，公众参与缺乏适当的渠道。拓宽公众参与渠道，首先，要完善信息公开制度。凡是与当地公众利益相关的生态危机事件，都必须及时充分地公开相关信息，避免群众因不了解真相而产生恐慌情绪，从而造成严重的后果。2009年6月7日开封杞县的钴-60事件，正是因为相关部门没有及时公开相关信息，以致谣言满天飞，造成大批群众为躲避"核爆炸"而离家出逃的社会风波。其次，完善听证制度。在涉及生态环境的重大工业项目决策之时，应广泛吸收利益相关的公众参与听证。如果厦门市PX项目在上马前能够征询广大公众的意见，也不会在2007年6月1日出现市民集体抵制的事件。12月13日、14日，厦门市连续召开两次市民座谈会，并准许新华社、《人民日报》、《光明日报》等中央级媒体，以及本地媒体入内旁听。经过激烈的讨论，市民座谈会决定反对上马PX项目。随后，福建省政府召开专项会议，决定将项目迁至漳州。这一事件说明，正是厦门市政府开放的姿态，让公众参与，才使事件获得了解决。最后，要加强电子政务建设。完善电子政务平台功能，使公众不仅能够更为及时地获得生态建设相关信息，并且能够更加便捷地对相关决策发表意见。

(五) 完善政策，提高公众参与积极性

随着国家对生态文明建设的日益重视，生态建设的任务也越来越繁重。在公共治理模式下，政府不再作为生态环境保护和治理的唯一主体，而且，政府也不能完全胜任。因此，可以采取招标方式，将某些生态建设项目承包给具有专业技术以及能力的企业或环境保护组织，政府负责对投标单位的审核以及项目建设过程的监督以及结果的验收。这样，一方面可以减轻政府部门的负担，另一方面也提高了企业以及社会组织参与生态建设的积极性。最重要的，是使生态建设不至于因为政府无力顾及而延迟或耽搁。除了吸引公众力量参与生态建

设，政府还可以出台相关政策，对符合生态和环保的生产生活方式予以鼓励。

（六）加强法治，保护公众合法利益

公众参与对于生态文明建设具有巨大作用，但是在实际中也有不少公众热情参与生态环境保护和治理而个人合法利益受到损害的事例。据报道，宁夏盐池县花马池镇沙边子行政村村民白春兰，24年如一日治理沙漠2300亩，被授予全国治沙劳模、全国"三八"红旗手等光荣称号。为了治沙造林，她投入了所有的精力和积蓄，还先后向银行贷款60万元，后来却无力还本付息。由于负债累累，这位生态富有但生活拮据的治沙劳模，面对无法兑现的"绿色存款"欲哭无泪。[①] 之所以会出现这些令人心酸的事件，相关法制不够健全是重要原因。因此，必须加强法治建设，切实保护那些为生态文明建设做出贡献的公众的合法权益。

---

① 任启兴：《关于解决治沙劳模两难境地的提案》，http://www.people.com.cn/GB/14576/28320/44535/44553/3230830.html。

中国地方政府制度创新研究[*]

引 言

中国的改革历程实际上就是政府主导的制度创新历程。20多年来，中国的经济体制、政治体制改革取得了显著的成绩，中国的经济社会获得了持续、快速、健康的发展。其根本原因除了来自中央政府推动的制度创新外，由地方政府进行的制度创新也是一个不可忽略的因素，但同样不可忽略的是，目前中国经济社会发展中出现的一些问题，与地方政府的制度创新也不无关系。可谓成也萧何，败也萧何。地方政府制度创新以其在整个中国制度变迁和社会发展中独特的地位和作用，引起了学者们的广泛关注。20世纪90年代以来，国内一些学者借鉴新制度经济学的理论解释中国的改革时，对地方政府制度创新问题亦不断涉及。杨瑞龙在《我国制度变迁方式转换的三阶段论——兼论地方政府的制度创新行为》一文中，提出了中国制度变迁的三阶段论和地方政府制度创新的"中间扩散型假说"[①]。而黄少安不赞同杨瑞龙的观点，提出了"制度变迁主体角色转换假说"，并对地方政府在制度创新中的角色和地位进行了论

---

[*] 本文为笔者2004年硕士学位论文，收录时略作修改。

[①] 杨瑞龙：《我国制度变迁方式的三阶段论——兼论地方政府的制度创新行为》，《经济研究》1998年第1期。

证。① 张曙光主编的《中国制度变迁案例研究》（第一、二集）中收录的案例绝大部分是对地方政府制度创新的研究。② 除此之外，有关地方政府制度创新的论述，还散见于林毅夫、樊纲等经济学家的论著之中。③ 郭小聪、陈天祥等学者对地方政府制度创新问题进行了较为集中的研究，涉及地方政府在制度创新中的地位和作用，地方政府制度创新的动因、类型、特点和利弊等。④ 而关于中国地方政府制度创新研究最有趣的现象，是中央编译局比较政治与经济研究中心、北京大学中国政府创新研究中心合作创办了中国政府创新网，并联合中央党校世界政党比较研究中心设置了"中国地方政府创新奖"，对地方政府的制度创新行为进行品评和奖励，开创了中国非营利性学术机构对地方政府制度创新行为进行评价的先河。可以说，中国地方政府制度创新的研究，在学界已渐成风气且呈方兴未艾之势，研究领域和内容也不断扩大和深入，产生了一批颇有价值的研究成果。然而，相对于地方政府制度创新鲜活而丰富的实践，这些研究只是一个起点，在研究方法上仍需要创新，在研究内容上还需要深入，在研究范围上也需要扩展。因此，立足中国国情，在国内外学者研究的基础上，综合运用制度分析与利益分析相结合的方法，在全面论述当代中国地方政府制度创新相关问题的基础上，剖析目前中国地方政府制度创新中存在的主要问题，并探索如何搞好中国地方政府的制度创新是本文的主旨所在。

---

① 黄少安：《制度变迁主体角色转换假说及其对我国制度变革的解释——兼评杨瑞龙的"中间扩散型假说"和"三阶段论"》，《经济研究》1999年第1期。

② 张曙光主编：《中国制度变迁的案例研究》（第一、二集），上海人民出版社、中国财政经济出版社1996年、1999年版。

③ 樊纲：《两种改革方案成本与两种改革方式》，《经济研究》1993年第1期；林毅夫等：《论中国经济改革的渐进式道路》，《经济研究》1993年第9期等。

④ 郭小聪：《中国地方政府制度创新的理论：作用和地位》，《政治学研究》2000年第1期；陈天祥：《中国地方政府与制度创新》，《中山大学学报》（社会科学版）2000年第6期；陈天祥：《中国地方政府制度创新的利弊分析》，《天津社会科学》2002年第2期；陈天祥：《中国地方政府制度创新的角色及方式》，《中山大学学报》（社会科学版）2002年第3期。

一 地方政府制度创新概述：含义、分类与特点

（一）地方政府制度创新的含义

1. 制度

要明确什么是制度创新和地方政府制度创新，首先要明白什么是制度。遗憾的是，尽管人们很早就创造了制度，并在日常生活中经常使用"制度"一词，但对其含义至今仍众说纷纭，莫衷一是。[1] 考察林林总总的制度定义，诺思关于"制度是一个社会的游戏规则，更规范地说，它们是决定人们的相互关系而人为设定的一些制约"[2] 的定义似乎更为通俗一些，也较为符合人们的习惯。那么制度是怎么来的呢？对这个问题的回答有助于我们进一步把握制度的本质。关于制度的起源，目前最流行的依然是契约论——它认为制度是一种人为事物，尽管它还存在不少问题。既然制度是一种"人为事物"，对它的定义从其功能或者从它要实现的目的入手更能把握它的本质。人们为什么要创造制度呢？因为利益。西方经济学理论和马克思主义都承认，人们的行为是受利益驱动的。西方经济学认为人本质上是"经济人"，在社会活动中总是追求自身利益最大化。古典经济学认为人们是理性的，个人对自我利益的追求能导致社会利益的实现。而新制度经济学则认为人是有限理性的，人们在社会交往中尽管遵循"成本—收益"原则，但是受信息不完全、外部性和"搭便车"现象的制约，人们的行为以及由此产生的结果有很大的不确定性，为了减少这种不确定性，人们订立了契约—制度，来约束彼此的行为。马克思主义认为人的本质是"一切社会关系的总和"[3]，而不是天生的或先验的，但同时又认为人们参加组织或社会活动，都是为了实现某种利益。

---

[1] 卢现祥：《西方新制度经济学》，中国发展出版社2003年版，第34—35页。
[2] [美] 道格拉斯·诺思：《制度、制度变迁与经济绩效》，杭行译，上海人民出版社1996年版，第1页。
[3] 《马克思恩格斯选集》（第1卷），人民出版社1995年版，第56页。

"任何人如果不同时为了自己的某种需要和为了这种需要的器官而做事，他就什么也不能做。"① 然而，人们结成组织，这种组织就有了具有相对独立地位的共同利益，这种共同利益不同于个体利益，也不等于个体利益的简单相加。共同利益和个体利益的关系是复杂的，有时候一致，但更多的时候是不一致的。个人对个体利益的追求并不必然带来共同利益的增加，相反，个人对个体利益的追求更多的情况是会损害共同利益的，而共同利益的损害最终也会损害人们的个体利益。为了避免人们在对个体利益的追求中损害组织和社会赖以生存和发展的共同利益，客观上需要一种东西来约束人们的行为，协调人们之间、人们与组织之间的利益关系，这种东西就是制度。有人指出制度是制度主体之间博弈的产物，而且制度一旦产生，就有相对独立的利益——制度利益，这是大多数博弈论者的观点。我们承认制度是利益主体之间相互作用的结果，但是制度绝不是各利益主体平等参与制定、自由博弈的结果；我们承认制度利益的客观存在，但制度利益绝不等同于共同利益。因为社会上各利益主体由于掌握的资源不同，其实力也不一样，实力强大的利益主体往往会在制度的制定过程中起主导作用，这样产生的制度也必然更多地反映他们的利益要求，做出有利于他们的利益分配；而实力较弱的利益主体要么根本就不能参与制度的制定过程，要么即使参与也不能发挥作用，只是一种点缀而已。因而从某种意义上说，制度利益就是强大利益主体的利益。但是，由于实力强大的利益主体又不能完全把其他利益主体排除在外，这样产生的制度也就或多或少地体现了一些其他利益主体的利益，这样制度利益就得以共同利益的面目出现，就会有更大的合法性，如果谁违背了制度利益，就会得到社会权威机构的惩罚，制度的约束作用才得以实现。通过以上分析，我们可以说制度表面上是约束人们行为的规则，本质上是对人们利益关系的界定和分配。而且，作为一种发展合作机制，制度也具有增进利益的功能。

---

① 《马克思恩格斯全集》（第3卷），人民出版社1960年版，第286页。

在新制度经济学里,和制度相关的概念有制度环境、制度结构、制度安排等。① 由于"制度安排可能最接近于'制度'一词的最通常使用的含义","经济学家用'制度'这个术语时,一般情况下指的是制度安排",因此,本文中,也是把"制度""制度安排"当作同义语的。另外,制度还有正式制度和非正式制度之分。②

2. 制度创新

对制度创新的理解,也离不开对利益关系的分析。从利益的观点看,制度创新是由利益的具体有限性与利益发展的无限性之间的矛盾推动的。在社会发展的特定阶段和水平上,就每个社会成员的特定需要和需要层次来说,利益是具体有限的。但是,就社会成员的需要的总体发展来看,利益又具有无限发展的可能。"人不仅为生存而斗争,而且为享受,为增加自己的享受而斗争……准备为取得高级的享受而放弃低级的享受。"③ 社会经济的发展在满足人们一部分利益需求的同时,又诱发了人们更多的利益需求,新的利益需求产生了新的利益关系,有些利益关系能够得以有效协调,但更多的利益关系则会发展为利益矛盾和利益冲突。在这种情况下,原有的制度安排如果不作相应的调整就会因不适应利益关系的变化而显得僵化,这时,制度创新的时机就到来了。因此可以说,制度创新就是利益关系变化的反映,是对社会利益的重新界定和再分配。卢现祥在《西方新制度经济学》中也认为:"所谓制度变迁,实际上是权利和利益的转移和再分配,即权利的重新界定。"④ 实际上,从利益的角度看,人类社会的历史就是制度安排为适应利益关系的变化而不断被创新的历史。

在制度学派的文献中,制度创新通常被视为制度变迁、制度发展

---

① [美] R. 科斯等:《财产权利与制度变迁——产权学派与新制度经济学派译文集》,刘守英等译,上海三联书店、上海人民出版社1994年版,第270、271、377、378、404页。
② [美] R. 科斯等:《财产权利与制度变迁——产权学派与新制度经济学派译文集》,刘守英等译,上海三联书店、上海人民出版社1994年版,第253、329、377、404页。
③ 《马克思恩格斯文集》(第10卷),人民出版社2009年版,第412页。
④ 卢现祥:《西方新制度经济学》,中国发展出版社2003年版,第115页。

的同义语，用以表达"制度创立、变更及随着时间变化"[①] 的动态过程。笔者认为，制度创新不完全等同于制度变迁。在汉语语境中，制度创新是带有价值取向的，强调的是主体有目的有意识的活动；而制度变迁则是中性的，暗含着制度自发的演进过程。其实，在英语语境里，制度创新（institutional innovation）和制度变迁（institutional change）的含义也是不同的，innovation 与 change 的差别是显而易见的。不过从历史的观点来看，长期的制度变迁也必然包含着制度创新，因此，本文并不特别强调二者的区别，有些地方二者是可以互相替代的。美国学者熊彼特在《经济发展理论》中则把制度创新定义为用一种效益更高的制度来代替另一种制度的过程，实际上也说明了制度创新的价值取向，然而却没有指明具体的价值主体。制度创新是由利益主体，确切地说是由实力强大、能够起主导作用的利益主体推动的。制度创新可能会有助于增进各相关利益主体或整个社会的利益，但是，制度创新首先要能够有利于那些实力强大的利益主体的利益。这种利益主体相当于诺思所说的"初级行动集团"。他们是制度创新的决策者、首创者和推动者，他们左右着制度创新的时机、范围和进程。因此，更确切地说，制度创新是指在特定的制度环境中，不同利益主体为实现自身利益最大化，而在强势利益主体主导下的有意识、有目的地重新界定社会利益关系的活动和过程。

关于制度创新，另外一点需要说明的是，制度创新既包括基本制度的变革，也包括在基本制度不变前提下具体制度安排的创新，显然本文所指的是后一种制度创新。

3. 地方政府制度创新

地方政府是中央政府的分支机构，是区域性的公共管理主体。本文中的地方政府不仅指广义上的政府，而且地方党委也应该包含其中。在中国，党是公共管理的最重要主体，地方党委在地方重大制度

---

① [美]道格拉斯·诺思：《经济史中的结构与变迁》，陈郁等译，上海人民出版社1994年版，第225页。

创新中的作用是谁都不能忽视和否认的。地方政府作为地方公共管理的主体，其首要的职责就是要代表好、维护好、发展好地方的公共利益。地方政府维护地方公共利益的手段之一就是提供制度。在改革不断深化的背景下，地方各利益主体间的利益关系也经历着一场深刻的变革，各种利益矛盾和利益冲突会不断出现，对原有的制度产生巨大而持续的冲击，当原有的制度不能解决这些利益矛盾和利益冲突时，制度创新就被提上日程了。因此，地方政府制度创新就是地方政府为协调地方利益关系而创制新制度或对原有制度进行修正的活动和过程。这里需要指出两点：第一，在民主日益发展，人们参与意识不断增强的今天，制度创新已经不能由政府一家说了算了。利益主体意识增强的个人、社会团体都会积极参与到制度创新的过程中，反映他们的利益要求，以便使制定的制度能最大限度地体现他们的利益。第二，地方政府是有相对独立的利益的，因此，在制度创新过程中，地方政府不可避免地会把自己的利益掺杂进去，这就使得制定的制度并不完全符合当地的公共利益，有时甚至会为了政府利益而损害地方公共利益或微观利益主体的利益。

（二）地方政府制度创新的分类

1. 按地方政府在制度创新中的角色和作用划分

第一，中央政府授权的制度创新。出于制度创新成本方面的考虑，中央政府在全面推行某种制度之前，往往选择某些地方先期进行试验，然后再对试验结果进行评估。如果经过试验证明新制度安排的净收益大于成本时，并且具有可行性和普遍性，就由中央政府使其获得法律地位并予以推广。在这种制度创新行为中，中央政府是制度创新的发起人，是制度创新的"初级行动集团"，地方政府只是新制度的具体组织者和实施者，是中央政府的"代理者"，其地位不具有主动性，不是其固有的职权范围内的制度创新行为。所以，我们说地方政府的角色是一种代理人的角色，在中央政府的授权范围内进行制度创新。

第二，地方政府自主的制度创新。"初级行动集团"在制度创新中起着举足轻重的作用，改革开放以后，地方政府越来越多地承担了制度创新"初级行动集团"的角色。中国宪法秩序、权力结构和意识形态环境等制度环境的变化，地方政府作为制度创新主体的地位无论是在理论上还是在实践中都得以确立。另外，财税体制的改革，使地方政府摆脱了传统体制下完全依赖中央政府的被动局面，获得了独立处理地方范围内公共事务所必需的财权。这都使得地方政府具有了相对独立的行为目标和行为模式，而地方经济的发展也使地方政府有能力承担制度创新所需的费用，因此，地方政府开始在自己的职权范围内结合本地区的实际需要，多角度、多层面地开展自主制度创新。在这种制度创新中，地方政府是制度创新的决策者、首创者和推动者，并主导着制度创新进程。地方政府自主的制度创新既包括地方政府在自己的管辖区域内进行制度创新，也包括地方政府之间联合进行的制度创新。

第三，地方政府与微观主体合作进行的制度创新。任何一项制度创新都是有成本的，而且有时也要冒一定的风险。由于中国目前产权关系还不明晰，微观主体因收益预期不明确而不能及时感知由制度不均衡产生的获利机会，或因不能解决"搭便车"的问题而不愿从事充满风险的制度创新活动。这时，作为"初级行动集团"，微观主体就需要"次级行动集团"帮助进行制度创新，能够担当这一角色的只能是政府。中央政府更多地考虑制度创新可能导致的政治成本和制度平衡，在很多时候对制度创新表现得更为谨慎，而地方政府为谋求本地利益的最大化，则对制度创新表现出更大的热情和冲动，对微观主体的制度创新活动也更为宽容。因为，微观主体与地方政府之间存在很多的利益共同点，只要微观主体的创新有利于促进地方经济发展，就可以满足地方政府的利益要求。这样，微观主体就有可能借助地方政府的力量，在一定范围内突破中央政府设置的制度进入壁垒，实现制度创新。在这种制度创新中，地方政府充当了"初级行动集团"（微观主体）的保护者，即诺思所说的"次级行动集团"，利用自身的组织优势,助"初级行动集团"一臂之力,共同实现制度创新。

2. 按制度创新的内容划分

第一,经济管理制度创新。这是地方政府制度创新的最主要的形式,地方政府经济管理制度创新主要有:(1)进行增量改革。即"不从资产存量的再分配入手,而着眼于在资产增量的配置上引入越来越多的市场机制"。[①]比如,改革初期,国家对私营企业限制非常严格,在这种情况下,和地方利益联系更紧密的地方政府对私营企业的保护在私营企业发展的初期起了至关重要的作用。地方政府对私营企业的扶持主要通过一些"违规操作",给私营企业戴"红帽子",即让私营企业上交管理费,挂靠集体企业,寻找享受贷款、土地使用权、出口配额、税收等优惠待遇,规避国家对私有企业歧视政策带来的壁垒。(2)引入市场机制,优化资源配置。市场机制主要包括价格机制、供求机制和竞争机制,其中以价格机制为核心。地方政府通过这些机制的引入,激发了经济活力,优化了资源配置方式。(3)介入市场,代行市场和微观制度主体的部分职能。中国的市场化是一个渐进的过程,在计划体制被逐渐破除的过程中,市场体制并没有完全建立起来,在一定时期内还存在着市场空缺。因此,为了保证资源配置效率,需要政府衔接不完全的计划和不完全的市场,直接介入市场,为微观制度主体组织经济活动。例如,利用自己的财政盈余直接进行投资;凭借自己的权威、信誉和关系,为企业找贷款和从外部引进资金;出面为企业找项目、找技术;以"政府搭台,企业唱戏"的形式促进企业之间的联合;出面为本地企业争资源、争项目;等等。经济管理方面的制度创新是地方政府制度创新的主要方面,在这方面的研究也较多,因此,本文论述的也主要是地方政府在经济方面的制度创新。

第二,行政管理制度创新。国家和政府的存在既是经济增长的关键,又是人为经济衰退的根源,同样的道理,地方政府在地方经济和

[①] 林毅夫等:《论中国经济改革的渐进式道路》,《经济研究》1993年第9期。

社会的发展中也起着正反两方面的作用。要使地方政府总是经济社会发展的推动者而非阻碍者，唯有面对市场需要调整政府职能不断进行政府行政管理制度创新。在20多年的行政改革中，地方政府不断进行行政管理制度的创新，逐渐从"全能政府"向"有限政府"、从"管制政府"向"服务政府"、从"权力政府"向"责任政府"转变，在重构政府与企业市场和社会的关系、加快地方政府职能转变、提高行政效率方面取得了显著的成绩。地方政府行政管理制度创新包括放松政府规制，提高行政效率；完善决策方式，提高行政决策的民主化和科学化；改进行政管理方式；加强行政监督，约束行政权力等。行政管理制度创新最突出的是对行政审批制度的改革，各地政府为提高行政效率，改善投资环境，对原有的行政审批制度进行了大胆的改革，在减少审批项目、提高审批效率、完善审批程序、改进审批方式等方面取得了很大成绩。在总结各地方政府行政审批制度改革经验的基础上，2003年中国出台了《行政许可法》，对政府的行政审批行为做了进一步的规范。另外，一些地方推出的"市长电话"、各地逐渐实行的"政府上网工程""听证制度"都是行政管理制度创新的例子。而深圳市2003年启动的"行政三分制"改革则带有多重目的，它的推行必将对行政职能的内部分解、行政机构的合理调整、行政权力运行的规范化、行政决策的民主化和科学化等诸多方面产生深远的影响。

第三，政治管理制度创新。政治管理制度基本的和主要的内容是对政治权力划分和政治权力运行的规定。政治管理制度的实质是政治利益关系的表现。随着经济体制改革的推进，政治体制的改革也逐渐被提上了日程。因为"我们所有的改革最终能不能成功，还是取决于政治体制改革"，"只搞经济体制改革，不搞政治体制改革，经济体制改革也搞不通。"[1] 相对于经济体制改革，政治体制改革无疑更为艰巨、更为复杂、更为深刻，因此，中央政府也更为慎重，为了减小

---

[1]《邓小平文选》（第3卷），人民出版社1993年版，第164页。

风险，会把一些改革的创新权交给地方政府；而地方社会公众日益强烈的参与意识，也迫使地方政府进行政治管理方面的创新。这两方面的力量使得地方政府在政治管理制度创新方面也要有所作为，事实也证明了这一点。中国地方政府在政治管理方面的制度创新是中国政治体制改革的重要组成部分，在推动全国政治体制改革中起到了积极的作用。20多年来，地方政府在完善选举制度、扩大公民参与、增进基层民主、加强权力监督等方面取得了很大进展。村民自治的实行使广大农民有了管理自身的权利，"海选""直选"等选举方式的创新推动了中国选举制度的完善，"民主恳谈会"开辟了地方公众参与地方社会重大决策、监督地方权力运行的新途径，"党代会常任制"推动了党内民主的发展……尽管因地位和权力所限，地方政府在政治管理方面的制度创新还不成熟完善，甚至很简陋，但它对中国政治文明、民主、发展所起的作用是谁也不能忽视的。中共中央编译局比较政治与经济研究中心、中央党校世界政党比较研究中心和北京大学中国政府创新研究中心联合举办的第二届"中国地方政府创新奖"评选中，获奖的有相当一部分是属于政治管理方面的制度创新：浙江省温岭市委、温岭市政府推行的"民主恳谈会"，吉林省梨树县民政局推行的"村民委员会'海选'"，四川省遂宁市市中区进行的"遂宁市市中区直接选举步云乡乡长候选人的实践与探索"，以及四川省雅安市委组织部进行的"直选县级党代表"的试验。[①]

（三）中国地方政府制度创新的特点

1. 区域性

地方政府的制度创新主要集中在两个方面：一是根据本地实际贯彻中央的制度安排。中央的制度安排一般都是一些原则性的，不涉及执行细节。这样，为了保证中央制度安排在本地的落实，需要地方政府

[①] 杨雪冬等：《从竞争性选拔到竞争性选举：对乡镇选举的初步分析》，《经济社会体制比较》2004年第2期。

结合本地实际,确定具体的执行性制度安排,实现地区制度均衡。二是在自己的职权范围内自主进行制度创新。1982年宪法确立了发挥地方政府主动性和积极性的原则。因此,在不与中央的制度相抵触的情况下,地方政府在自己的职权范围内完全可以进行自主的制度创新。但权力空间的地域性决定了地方政府制度创新的区域性特点。从地方政府制度创新的实际结果来看,改革开放后各地方政府纷纷根据本地的资源禀赋进行适合本地的制度创新,"苏南模式""珠江三角洲模式"和"温州模式"等都带有明显的区域性特征。地方政府的制度创新具有地域性的特点,但不排除其具有向全国推广的价值。当苏南模式、温州模式取得了令人瞩目的成就时,各地方政府纷纷前去取经,实践中,不少地方把苏南模式和温州模式结合本地实际,走上了快速发展之路。尽管如此,这也不能否定地方政府制度创新的区域性特点,因为现实中有更多的地方学习上述模式,却没有获得预期的收益,这也证明了"在一个社会有效的制度安排在另一个社会未必有效"[①]。

2. 试验性

中央政府的制度创新是对较成熟的利益关系的确定,为了保证制度变迁的平稳推进,也为了降低制度创新的风险,中央政府在进行重大的制度创新前,往往会选择一些地方进行制度试验。这样,获得试验权的地方政府在中央政府许可的范围内,可以大胆创新,不断试验,而不必冒什么风险。因此,地方政府的这种制度创新有很强的试验性,如果证明新制度的实施成本是中央政府所能承担的,收益大于成本,并具有可行性和普遍性,就由中央通过国家强制力使其获得正式的法律地位,予以推广;反之,则终止试验。除此之外,还有一种地方政府制度创新是未经授权的试验。由于制度创新存在着因引入新规则可能带来的潜在利益预期,为了谋求本地利益的最大化,地方政府在感知到获利机会的情况下有时会突破中央的制度进入壁垒,实施

[①] 林毅夫:《关于制度变迁的经济学理论:诱致性变迁与强制性变迁》,载[美]R.科斯等《财产权利与制度变迁——产权学派与新制度经济学派译文集》,刘守英等译,上海三联书店、上海人民出版社1994年版,第374页。

制度创新。如对私营经济的保护和扶持就是一个例子。为了让私营经济这一新经济形式得以生存和发展,不少地方政府采取种种措施,如给它戴"红帽子"以集体经济的名义注册,使其享受与集体、国有企业平等的待遇。地方政府的这种制度创新具有更明显的试验色彩,既要考虑本地利益,又要考虑中央和上级政府的承受力。当它的效益充分体现出来,增进了本地利益,才获得了当地社会的认可;当中央政府看到这种制度创新有利于促进当地经济的发展,有利于扩大就业和提高人民的生活水平,而且不会威胁国家经济基础和政治统治时,才最终确定了它的正式法律地位。事实上,地方政府对私营经济的扶持,中央早有觉察,但未加过多的干预,也表明中央对其制度创新试验的一种默认。

3. 微观性

地方政府制度创新的区域性和试验性决定了它的微观性特征。我们考察地方政府的一系列制度创新时,可以看到,它进行的经济方面的"增量改革",从原有体制外寻求突破,培养新市场主体,进行制度创新试验,都只涉及个别领域和局部市场要素,不涉及市场的宏观调控问题。它所进行的行政管理、政治管理方面的制度创新如"扩大直选范围""民主恳谈"和"行政审批制改革"也只是对行政体制、政治体制微观部分进行的创新。地方政府作为中央政府的代理机构,只能代理中央政府所授予的局部管理权限,在微观领域进行有限的制度创新。只有中央政府才拥有全局性的权力,在宏观领域进行制度创新,实现市场化、民主化的整体推进。

二 中国地方政府制度创新的理论基础与现实意义

(一)地方政府制度创新的理论基础

1. 制度失灵:地方政府制度创新的起点

地方政府不是随意进行制度创新的。只有当原来的制度安排不能有效地处理利益关系和利益矛盾——我们称之为制度失灵时,地方政府才有必要进行制度创新。制度失灵主要指制度本身存在缺陷、制度不能及时适应利益关系的变化而进行调整、制度结构内部不同制度安排之间发生冲突。

第一,制度缺陷。作为一种"人为事物",制度也有好坏之分。评价一项制度安排优劣的标准是制度利益与共同利益的相关程度,制度利益越接近共同利益,那么这项制度安排越合理,合法性就越大,越能得到大多数人的认同,也就越稳定;反之,一项制度安排越偏离共同利益,那么它就越不合理,就不能得到大多数利益主体的认可,合法性就越差,因而也越不稳定。当大多数利益主体对一项制度安排的不认同集聚到一定程度的时候,这种制度安排就不起作用了,就需要被创新了。历史和现实中因制度本身不合理而引起的制度创新的例子不胜枚举。例如,北京市政府在与其利益有关的广大房产者不知情的情况下,仅仅是征询了某些专家学者的意见就制定了《北京市实施〈城市拆迁管理条例〉细则》和《北京市城市房屋拆迁管理办法》。没有广大利益相关主体参与制定的制度本身是有缺陷的,它们更多地体现了政府和开发商的利益,因为有些房地产开发公司的领导就由政府官员担任。这样的制度安排实施的效果是可想而知的。在随后的拆迁工作中,出现了大量损害房产者利益的事件,引起了极大的民愤。人们通过上访、上诉、示威等形式表达自己的利益要求,迫于越来越大的压力,2003年9月2日北京市人民政府通过第135号令,修改了《北京市实施〈城市拆迁管理条例〉细则》和《北京市城市房屋拆迁管理办法》。[①]

第二,制度失衡。从供求角度讲,制度失衡首先表现为制度供给不足。在制度经济学家看来,制度是一种稀缺性资源,生产力的发展,社会经济潜力的开掘,会使原来的制度安排越来越失去活力,而又缺乏新的制度安排,从而出现了供给不足的问题。从制度作为实现

---

① 本刊编辑部:《拆迁、民主与法治》,《南风窗》2004年第4期。

下篇　中国国家治理的当代变迁

人们利益的工具的角度看，制度的短缺是利益的具体有限性与利益发展的无限性之间矛盾的体现。人们不断产生的利益需求产生了新的利益关系和利益矛盾，就需要新的制度安排来协调、处理这种利益关系和利益矛盾，如果面对新出现的利益关系和利益矛盾，旧的制度安排不能及时有效地做出调整以适应这种变化，而又没有新的制度安排来协调处理这种利益关系，就表现为制度供给不足，于是就产生了制度创新的需要。制度失衡的另一表现是制度供给过剩。制度过剩，是指在原有的利益关系和利益矛盾不复存在的时候，为处理这种关系和矛盾的制度安排依然存在，对于人们的需要来说，这种制度显然是过剩了。新中国成立初期，中国实行了严格的户籍制度，在当时以及后来的一段历史时期，起到了一定的积极作用。但是，50多年后的今天，当大量农民渴望进城务工，当人才流动浪潮汹涌，当打破城乡二元结构的呼声日益强烈的时候，原来的户籍制度就日益显得苛刻而不合时宜，于是各地政府纷纷进行制度创新以冲破户籍制度的藩篱。

　　第三，制度冲突。在一个社会的制度结构中，为协调一种利益关系，存在着不同的制度安排，而各种制度主体制定的制度又不可能完全一致，有时还可能大相径庭甚至南辕北辙。制度冲突就是指制度结构中的不同制度安排之间的不一致、不和谐的状态。社会生活中经常出现的"政策打架"现象就是其突出的表现。从利益关系的角度看，制度冲突是利益矛盾的反映。[①] 利益矛盾包括横向利益矛盾和纵向利益矛盾。横向利益矛盾的出现，一是同一利益关系中的利益主体之间存在差别，二是同一利益关系中的利益主体对于同一利益客体都有要求。纵向利益矛盾是指特殊利益和共同利益的矛盾。纵向利益矛盾的出现，一是因两部分利益特性的不同，二是因同一利益主体的利益进行分割时的不合理。特殊利益与共同利益的区别并不必然表现为利益矛盾，只有当扭曲一种需要和利益来实现另一种需要和利益时，它们之间的矛盾才会产生。在理论上，中央政府代表着国家利益，而地方

---

① 王浦劬：《政治学基础》，北京大学出版社1995年版，第58—68页。

政府就是地方利益的代表,地方利益并不总是和国家利益保持一致,当地方的利益和国家利益不一致时,地方政府制定的制度安排就可能与中央政府制定的全国性的制度安排发生冲突,同时,中央各部门之间的制度安排也可能发生冲突。中央政府各部门、地方政府、地方政府各部门以及各级政府官员都有自己相对独立的利益,为了追求自身利益的最大化,他们在各自的职权范围内创制各种有利于自身的制度安排。由于立法体制上的漏洞,使得各种利益主体因自身利益而制定的各种制度之间难免出现不协调,当这种不协调发展为冲突的时候,制度创新也就不远了。

2. 利益驱动:地方政府制度创新的动力

制度失灵并不意味着制度会自行创新,制度失灵只是为地方政府进行制度创新提供了起点,如果地方政府不能从制度创新中获得利益,这种制度创新也是不会发生的。作为区域制度创新最重要的主体,地方政府是有自身利益的,地方政府的制度创新行为也是受利益驱动的。

国内外众多的学者都认为政府利益是客观存在的。公共选择学派认为政府也是"经济人",存在自利性,也会追求自身利益的最大化,这可能导致政府失灵。中国也有很多学者承认政府利益的存在。如认为:"政府也是'经济人',有其自己的利益追求,只不过中国的社会制度和社会性质要求政府利益和公共利益保持同一方向。"[1]"在市场经济中,政府利益并不完全等同于公共利益,只不过政府利益与其他利益主体相比,与公共利益的关系更加密切和规范,更加严格。"[2] 国家作为表面上凌驾于社会之上的第三种力量,它在抽象观念上象征着公共利益,但作为国家体现者的政府和政府官员,则是具体的,并且他们在社会中扮演着多重角色,因而必然会代表和追求多重利益。传统的计划经济体制否定了政府官员的多重角色,只把他们

---

[1] 臧乃康:《政府利益论》,《理论探讨》1999 年第 1 期。
[2] 臧乃康:《政府利益论》,《理论探讨》1999 年第 1 期。

当成"公仆",从而否定了公共利益以外的其他利益。而市场经济体制则承认政府官员的多重角色,允许他们合法追求公共利益以外的其他角色利益。"只不过社会制度应当要求形成这样的机制:利益主体的利益追求过程,同时也是社会公共利益的实现过程;而一旦损害社会公共利益,自身利益也受损害。"[1]

上述对政府利益客观存在的分析,同样适用于中国地方政府,而1978年以来市场取向的改革更强化了地方政府利益。在计划经济体制下,由于政企不分,地方政府就成了直接经营企业的经济主体,其和中央政府的关系也成了生产性的关系,地方政府的职能和中央政府几乎完全一致。在中央集权的情况下,地方完全服从中央的计划安排,地方政府只是被动地执行中央的计划,没有谋求地方发展的自主权。在分权的情况下,由于高度统一的财政预算体制,尽管地方获得了管理企业的权力,增加了地方收入,但是却没有支配这些收入的自主权。因而,在计划经济体制下,地方政府的利益要求被压制了,因而没有制度创新的积极性。[2] 市场经济体制的改革,唤醒了地方政府的利益主体意识。政企分开的改革使地方政府拥有了管理地方公共事务的权力,宪法的修订也提高了地方政府的地位。财政体制的改革尤其增强了地方政府的利益,以财政包干为主要特征的财政体制改革,极大地提高了地方政府增加本地收入的积极性。由于利益的驱动,一段时期以来,各地政府为发展本地经济,提高收入,甚至一度造成地方保护主义泛滥。这种过度强化地方利益的情况,削弱了中央权威,损害了中央与地方的正常关系。1994年中国推行分税制改革,使中央与地方的收入相对规范下来。从直接效果看,有的地方政府的收入变少了,但是却更有保障了,不再像以前那样,中央政府一道命令就可以改变地方政府的地位和权力;而且在分税制的情况下,地方政府为了增加自己的收入,有把"蛋糕"做大的动力。所以说,尽管分

---

[1] 臧乃康:《政府利益论》,《理论探讨》1999年第1期。
[2] 林尚立:《国内政府间关系》,浙江人民出版社1998年版,第311—312、318—324页。

税制改革的直接目的是提高中央政府的财政收入，增强中央政府权威，而实际上，地方政府利益也获得了体制上的保障。[1]

地方政府利益的客观存在，使得地方政府的制度创新行为也要受利益驱动。但是和个人相比，地方政府受利益驱动的情况要更为复杂。正如国家有双重目的一样，地方政府的制度创新行为也受双重利益的驱动。（1）地方社会利益。地方政府作为地方的代表，应该追求地方社会的利益，这是地方政府得以存在的基础。改革以来，经济建设成为党和国家工作的中心，各地政府也都把促进当地经济发展，增进当地社会福利作为制度创新的主要目标。（2）地方政府自身利益。地方政府利益主要分为经济利益和政治利益。前者主要指地方政府财政收入的增加，财政预算的扩大；后者主要指地方社会的稳定，地方政府合法性的增强，地方官员职位的升迁，地方政府规格的上升等。应该说，地方政府对地方社会利益最大化的追求与对自身利益最大化的追求存在着矛盾，但算不上"悖论"，因为二者其实是长远利益与短期利益的矛盾。一般来说，地方社会利益的增加，也有利于地方政府自身利益的增加，经济上如此，政治上也是如此。在中国现行政治制度下，有一种明显的倾向，表明地方政府官员的提升与当地经济发展成正比。[2] 也有一些情况，有利于地方社会的制度安排并不利于地方政府的利益，这时地方政府便没有动力去变更这种无效或低效的制度安排。

3. "成本—收益"分析：地方政府制度创新的原则

制度创新是有成本的，任何一项制度选择和制度安排都不是随意决定的，而是人们依据成本—收益分析权衡和选择的结果，只有当预期收益大于成本时，制度创新才可能出现。所以制度创新的一般性动力在于制度创新可能获取的潜在利益大于为获取这种利益而支付的成

---

[1] 林尚立：《国内政府间关系》，浙江人民出版社1998年版，第311—312、351—354页。

[2] 陈剩勇、马斌：《区域间政府合作：区域经济一体化的路径选择》，《政治学研究》2004年第1期。

本。制度创新只有在这样两种情况下发生：一种情况是创新改变了潜在利益；另一种情况是创新成本的降低使制度变迁变得合算。① 如前文所述，地方政府是一个具有独立利益的主体，而财税体制改革又强化了地方政府利益，因此，地方政府的行为也就像理性的"经济人"一样，其制度创新行为也遵循成本—收益的原则，在制度创新中追求自身利益的最大化，只有当通过制度创新的预期净收益超过预期成本时，才会有进行制度创新的冲动。只不过政府的预期效用函数不同于个人预期效用函数，其成本—收益的计算要比个人或一般的竞争性组织的成本—收益计算复杂得多。政府在制度创新时不仅要考虑经济层面的成本与效益，而且要考虑政治层面的成本与收益。如果制度创新会降低统治者可获得的效用或威胁到政权的稳定时，政府会维持那种无效益的制度安排。

"有很多因素影响政治秩序提供新的制度安排……这些因素包括制度设计的成本……实施新安排的预期成本。"② 也就是说，影响制度创新的成本因素主要是设计成本和实施成本。张曙光认为，制度创新的成本包括规划设计、组织实施的费用，清除旧制度的费用，清除制度变革阻力的费用，制度变革及其变迁造成的损失，实施成本，不确定性带来的随机成本。③ 地方政府由于更贴近地方，与地方当地居民的联系密切，对地方利益主体的利益需求更为了解，而且还有文化的、习惯的、语言的、民族的渊源从而使地方政府官员更容易接近当地民众，如果它们愿意，它们就比中央政府有更大的降低制度创新的设计成本和实施成本的可能。地方政府从制度创新中获得的收益主要有：通过制度创新，在有效协调利益关系和利益矛盾，促进经济发展和社会稳定的同时，可以实现地区财政收入的增加，赢得当地居民的

---

① L. E. 戴维斯、D. C. 诺思：《制度创新的理论：描述、类推与说明》，载［美］R. 科斯等《财产权利与制度变迁——产权学派与新制度经济学派译文集》，刘守英等译，上海三联书店、上海人民出版社1994年版，第296页。

② 戴维·菲尼：《制度安排的需求与供给》，载文森特·奥斯特洛姆等编《制度分析与发展的反思——问题与抉择》，王诚等译，商务印书馆1992年版，第144页。

③ 张曙光：《论制度均衡与制度变革》，《经济研究》1992年第6期。

政治支持，提高地方政府的合法性，地方政府官员也可以借此获得较高的声誉以及进一步升迁的政治资本。因此，地方政府在降低制度创新的设计成本和实施成本方面有比较优势，而且又可以从制度创新中获取巨大的预期收益，而这就成为推动地方政府制度创新的直接动力。需要说明的是，一项新制度安排得以实施，虽然从理论上说是由于新制度安排的收益大于成本，但实际上，收益的大小仅仅是一种理性的预期分析而已。

4. 制度环境变迁：地方政府制度创新的外部条件

具有独立利益的地方政府面对制度失灵，是否能够把握时机，及时推动制度创新，取决于地方政府制度创新主体的地位是否真正确立起来，而地方政府的主体地位又受制于整个制度环境。"制度环境，是一系列用来建立生产、交换与分配基础的基本的政治、社会和法律基础规则。"① 在中国，地方政府制度创新的制度环境可以理解为有关约束和规定地方政府地位和权限、影响地方政府行为的法律、法规、舆论、习俗的综合。改革开放以来，制度环境的不断改善，为地方政府的制度创新提供了良好的外部条件。

第一，宪法、法律法规的修订确立和提高了地方政府制度创新的主体地位。宪法秩序是根本性的制度环境，从四个方面影响制度创新："第一，宪法秩序可能有助于自由的调查和社会实验，或者可能起根本性的压制作用。……第二，宪法秩序直接影响进入政治体系的成本和建立新制度的立法基础的难易度。第三，……宪法秩序影响到公共权力运用的方式因而影响到由公共政策引入经济的扭曲的类型。……最后，一种稳定而有活力的宪法秩序会给政治经济引入一种文明秩序的意识——一种关于解决冲突的基本价值和程序上的一致

---

① L. E. 戴维斯、D. C. 诺思：《制度创新的理论：描述、类推与说明》，载［美］R. 科斯等《财产权利与制度变迁——产权学派与新制度经济学派译文集》，刘守英等译，上海三联书店、上海人民出版社1994年版，第270页。

性，这种意识会大大降低创新的成本或风险。"① 这四个方面的影响，对于中国地方政府的制度创新同样存在。新中国前三部宪法虽然确认了地方政府的制度创新主体地位，却因为宪法本身的缺陷和宪法秩序的不稳定而无法保证其主体作用的发挥。1982 年重新修订的宪法确立了发挥地方各级政府的主动性、创造性的原则。新宪法明确规定："中央与地方的国家机构职权的划分，遵循在中央统一领导下，充分发挥地方的主动性、积极性的原则。"② 变一级立法体制为两级立法体制。新宪法规定，省、自治区、直辖市的人民代表大会及其的常务委员会，在不同宪法、法律、行政法规相抵触的前提下，可以制定地方性法规。

1982 年修订宪法的同时，还修订了《中华人民共和国地方各级人民代表大会和地方各级人民政府组织法》。1984 年制定了《民族区域自治法》，1986 年再次修改《地方组织法》。新的地方组织法规定省、自治区的人民政府所在地的市和经国务院批准的部分市级人民代表大会及其常务委员会，可以根据本市的具体情况和实际需要，在不同宪法、法律、行政法规以及本省、自治区的地方性法规相抵触的前提下，制定地方性法规。这一变化，为地方政府进行制度创新提供了直接的法律保障。新的地方政府组织法采用列举的方法，对地方各级政府的职权做出了明确规定。这些规定与 1954 年的地方政府组织法相比，扩大了地方政府的某些职权，如省、自治区、直辖市以及省、自治区的人民政府所在地的市和经国务院批准的市的人民政府，可以根据法律和国务院的行政法规制定规章。

宪法及一些基本法律法规的上述变化，不仅恢复了新中国成立初期的某些规定，重申地方政府作为地方国家行政机关的主体地位，而且提高了各级地方政府制度创新的权力，为地方政府制度创新提供了

---

① 诺曼·尼科尔森：《制度分析与发展的现状》，载［美］文森特·奥斯特洛姆等编《制度分析与发展的反思——问题与抉择》，王诚等译，商务印书馆 1992 年版，第 12—13 页。

② 《中华人民共和国宪法》（1982 年），第 3 条。

最根本的法律保障。

　　第二，意识形态的变化为地方政府制度创新创造了宽松的社会环境。影响制度创新的另一个主要的制度环境因素是意识形态。林毅夫指出："意识形态可以定义为关于世界的一套信念，他们倾向于从道德上判定劳动分工、收入分配和社会现行制度结构。""意识形态是减少提供其他制度安排的服务费用的最重要的制度安排。"[①] 作为一种非正式的制度安排，它通过价值观、态度、观念、习惯等，影响人们对制度创新行为以及正式制度安排的判断、理解和支持。中国在改革开放进程中，地方各级政府进行制度创新的地位和作用的提高，与从中央到地方广大干部和群众的理解和支持是分不开的，而这种理解和支持可以说是意识形态环境变化的结果。在对待马克思主义的态度上，从教条主义的束缚中跳出来，重申实事求是的思想路线。在对真理标准的理解上，以"实践是检验真理的标准"代替"两个凡是"，提倡多试验、多实践，少争论或不争论。在思想观念上，开放、自主、创新、务实、竞争、效率等观念取代封闭、依附、守旧、务虚、安分守己等观念。在对待领导干部的道德评价标准上，从"无过就是功""不求有功但求无过"转为"无功就是过"，人们推崇的是既脚踏实地又敢于开拓创新的领导干部。在对待地方政府的评价标准上，"不问绩效、只求与中央保持一致"的标准被"既不与中央相抵触，又能开创地方新局面"的标准所取代，老百姓心目中的好政府，是廉洁高效、敢于创新、敢于实践的政府。近年来，中央更加提倡与时俱进，开拓创新。党的十六大报告明确指出，"创新是一个民族进步的灵魂，是一个国家兴旺发达的不竭动力，也是一个政党永葆生机的源泉。"[②] 中央鼓励创新的精神，无疑又大大增强了地方政府进行制度

[①] 林毅夫：《关于制度变迁的经济学理论：诱致性变迁与强制性变迁》，载［美］R. 科斯等《财产权利与制度变迁——产权学派与新制度经济学派译文集》，刘守英等译，上海三联书店、上海人民出版社1994年版，第379页。

[②] 江泽民：《全面建设小康社会，开创中国特色社会主义事业新局面——在中国共产党第十六次全国代表大会上的报告》。

创新的勇气和信心。

第三，中央的一些政策直接推动了地方政府的制度创新。宪法秩序的改变确立和提高了地方政府制度创新的主体地位，意识形态的改变消除了地方政府制度创新的社会压力，这些都为地方政府制度创新提供了宽松的环境，同时，中央政府的授权也直接推动了地方政府的制度创新。一般情况是，中央政府可能首先感觉到新的获利机会，产生了制度创新的需求，但是这种制度创新往往成本较高、风险较大，预期的收益难以预料，中央政府不愿直接进行具体的制度创新，而是把制度创新的权力赋予地方政府，并给予一定的优惠政策，推动地方政府在一定范围和领域大胆创新。例如，农村税费改革，中央并不是一开始就在全国推行，而是选取安徽作为试点，安徽省就获得了在地方进行制度创新的试验权，率先进行了税费改革。中央政府在总结安徽省经验教训的基础上，又陆续在全国其他一些省市开展了规模更大的改革。这种情况下地方政府获得改革试验权的同时，也会得到中央政府一些优惠政策的支持，一般而言，这种制度创新政治风险低，成本也低，成功的可能性也大。

（二）地方政府制度创新的现实意义

1. 有利于降低制度创新的成本和风险

一方面，任何一种制度安排都是需要耗费成本的。为了最大限度地获得净收益，必须尽可能选择那种交易成本低的制度安排方式。戴维·菲尼指出："制度设计的成本取决于用于新的制度安排的人力资源和其他资源的要素价格。"[1] 习惯的、语言的、民族的等方面的渊源，使地方政府官员更容易接近当地民众，而民众也在一定程度上更乐于参与地方政府的制度创新行为，因此，地方政府可以大大减轻制度创新的人力资源成本。同样，地方政府可以降低制度创新的信息成

---

[1] 戴维·菲尼：《制度安排的需求与供给》，载［美］文森特·奥斯特洛姆等编《制度分析与发展的反思——问题与抉择》，王诚等译，商务印书馆1992年版，第144页。

本。中央政府要有效地调节地方政府的行为，使社会资源的配置达到"帕累托最优"，其基本前提是能够全面、准确和及时地获得相关信息。事实上，这个前提很难满足。中央政府的决策越是具体到每个具体项目，信息空间的变数就越大，信息不完全的可能性越大。中央政府要获得足够的信息，就要花费大量的人力、物力和财力，大大增加制度设计的成本，而地方政府的制度创新则可以弥补这方面的不足。另外，地方政府制度创新可以降低制度创新的实施成本。制度从潜在的安排转变为现实的安排，还要看实施上的预期成本的大小。中国各地的情况千差万别，如果一开始就由中央政府统一实施某项制度安排，不仅推行的难度大，而且将面临难以预期的实施成本。因为"在一个社会有效的制度安排在另一个社会未必有效"。地方政府则可以根据本地的资源禀赋和实际需要因地制宜，无疑能够大大降低新制度的实施成本。

另一方面，地方政府制度创新可以降低制度创新的风险。一项新制度安排将会带来什么样的政策产品，受到多种因素的制约，制度设计者很难进行预先的准确估量。中央政府在进行制度安排时，除了要考虑经济因素外，还要考虑政治等因素。一般而言，在制度变革的酝酿阶段，经济因素处于中心地位，在变革的实施阶段，政治因素则变得更为重要。制度安排的政治成本，如权力的扩散可能弱化中央政府的权威，为控制代理人的偏差行为所要支付的费用，经济自由化所诱发的多元化政治力量对中央政府执政地位的潜在威胁，因利益关系的调整引发的社会不安定因素，等等，都是中央政府所必须认真面对的。而新制度安排可能引致的这些后果，不是中央政府所能预先设定的，最终需要通过实践来加以检验。因此，在全面推行制度变革之前，降低风险的有效方法之一就是先在局部地区进行试验。如果经过试验证明新制度安排的实施成本是中央政府所能承担的，净收益大于成本，并且具有可行性和普遍性，就由中央政府通过国家强制力使其获得法律地位，以法律的形式进行推广；反之，则终止试验。所以，改革开放后，中国的许多新制度安排都由地方政府进行试验，待取得经验后才予以推广。

2. 有利于提高中央政府制度安排的绩效

在中国的体制转轨中，中央政府的制度创新起着决定性的作用，它决定着制度变迁的方向、速度、深度和广度。但是，我们也应该看到，中央政府的制度创新大多需要地方政府这一中介予以贯彻。中央政府制度创新的内容侧重于原则性和方向性，具体的操作环节还需要地方政府根据实际创造性地予以落实和执行，如制定适合本地情况的实施细则，或对某些问题的灵活处理。而且，中央为了实施宏观调控，如面对经济过热普遍争上速度而造成的通货膨胀，不得不采取"一刀切"的做法。这时，就迫切需要地方政府的制度创新。由于中央和地方的目标函数和选择偏好的不同，对某一问题的认识会存在着一定的差别。而意识形态作为一种非正式制度安排，"它帮助个人对他和其他人在劳动分工、收入分配和现行制度结构中的作用做出道德评判"，[①] 是减少提供其他制度安排的服务费用的最重要的制度安排。意识形态通过价值观、态度、观念等，影响人们对制度安排的判断、理解和支持。因此，如果一个制度安排符合当地人们的意识形态，必然大大降低制度安排的实施成本，反之，则大大增加制度安排的实施成本。中央政府的强制性制度安排虽然具有规范性、制度化水平高的优点，但它以高度的强制性权力为基础，不以一致性为前提，因而其动力水平往往较低。在这种情况下，如果僵化地执行中央的制度安排，势必要付出巨大代价。而由地方政府对中央的制度安排做适合本地具体情况的灵活处理，往往能较好地得到当地群众的理解和支持，减少抵触情绪，使其得以顺利贯彻和落实。

3. 有利于增加制度的有效供给

制度创新主体包括个人、团体和政府，从理论上说，三类主体在感知获利机会时，都可能实施制度创新。但是，政府在制度创新中具

[①] 林毅夫：《关于制度变迁的经济学理论：诱致性变迁与强制性变迁》，载［美］R. 科斯等《财产权利与制度变迁——产权学派与新制度经济学派译文集》，刘守英等译，上海三联书店、上海人民出版社1994年版，第381页。

有明显的优势,实际上,中国的改革进程很大程度上就是政府主导制度创新的过程。然而,由于"诺思悖论"的制约,即中央政府在组织和实施制度创新时,不仅具有通过降低交易费用实现社会总产出最大化的动机,而且总是力图获取最大化的垄断租金。这样,在最大化统治者及其集团垄断租金的所有权结构与降低交易费用、促进经济增长的有效率体制之间,就存在着持久的冲突,从而当中央政府面临竞争约束和交易费用约束时,会容忍低效率产权结构的长期存在。而且,中央更多地考虑制度创新可能导致的政治成本和制度均衡,在很多时候,对制度创新显得非常谨慎。另外,在中国目前的制度环境下,许多权利关系,尤其是产权关系不清晰,微观主体因收益预期不明确而不能及时感知由制度不均衡产生的获利机会,或因不能解决"搭便车"的问题而不愿从事充满风险的制度创新活动。此外,宪法秩序的限制和中央政府设置的制度进入壁垒,增加了微观主体制度创新的进入成本,从而限制了其制度创新活动。因而,中国的制度供给总体上讲是短缺的。改革以后,随着放权让利和"分灶吃饭"的财政体制的推行,地方政府具有了独立的行为目标和行为模式,它不再仅仅是传统的统收统支的财政体制下那样的一个纵向依赖的行政组织,而逐渐成为一个具有独立经济利益目标的经济组织,具有了强烈地追求本地经济快速增长以及相应获利机会进行制度创新的动机。因而,地方政府在市场经济体制改革中,在协助中央政府和微观主体推进制度创新,增加制度供给方面扮演了重要的角色。地方政府制度创新,首先是增加了当地的制度供给,由于地方政府更了解当地的情况,对在本地进行制度创新的成本和收益也都可以做比较准确的分析,从而愿意进行制度创新。其次,地方政府制度创新为中央政府的制度创新积累了经验,减少了中央政府制度安排在全国推广的时间。最后,一个地方的制度创新可以引起连锁反应,制度竞争使各个地区互相学习的热情大大提高,一个地方成功的制度创新很快就会被其他地方模仿,使一种成功的制度安排在较大的范围内得到传播,总体上增加了全国范围的制度供给。

三 中国地方政府制度创新中存在的问题

地方政府在放权让利政策和财税体制改革推动下,利益主体地位进一步增强,其行为目标和行为模式愈来愈具有"经济人"色彩,这使它们在推动地方经济社会发展和地方公共事务治理方面取得了显著成绩,但由于有限理性和制度环境的约束,地方政府制度创新中也存在不少弊端,引发了不少问题。

(一)强调局部利益,导致地方保护主义

随着放权让利政策和分灶吃饭财政体制的推行,地方政府独立利益主体的地位得到了巩固。在这种体制下,地方政府不仅从正式机制中获得了比以前更大的资源配置权力,而且还通过各种非正式的创新,截留了中央下放给企业的权力。于是,扩大企业自主权的改革实际上成为扩大地方政府权力的改革。此外,在分灶吃饭的财政体制下,地方政府获得了财政预算、物资分配、投资以及银行四个方面的实质性权力。这使得地方政府逐渐具有了与中央政府不同的行为目标和行为模式,这表现在地方政府进行制度创新推动本地经济社会发展时,很少顾及全国整体利益,有时甚至是以损害其他地区利益和全国整体利益为代价的,其中突出的问题是导致地方保护主义,地方保护主义则始于地区间的不良竞争。

具有相对独立利益的地方政府,像市场中的个人和其他经济组织一样,追求本地区利益最大化是各级地方政府的理性选择。当各地方政府的制度创新行为都受这种最大化地方利益动机驱动时,它们之间的竞争就不可避免。事实也证明了这一点,改革开放以来,为了维护和扩大地方利益,地方政府竞争展开了激烈的竞争。一是争夺制度创新的进入权。中央政府有着至高的权威,中央政府主导着制度变迁的进程,对地方政府制度创新有着巨大的影响。为了获得某一项制度创新的进入权,各地纷纷向中央政府证明本地的地位是多么重要,本地的发展是如何急迫,如果得不到中央的支持会产生什么样的后果。在和地方政府的博弈中,由于信息不对称,中央政府往往处于不利地位,那些最善于讨价还价或者和中央政府关系密切的地方往往能在这种博弈中胜出,获得在当地进行制度创新的试验权。因为中央政府对这种制度创新有一定的优惠政策,地方政府就能获得制度创新和中央优惠政策所带来的双重收益,在这种情况下,地方政府获得了极好的发展机会,在与其他地方的竞争中脱颖而出,也为以后的竞争争得了先机。改革开放以来,东南及沿海地区的飞速发展与获得中央的授权得以在当地进行制度创新是分不开的。二是争夺中央的财力支持。由于中央政府掌握着大量的经济资源,获得中央的支持,能够减少本地的支出,这相当于增加了本地的收入,而且通过中央支持的项目建设促进本地经济社会的发展。因此,向中央政府争夺项目和财力支持是地方政府竞争的又一途径。

以上两种情况都是地方政府通过向中央争取支持而进行的间接竞争,其实,地方政府间的直接竞争在现实中表现得更为激烈。一是产业竞争。地方政府明白,靠中央的支持终非长久之计,只有发展地方经济,增强自身实力才能在以后的竞争中立于不败之地。然而,在本地经济社会的发展中,地方政府最关心的是地方财政收入的增加。在制定本地发展战略时,倾向于发展那些税率高尤其是地方税份额高的产业,像汽车、电子、烟酒等就成为各级地方政府热衷发展的产业。在宏观调控不力的情况下,这种产业竞争必然导致各地产业结构趋同。在中国,无论是各经济带还是各省、市、区之间,产业结构趋同的现象越来越明显,其结果是低水平重复建设严重,有限的资源得不到合理的配置。[①] 二是制度竞争。本地资源是有限的,为了弥补本地资源的不足,必须引进外部资源尤其是资本的投入。而要吸引外部资源,就必须有良好的环境,主要是政策环境。于是,地方政府纷纷进行制度创新,修改、废除不利于招商引资的法律法规,出台各种优惠

---

① 何元庆:《地方保护主义的成因及其博弈分析》,《经济学动态》2002年第8期。

政策以吸引外资的进入。由于管制竞争法规的缺乏，地方政府之间的激烈竞争出现了许多不正常的现象。各地为了吸引更多的外资，乱开"优惠"口子，突破国家土地、税收法规及相关政策。土地价格越压越低，根本不计成本，有的地方干脆免收土地出让费。国家规定外资企业可享受基本税率15%及"两免三减半"的优惠，但不少地方提出"两免六减半""五免五减半"甚至"十免十减半"的优惠政策。"鹬蚌相争，渔翁得利"，各地的优惠政策，使外商获得了许多额外利益的同时，却损害了国家的利益。

地区间不良竞争必然导致地方保护主义盛行。在缺乏地区竞争管制的情况下，地方过度的竞争必然引起地方保护主义盛行。地方保护主义是地方公共权力以合法或违法的方式为了保护本地区利益而采取损害其他地方利益和中央利益，并封锁资源合理流动的一种价值观念和行为趋向。[1] 地方保护主义的基本特征：以公共权力为基础；以利益为诉求；以合法或不合法为其表现形式；相互封锁。地方保护主义有多种表现形式，最突出的是产品保护，即通过限制外地有竞争力的同类产品进入本地市场，使产品质量不高的本地企业得以继续生存下去。地方政府这样做，一是因为当地企业的经营状况直接影响到本地区的财政收入。在某些地方，一个大型企业上交的利税可以达到当地财政收入的50%甚至更高，而且可以解决本地居民大量的就业问题，对当地的经济发展和社会稳定影响巨大。另外，有些地方大型企业的领导本身就由地方政府领导兼任，企业的利益和政府的利益几乎融为一体，对这些企业的照顾就更"合情合理"了。产品保护发展的极端就是对当地企业制假售假行为的保护，地方政府的这种行为和那些企业的行为一样都属于违法犯罪行为，应该受到司法机构的制约。然而由于目前司法体制存在的问题，地方司法机构非但不能制止和纠正地方政府的这种行为，有时甚至还要充当地方保护的工具。司法地方

---

[1] 徐家良：《地方保护主义：地方与中央的博弈关系》，《中共云南省委党校学报》2002年第3期。

主义的倾向日益明显，已成为地方保护的新景观。

(二) 强调短期利益，不利于可持续发展

地方政府在进行制度创新、推动本地经济社会发展时，存在明显的短期行为，即强调短期利益，忽视长远利益。这种现象的产生是因为在当前的政绩考评体制下，官员升迁主要的依据是任期内的政绩，这样地方政府官员把追求任期内的地方利益最大化当作奋斗目标，其制度创新的动机就是任期内的收益最大化。因此，地方政府倾向于那些投资少、见效快的产业，但这些产业往往技术含量低，资源浪费严重，还常常带来严重的环境污染。中国自然资源的整体状况属于短缺型，地理分布不平衡，人均占有率低。改革开放以来，国家提出了明确的自然资源开发与利用、使用的方针，并制定了相应的法律、法规。然而，有些地方政府，不从全国发展大局和长远目标考虑，不顾自然方面的国情，甚至也不顾本地的资源状况，追求即时的和短期的效应，实行不合理的甚至掠夺式的"开发"，致使乱砍滥伐森林、乱圈乱占土地、乱抢滥挖矿藏等现象屡禁不止。在生态环境保护上，一些地方政府既不从中国大局的经济发展考虑，也不从本地区大局的经济发展考虑，更不为子孙后代着想，只求眼前或近期利益，不懂得或忽视经济建设和环境保护、人口发展、资源开发密切关系的道理，以对环境的破坏为代价来换取经济的一时发展。据统计，2000年全国化学需氧量（COD）的排放已经达到1445万吨，比Ⅲ类水质要求的800万吨容量高出80.6%；2001年七大水系断面监测，达到三类水质（可以进入自来水厂的最低要求）的仅占29.5%，而劣五类水质却高达44%；全国城市有66.7%缺水；大气中二氧化硫排放量达1995万吨，比国家二级标准要求的1200万吨容量高66.3%；农田化肥农药污染、重金属污染、土地荒漠化、各种持久性有机污染等现象也日益严重。据世界银行和国内的有关研究机构测算，20世纪90年代中期，中国每年因环境污染造成的经济损失占GDP的比重已经高达6%—8%。从资源消耗角度看，中国的消费增长速度惊人。2003

年，中国的钢材消费量已经达到大约2.5亿吨，20年增长了8倍，接近美国、日本和欧盟钢铁消耗量的总和，约占世界总消费量的40%；水泥消费约8亿吨，约为1983年的8倍，约占世界的50%；电力消费已经超过日本，居世界第二位，仅低于美国。[1]

地方政府制度创新中的短期行为损害了当地的长远利益，非常不利于当地的可持续发展。为什么这种现象屡禁不绝呢？第一，在当前的官员任期制下，任期内的利益最大化是地方政府的行为动机。任期满后，可能平调他处任职甚至升职，因此只追求任期内的利益，而不考虑当地长远的发展。第二，当前的考核机制只注重官员任期内的考核，而对其以前的行为缺乏追究，这就使得地方官员更加肆无忌惮，不惜以牺牲当地的长远利益为代价来换取眼前一时的发展。只要现行政绩考评体制不改进，只要这些企业能够给地方带来财政收入，增加地方政府官员升迁的资本，而且又不至于引起政治风险，这种现象就不会得以根除。第三，地方政府的短期行为往往能够得到当地社会的理解和支持。这是一个很值得思考的问题。不能否认，当地居民受小农意识和机会主义倾向的影响，大部分只看到短期行为带来的眼前利益的增加，而看不到对长期发展的危害。即使有些人看到了这种行为的危害性，但由于搭便车的心理，认为这些后果是以后的事，而且又不会让他一个人承担，因此也就不采取进一步的行动来进行干预。第四，中央政策的不连续性也鼓励了地方政府的短期行为。中央政府的政策对地方政府的制度创新行为有着巨大影响。当地方政府预期到中央政府的政策会发生变化时，它们会在政策的有效期内加紧进行制度创新，获得中央政府政策许可范围内的最大利益。第五，对发展观的不当理解也是地方政府短期行为的重要原因。很多地方政府片面强调以生产力为中心，为发展而发展，把发展当作终极目标。其实发展本身不是目的，发展的根本目的是人民的根本利益，以损害人民长远利

---

[1] 齐建国：《警惕"新结构危机"与"生态环境泡沫"》，《光明日报》2004年2月18日。

益为代价的短期的发展更不可取。发展不单纯是经济的增长物质的充裕，也包括经济和社会的协调、人和自然的协调。由于对发展观的不当理解，一些地方为了当地经济的发展，就忽略了环境的保护，资源的节约。

地方政府代表地方利益，地方政府领导尤其是主要领导又是地方政府的代表。地方政府领导对地方政府制度创新的影响是巨大的，如袁芳烈之于温州模式、吕日周之于长治模式、王洪斌之于南街村模式[1]。地方经济社会的发展，又往往和地方政府领导的个人利益联系起来。由于地方领导在促进地方政府制度创新中的地位和作用，地方领导人的利益倾向往往左右着地方制度创新的方向和进程。当有利于促进当地社会利益的制度安排也有利于政府领导的利益时，政府领导便有动力推动地方制度创新；当有利于地方社会利益的制度安排和政府领导的个人利益不一致时，或促进社会利益的制度安排会限制政府官员或其利益相关的团体时，他就会阻止或推迟这种制度创新。地方政府领导人左右制度创新的例子不胜枚举。名目繁多的形象工程、面子工程就是其突出的表现。1995年，王怀忠任阜阳市委书记。当时亳州以产黄牛著称。王怀忠突发奇想，要将亳州市"塑造成闻名全国的黄牛金三角"，提出要使农民们"赶着黄牛奔小康"。王怀忠和他的下属们用了半年的时间筹备开一个全国性的黄牛工作会议。一个在王怀忠"身边"很近的县委书记说，王书记一次酒后让他附耳过去，说了"只要你能搞出政绩，就算你能，能上，但关键不是让百姓看到政绩，要让我（领导）看到政绩"。20世纪90年代初，王怀忠提出了将阜阳建成淮北大都市的设想，与之相匹配的是"大机场"计划，目的在于提升阜阳的"国际形象"。从1995年动工到1998年完成，阜阳机场耗资从预计的6000万元追加到3.2亿元。结果怎样呢？2002年阜阳机场旅客吞吐量一共为920人次，每条航线的年度财政

---

[1] 余映丽、李进杰：《模式中国——经济突围与制度变迁的7个样板》，新华出版社2002年版，第69—131、225—265、295—332页。

补贴高达 400 万元,加上 190 多名员工的工资和庞大的运转、折旧费用,徒有其表的"大机场"成了地方财政的沉重包袱。与大机场相媲美的是建设世界上最大的动物园的计划,里面养千只老虎万头巨鳄。王怀忠在没有规划设计甚至没有一个成熟思路的情况下,圈地数百亩,发动数万干部、教师、学生去做开挖"龙潭虎穴"的义务劳动,毁了不少良田,工程历时3年,耗资千万元,最终半途而废。但是这些虚假的政绩依然为王怀忠带来了好处,王怀忠的官越做越大,而且升迁的速度相当惊人。1993年他当上阜阳地委副书记、行署专员后,两年之内就升任地委书记(次年撤地改市后成为市委书记),而当上市委书记仅3年之后又一下成为安徽省的副省长,平均两年多升一次官。这种"形象工程""面子工程"说到底是"害民工程"。据估计,王怀忠的一系列"政绩工程"使阜阳到期财政负债达 20 多亿元,相当于目前财政可支配收入的 5 倍,至少透支了阜阳未来 10 年的财力。①

如果说地方政府的短期行为在某种程度上还增加了当地社会的利益的话,那么,地方政府领导追求个人利益的行为往往是直接损害了当地社会的利益。然而,这种现象在全国仍然大行其道,其背后有着深刻的原因。现行政治体制的不够完善,可以被认为是导致官员出现反常行为的深层因素。因为目前干部考核、干部任命都是上面说了算,地方人大、党员、群众对当地政府官员的任免、考核缺乏有效的监督和制约,尽管也会经过一个选举的程序,但这种形式并不能改变问题的实质。权力的来源决定其责任的归宿。在一个出现公民监督缺口的国家政治生活中,为官者把决定自己利益的上级权力的意志和好恶作为自己主要的行为向导就不足为怪了,而广大民众由于与自己的前程无关而变得无足轻重,这就容易使地方政府领导眼睛往上,为了出政绩,往往不顾当地情况,仓促上项目,大搞政绩工程。

---

① 曹勇:《一个副省长的政绩观》,《南方周末》2002 年 8 月 23 日。

(三) 影响中央政策的有效实施，阻碍改革进程

中国的改革进程实质上是中央政府主导的制度变迁过程，它遵循等级规则，中央政府处于等级的顶端，主要由其确定制度变迁的形式和内容，并通过纵向的行政隶属关系自上而下地实施制度创新。要维持这一制度变迁方式，必须维持中央政府的权威性和等级制的稳定性，从而保证各级地方政府与中央政府协调一致，各级地方政府不走样地实施中央政府的制度安排。中央政府也要有能力监控和纠正地方政府的偏差行为。但是，放权让利和分灶吃饭财政的改革，使地方政府具有了与中央政府不同的效用函数，越来越倾向于从事中央政府并未授权的事情，以满足其利益最大化的企求。而且，让利改革使中央政府的财政收入相对下降，地方政府的财政收入相对增加，中央政府对地方政府形成了一定程度上的依赖关系，一些地方政府具有了与中央政府讨价还价的能力。这样，地方政府在执行中央政策的过程中，再也不像过去那样不折不扣了，而是根据自己的利益和偏好有选择、有偏差地予以执行，也就是"上有政策，下有对策"，对中央的政策进行本位主义的"创新"：或者截留中央政策，只选择对本地有利的政策——即所谓"结合本地实际执行中央政策"；或者曲解中央政策——即所谓"创造性地执行中央政策"；或者采用各种办法突破中央的限制——即所谓"用改革精神对待中央政策"；或者对中央的规定不理不睬——即所谓"遇到红灯绕着走"。"有令不行，有禁不止"，或阳奉阴违，已经严重阻碍了中央政策的有效执行。2004年，国家为控制经济过热的现象，对重大项目进行了严格限制，然而江苏省和有关部门严重违反国家有关法律法规，越权分22次将投资高达105.9亿元的项目分拆审批，违规审批征用土地6541亩。[①] 这样一来，维持中央政府主导型制度变迁方式的基本条件受到动摇，即中央

---

① 《温家宝责成处理江苏违规建设钢铁项目的责任人》，http://www.chinanews.com/n/2004-04-28/26/431123.html。

政府的权威弱化、等级规则松动，中央政府对制度变迁进程的控制能力逐渐削弱，导致了中央政府的制度供给意愿与制度供给实际之间的不一致，甚至出现制度变迁方式的自我否定。面对着制度变迁的"变形"，中央政府面临着两个选择：一是继续沿着原有的路线前进，其后果将是中央的权威日益削弱，地方偏离中央的轨道越来越远，出现多元的政治力量，制度创新的成本上升，制度创新净收益减少甚至成为负数。二是中央政府为了继续控制制度变迁的方式，矫正地方政府的越轨行为，不得不收回下放给地方的权力，从而打断了原有制度变迁的进程。事实上，中央政府在制度变迁过程中始终坚持"稳定压倒一切"。因此，面对地方政府制度创新阻碍制度变迁进程，往往倾向于后一种选择。中国改革走走停停或者走两步退一步的曲折进程，很大程度上反映了中央政府对于地方政府制度创新带来的弊端的无奈反应。

（四）影响改革的整体推进，导致地区差距扩大

在很多情况下，地方政府的制度创新是在中央的特殊政策下进行的。中央政府往往设置一些制度进入壁垒，只允许某些地区进行一些创新尝试，而对其他地区则不予准入。为了保证试验的成功，中央政府一般都给予一些优惠政策（如税收、招商引资、项目审批、管理体制和经营体制改革、产权改革等方面），因而，使试点地区的创新活动具有了因引入新制度规则和中央优惠政策所带来的双重利益预期。这些潜在收益就类似于"垄断租金"，只要中央的制度进入壁垒没有撤销，租金就不会消失。因此，这些地方政府的制度创新并不是在自然状态下进行的，而是与非试点地区之间存在着不同的制度条件。在这种情况下，被允许试点的地区就能够更好地吸引其他地区的资源流入，获得更快的发展。中国东南沿海地区的发展正是在中央"先行一步"的政策保护下，地方政府进行了大胆的制度创新，使本地的市场化水平、经济发展水平、管理水平和人们的思想观念都得到了提高，在改革进程中走在了全国的前面。中央政府在改革之初，出于减少风险、降低制度创新成本的考虑，先让一些地方进行制度创新，待取得经验后再行推广，其着眼点是全局性的制度变迁。但实际的制度变迁却背离了中央政府的初衷。在试点单位取得成功经验后，中央政府便准备将它推广到其他地区，取消了原来设置的制度进入壁垒，垄断租金随之消失，所有推广单位面对相同的竞争地位，其制度创新的收益自然不能等同于试点单位。推广单位除非对原有体制进行彻底的改革，否则就难以获得试点单位那样的成功。但是，改革是需要支付成本的。原来的试点地区，由于在试验时期已经获得了因创新而带来的大量的租金，因而具有明显的优势，拥有了其他地区所不具有的变革成本的支付能力，可以进一步对传统体制进行深入改造，如对改革的失益者进行补偿，动员地区内外的市场力量改革传统体制，从而在制度变迁中再一次走在前面。中国东南沿海地区近年来改革推行较为顺利，社会也比较安定的事实证实了这一判断。而在中西部地区，改革则要困难得多。这些地区由于改革起步较晚，没有沿海地区那样较好的试点积累，所得到的实惠也不如沿海地区多，造成变革的能力较低，缺乏足够的能力支付变革的成本，因而在对传统体制进行进一步的改造时，碰到了前所未有的阻力。如果这时强行进入传统体制的内核，改革的摩擦成本就会增大，影响社会局势的稳定。这样，对于中西部地区和中央政府而言，又出现了另一个两难选择：如果一往无前地进行改革，将面临极大的政治危机；如果放缓改革的步伐，则将使改革进程落后于其他地区，继续维持区域之间不同的制度变迁水平。为了避免可能出现的对自己统治地位的威胁，决策者往往会选择一个对社会较少震动的改革方案。因为改革虽然要考虑经济利益，但在供给主导型制度变迁方式下，政府的政治目标往往支配着经济目标。"假如来自内部或外部较有效率的组织形式对统治者的生存产生威胁的话，那么相对无效率的组织形式将存在下来。"这是另一种形式的"用钱买稳定"，即以经济损失换取政治上的稳定。最后将使中央政府整体推进改革进程的目标难以实现，进而导致经济和社会发展水平的区域差距长期存在。有数据表明，中国地区差距近年来有不断扩大之势。"从经济总量看,东部地区占全国经济总量的比重不断提高,从1980年的50%提高到了2003年的59%,中、西部地区分别由30%和20%下降为24.5%和16.5%。从人均GDP看,东部地区人均GDP水平高出全国平均水平的幅度进一步提高,由1980年的34%,提高到2002年的53%左右。而中西部地区人均GDP与全国平均水平的差距也进一步扩大,由1980年相当于全国平均水平的88%和70%,下降为2002年的70%和59%。东部地区与中、西部地区人均GDP的相对差距进一步扩大,分别由1980年的1.51和1.91扩大为2002年的2.1和2.61。人均GDP最高的省(不包括直辖市)和人均GDP最低的省之间的相对差距由1980年的3.52倍扩大为2002年的5.43倍。尽管按现行人均GDP的统计方法未完全考虑流动人口的因素,但即便是在考虑流动人口因素后,上述趋势依然是成立的。"[1]众所周知,1978年来,中国一直选择的是一条从局部改革到整体性推进的渐进式改革策略。国家首先选择东南沿海地区作为战略重点,因为这些地区的地理位置优越、有较好的基础设施,人力资源也有比较优势,商品经济历来比较发达,并且这些地区拥有大量的海外华侨,可以发挥血缘关系的优势,吸引海外投资。因此,在对外开放的过程中,中央政府除了直接投资,对外商给予优惠政策外,还给予这些地方的政府更多的自主权。地方政府利用中央的特殊授权,大胆地进行制度创新试验,从而为这些地区的市场化创造了有利条件。在试验成功的基础上,中央政府逐渐放开对其他地区的准入限制,全方位推进制度变迁。当然这又利于稳妥地推进全面改革,但在客观上也从制度层面上帮助了沿海地区扩大了在经济上的领先优势,进而拉大了中国地区之间的差异。[2]

---

[1] 《三组数据显示:中国地区差距正在扩大》,引自 http://info.news.hc360.com,2004-05-11。
[2] 张斌:《我国的渐进式改革和地区差异》,《体制改革》2004年第1期。

四 对搞好地方政府制度创新的思考

（一）推进中央与地方关系的制度化，明确地方政府的制度创新主体地位

1. 科学界定中央与地方的权力

"目前的中国宪法只规定了中央与地方政府的组织形式，没有明文规定中央与地方的事权和权限划分，这是中国宪法的重要缺陷，也是中国中央与地方权力关系反复变动的根本原因。"① 中央与地方关系主要是基于一定利益关系的权力关系。长期以来，中国中央与地方关系紊乱，一个重要原因就在于中央与地方权限未能科学界定，结果致使一些事务弄不清该由中央还是由地方来承办，一些事务虽然已经明确归中央或地方，但在实际执行中由于相互侵犯对方权力范围而导致"错位"现象。因此，在社会转型时期，及时调整政府职能范围并科学划定各自的事权已迫在眉睫。具体来说，目前可以考虑将下列事项规定为中央的专有权力：外交；国防与军事；制定和修改宪法；制定基本法律；统一度量衡；航空、铁路、邮电通信的管理；财政与税收政策制定和划分；国家货币与国家银行；外贸政策；行政区划；国有财产；司法制度；其他依法应专属中央的事项。地方专有权力主要有：依据国家法律、法规而制定本地区的实施细则；制定地方性法规；管理辖区财政、工商、税收和贸易；开展地区间交流以及与外国地方政府间的交流；地方交通；地方教育；地方人事；其他依法应专属地方的事项。中央与地方共享权力主要有：保护人权与公民权；实施社会保障；维护社会治安；保护自然资源和环境；其他依法应由中央与地方共享的权力。

2. 实现中央与地方权力关系的法律化、制度化

中央与地方权力关系的法律化、制度化，就是用法律来规范、界

---

① 金太军等：《政府职能梳理与重构》，广东人民出版社2002年版，第411页。

定和保障权力的调整界限及其运作过程，明确规定中央与地方政府的法人地位。长期以来，中国中央与地方政府之间的权力分配结构历来缺乏确定的制度规则的规范，权力的下放和上收都取决于中央政府及其领导人的意志。[①] 20世纪80年代以来进行的放权改革，仍然是中央政府在新的历史条件下的一种自上而下的变革努力，虽然也制定政策，下发文件，但并没有形成对中央和地方都有较强约束力的长期稳定有效的法律制度。在中央地方关系变革中，由于权力再分配的非规范化，中央收放权行为的随意性和政策的不稳定，在客观上推动了地方政府的短期行为。要改变这种局面，保障并提高地方政府制度创新的主体地位，关键是以法律来规范中央政府与地方政府的职能关系，合理划分权力。虽然《宪法》和《地方组织法》对中央与地方政府职能关系有所界定，但仍是权责不够清楚、不够科学，出现权力冲突和矛盾时的解决方式也不明确。因此，在科学界定中央与地方权力的前提下，实现中央与地方权力关系法律化、制度化的途径之一应是加快制定《中央与地方关系法》，将中央与地方之间纵向权力划分的原则、内容、监督机制以及程序，通过法律的形式加以规定，使中央与地方之间的关系法律化、制度化，以实现有法可依；中央政府与地方政府发生权限争议，可以通过司法程序裁决；中央对地方的监督与控制，主要是通过法律手段和财政手段而不是通过行政手段和人事手段来实现。如此，在法律制约下，中央的随意性行为与地方"对策"性动作将大有收敛，一方面，提高了地方政府制度创新的主体地位；另一方面，也约束了地方政府制度创新中的不良行为。

3. 建立科学有效的中央与地方双向监督机制

加强中央与地方的双向监督与制约，完善监督机制是中央与地方关系法治化的保证。所谓中央对地方的监督，实际上就是中央政府为保证地方政府行为的合法性和与既定目标的一致性而对地方政府实施的检查、控制和纠偏的活动。所谓地方对中央的监督是指地方政府通

---

① 赵成根：《转型时期的中央与地方》，《战略与管理》2000年第3期。

过法律手段维护自己的权力不受侵犯，从而保证政府权力在纵向上的分权与制衡，以权力制约权力。所谓双向制约，就是要建立中央利益与地方利益的平衡机制，维持双方各自的生存空间，从而促进双方的相互合作。完善中央对地方的监督制约机制，首先要加强中央对地方监督的权威性、系统性和独立性，提高监督机构的地位和权威，使其能真正独立开展工作。其次要改革监督方式和手段，从直接行政干预为主转向间接的法律监督、财政监督、司法监督和行政监督相结合，变事前行政审批为主为事后合法性和效率监督为主。最后要建立和完善监督程序，使中央对地方的监督程序化、规范化和制度化。而完善地方对中央的监督制约机制，主要在于建立科学合理的地方利益表达与平衡机制，让地方政府平等参与中央决策过程。毫无疑问，建立地方对中央的监督机制，不仅有利于保障地方利益，而且有助于真正实现中央与地方权力关系的法律化、制度化。

（二）增强中央政策的科学性，为地方政府制度创新提供良好的政策环境

1. 增强中央政策的公平性

在中国制度变迁的过程中，影响地方政府制度创新动力和效果的并不全是当地的资源和条件，而更多的是和中央的政策联系在一起，而中央政府出于多重考虑对各地的政策是不一致的。改革开放以来，中央政府对地方政府实行区别对待，对一些地方给予优惠性政策（如扩大对外经济自主权，实行财政、税收减免，等等），而对另外一些地方却不是如此。倾斜性的中央政策是一种十分稀缺的资源，可以扩大地方政府制度创新的范围，增强地方政府制度创新的能力。事实上，东南沿海地区改革开放以来的迅猛发展，与中央优惠政策支持下地方政府制度创新是分不开的。这些地区就可以获得中央优惠政策支持和地方制度创新的双重收益，地方的经济社会迅速发展，这样它们就具备了支付制度创新成本加速制度创新的能力，在与其他地区的制度竞争中抢占了先机。这种情况引发了其他地区的"学习效应"，各

地都把目光投向了中央政府，积极向中央争取优惠政策，由此引发了许多问题。一方面，各地把主要精力用在争取中央支持上面，就必然不能集中精力进行制度创新，造成地方政府依赖本地资源进行制度创新的动力不足；另一方面，一些通过正常途径没有争取到中央优惠政策的地方会通过各种非正常途径突破中央的限制进行制度创新，这是地方政府制度创新中产生不良行为的政策性原因。"只有赋予地方政府以同等的权力，才能保证地方政府平等、公正地参与国家的政治生活，使国家的决策充分反映各个地方的利益和要求，也才能从整体上充分调动地方的积极性。"[1] 要改变这种局面，就需要建立科学合理的地方利益表达与平衡机制，扩大地方参与中央决策的概率。具体而言，即不分大省小省、富省穷省，在中央决策过程中具有平等的表达权和参与权，一省一票，多数决定。这一原则将改变过去中央与地方一对一谈判的格局，而变为一对三十一（省区）的谈判方式。[2] 从现代对策论角度，多人博弈比两人博弈的合作策略概率更大。当将各省的资源分配纳入中央决策过程时，各省的谈判地位可以相互抵消，中央的谈判地位反倒可以加强。当一省一票时，各省的独立利益就相互联系，互受牵制，矛盾和冲突的焦点主要不是集中于中央，而集中于那些采取不合作策略或欺骗策略的省区，因为它们的做法既损害全局利益，又损害其他省区的利益。在多人博弈过程中，来自"群体"的压力以及中央的压力，将会迫使它们放弃不合作或欺骗的念头。这样，中央在综合各地区利益的情况下出台的政策就会照顾到较多地方的利益，体现更多的公平性，对于促进地方政府制度创新有着重大的意义。

2. 增强中央政策的稳定性

中央政策作为中央政府对社会资源和利益进行权威性分配的制

---

[1] 薄贵利等：《市场经济条件下中央与地方权限调整的基本趋势》，《政治学研究》1997年第3期。

[2] 汪雷：《转型时期中央与地方关系建构的路径分析》，《中国行政管理》2003年第8期。

度安排，对地方政府的行为预期有着巨大的影响。政策如果朝令夕改，随意变动，就会导致先参加分配的政策目标群体和后参加分配的政策目标群体处于不同的规则和标准之下，形成同一条件，不同规则、不同结果的不合理状况，进而会造成普遍的结构性短期行为，并在此基础上演化出各种可能会致使政策变形走样的投机执法。① 通常，在一个稳定的政策体系中，由于政策的可靠性，政策所物化的知识共享于受到政策约束的目标群体之间，政策目标群体中的每一个人事先就能知道其他人对他的行为的反应，估量他的行为的损益值，稳定的政策大大降低了信息获得和流通的成本，有效地增加了个人选择结果的可预见性和可计算性。因此，制度化的政策信息是人类合作秩序得以不断扩展的基础。而当人们从政策执行的实践中获得政策系统是变动不定的，并且未来是不确定和难以预见的这样一种经验性认知的时候，他们的行为选择就会因为理性计算的困难和风险的增加而趋向于谨慎和保守，他们会尽量减少对政策执行过程的资源投入，以避免在随时可能发生的政策变动中陷于被动。"一锤子买卖""捞足了就走"的短期行为就会取代对未来的周全的考虑，在他们看来，未来是什么样子，谁都不知道。于是，政策执行过程中各种各样因投机钻营而导致政策目标不能圆满实现的行为便在所难免。而目前地方政府制度创新中大量存在的短期行为与中央政策缺乏稳定性有着极大的关系。而一旦中央政策不稳定成为地方政府可以预期的事情，尽快"闯红灯"、设法"绕红灯"等各种可能会导致中央政策失灵的行为便成为追求自身利益最大化的地方政府制度创新中的一种理性反应。因为围绕中央政策做文章、找窍门，搞"上有政策、下有对策"常常能够决定地方政府的利益得失。由此可见，作为一种制度规范，中央政策的稳定性对于促进地方政府制度创新行为的合理性有着重要意义。犹如中国经济学家

---

① 丁煌：《政策制定的科学性与政策执行的有效性》，《南京社会科学》2002年第1期。

张曙光指出的那样:"在人类的社会经济生活中,制度既然是人们的行为准则,人们建立制度是为了减少不确定性,获得一种比较稳定的预期,并据以选择和确定自己的行为,因而就需要有一定的稳定性。如果制度经常变动,人们不可能建立比较长期的稳定的预期,其行为就会短期化,甚至莫衷一是,机会主义盛行,整个社会生活就会缺乏秩序而陷于混乱之中。这实际上也就失去了制度存在的基础。不仅如此……制度的稳定性也是制度的作用得以发挥,制度的优劣得以检验的基础和条件,如果制度丧失了稳定性,人们也就不可能对其作出正确的评价和判断,进一步的制度选择也就很难进行。这就决定了任何一种制度安排和制度结构都有其相对的稳定性。"[①]

3. 增强中央政策的协调性

这里的中央政策的协调性主要是指中央各部门之间的政策要避免互相冲突,另外各部门出台的政策也不得与中央政府的政策相抵触。在中国,由于中央政府各部门都是相对独立的利益主体,都有相对独立的利益,特别是现阶段中国处在体制转轨时期,政策制定协调机制还不健全,所以中央各部门之间政策互相冲突、各部门政策和中央政策相抵触的情况还时有发生。对于地方政府而言,中央政策和中央各部门政策都制约着其制度创新行为,如果中央政策互相冲突,地方政府往往处于左右为难的尴尬境地,这种不协调束缚了地方政府的手脚,阻碍了地方政府制度创新的顺利进行。目前解决中央政策冲突的途径,是应该在中央成立一个专门的政策协调机构,来监督中央各部门的决策行为,使各部门之间的政策尽可能避免冲突,如果发现有互相冲突的情况,也可以促使相关部门对相关规定予以调整使之互相协调。

(三) 加强司法系统的垂直管理,增强地方司法机构的独立性

司法权的地方化问题是影响中国司法机关独立行使司法权的外部

[①] 张曙光:《制度、主体、行为》,中国财政经济出版社1999年版,第136—137页。

因素，由于地方党政机关掌握着当地司法机关的人财物的支配权，从而导致了地方党政机关对司法活动的干预。这种司法权的地方化主要表现在：其一，机构设置的地方化，即司法辖区按行政区划设置，实行的是块块领导；其二，司法机关人事管理的地方化，依照中国宪法和有关法律的规定，各地法院的院长由地方各级人民大会代表选举和罢免，其他法官要由本院院长提请本级权力机关任免，在实际操作中，地方党政领导对司法人员的选任起决定作用；其三，司法经费来源的地方化，即在中国现行司法体制下，由于国家财政支付能力的有限，司法经费完全依靠地方财政供给，其中包括司法人员的社会保障、福利及工作条件等方面。

正是由于中国法院的设置以及法院的人事、财政等归属于地方政权，导致司法权地方化，难以从根本上保证司法独立。消除这种弊端，必须改革现行法院经费和人事制度，加强中央对法院系统的垂直管理，强化中央对地方的监督，以减少地方权力对各级司法工作的影响，保证司法独立。（1）理顺党的领导与司法独立的关系。中国宪法规定，党必须在宪法和法律范围内活动。但坚持党的领导又是我们的根本原则。所以在具体法律实践中，党的作用往往高于宪法和法律。在地方工作中也实际存在着不少以党代政，以党代法的问题。中国司法工作不独立于中国共产党，与西方国家的司法独立于其他机关、政党和个人不同。所以必须认识到司法独立与党的领导不是对立的，而是在党中央的集中领导下，审判职能和审判业务上的相对独立。党对司法工作的领导是党的活动的重要组成部分，司法工作在总体上必须同党的政治原则相一致，以保证司法工作的正确方向。法律是党领导制定的，司法机关严格依法审判是最好的贯彻党的领导。司法独立不是不要党的领导、削弱党的领导，而是要加强、改革和完善党的领导，改变党的领导方法和方略。党的领导主要是政治、方针、组织领导，而非直接干预法院的具体审判工作。（2）建立独立统一高效运作的司法组织体系。取消现行的司法机关的设置和管辖行政区域的划分与级别，建立跨行政区域和级别的司法体制，以摆脱地方对司法机关的控制。[①] 按照国家的地理位置、人文情况和司法资源优化配置和使用的原则,将全国划分为若干个司法区。[②] 建立统一而独立的司法系统,不仅可以保证司法机关工作的独立运行,维护国家法制的统一和尊严,而且可以摆脱地方对司法机关的控制,防止各种既得利益者的干扰和地方保护主义,保障司法独立的实现。(3) 建立上下垂直的人事制度。取消现行的地方司法机关的行政领导和司法人员由地方各级权力机关选举、委任和罢免以及就地任职的方式,改由最高司法机关的行政长官提名,报请全国人大常委会批准后任命和调配,使各院长及其法官流动起来。这样既有利于人才交流,推动落后地区司法工作的开展,又可以割断地方党委和地方政府对司法机关的控制和干涉,防止司法权的地方化。(4) 建立独立而统一的司法财政体系。改变现行的司法机关的各种经费由原来的各地方政府负担的方式,改由中央人民政府财政统一拨款负责,由最高司法机关集中统一管理,并根据各级司法机关的实际情况作出统一预算后,按照一定的比例拨给全国各级司法机关。这样可以避免各级司法机关与地方各级政府的依附关系,斩断地方政府与地方各级司法机关千丝万缕的关系网,阻止地方司法机关演变为"地方的"司法机关,铲除各种地方保护主义庇护所的温床。(5) 切实追究干预法院独立审判者的法律责任。根据宪法规定,人民法院依法独立行使审判权,不受行政机关、社会团体和个人的干涉。法官法规定,行政机关、社会团体或者个人干涉法官依法审判案件的应当依法追究其责任。切实落实这一法律规定,严惩干涉法官审判者的责任。

(四) 进一步完善分税制,增强地方政府制度创新的动力

1994 年推行的分税制对于界定中央和地方利益特别是保障中央利益方面起到了积极作用,然而,这一制度本身还依然保留着许多不

---

① 曹南屏:《论司法公正及其制度保障》,载张卫平主编《司法改革论评》,中国法制出版社 2001 年版,第 186 页。
② 龚祥瑞:《西方国家司法制度》,北京大学出版社 1993 年版,第 3 页。

规范、不完善之处，对维护和增进地方利益、增强地方政府制度创新的动力产生了不利的影响。目前，要保障地方政府的经济利益，增强地方政府制度创新的动力，关键是要完善分税制。

1. 合理界定事权范围

党的十六届三中全会提出了中央与地方在经济管理权限的原则。"按照中央统一领导、充分发挥地方主动性积极性的原则，明确中央和地方对经济调节、市场监管、社会管理、公共服务方面的管理责权。属于全国性和跨省（自治区、直辖市）的事务，由中央管理，以保证国家法制统一、政令统一和市场统一。属于面向本行政区域的地方性事务，由地方管理，以提高工作效率、降低管理成本、增强行政活力。属于中央和地方共同管理的事务，要区别不同情况，明确各自的管理范围，分清主次责任。"[①] 中国的社会主义市场经济，是市场在国家宏观调控基础上对资源配置起基础性的作用。因此，在中国，与宏观调控相关的一切事务均应由中央政府负责，即中央政府统一领导全国的经济建设，制定有关的方针、政策、法规和决议，并拥有与宏观调控相适应的一切权力，如决策权、规划权、干预权和重点项目的投资权。地方政府在实施中央方针、政策、法规、决策的前提下，掌握本区域内地区性经济的决策权、规划权、调控权和投资权。在划分了中央和地方政府各自职责范围的前提下，还不应忽视所谓"交叉性"事权的划分问题。处理这类问题的基本原则是，对于中央和地方共有的职能，在地方政府管辖范围之内的事务由地方负责，超出地方政府管辖范围的事务，由中央政府负责或进行协调。

2. 赋予地方政府适当的税收权限

大多数实行分税制的国家在保持中央主导地位的前提下，都赋予地方一定的税收管理权限。针对中国的具体国情和目前税收管理权限的现状，首先，应当制定具有指导意义的税收基本法，以法律的形式

---

① 《中共中央关于完善社会主义市场经济体制若干问题的决定》，http：//finance.sina.com.cn/china/20031022/0843483541.shtml。

规范中央和地方税收管理的权限，进一步明确地方税的性质、立法原则、管理体制等。其次，在地方税收管理权限划分上实行分类分级管理。（1）中央税和共享税的税收立法权、征收权和管理权完全集中于中央，以保持中央税和共享税管理权限的完整和统一，维护中央的利益，增强宏观调控能力。（2）对在全国统一开征且对宏观经济影响较大的地方税，即地方税中的重要税种，包括营业税、个人所得税、土地增值税等，其税收立法权、税率确定和调整权、减免权等都应集中于中央，地方只拥有征收权。其目的在于，在分级财政的前提下实行合理的集中，保持大的税收政策的全国统一，防止和拆除"税收篱笆"。（3）对全国统一开征但对宏观经济影响较小的地方税，即地方税中的次要税种，在立法权归中央的前提下，地方政府可拥有一定的税收管理权，即地方政府有权在中央规定的基本法规基础上，根据本地区的实际情况，对具体的开征范围、税目的设计、税率的确定进行调整。（4）地方根据当地的资源特色，有决定开征某些地方税的权力。这样，既有利于全国统一市场的形成和中央宏观调控作用的发挥，又有利于地方因地制宜，保证地方财政收入的稳定增长。同时，也可以有效地抑制和杜绝地方擅自越权和乱收费、乱摊派等现象，真正以法律形式规范地方财政收入。另外，在赋予地方政府税收立法权限的同时，也要加强对地方政府税收权限的监督。这样，在有利于扩大地方税收管理权限的同时，又将地方税权的运用纳入中央的宏观调控体系中，从而保持全国税收政策和税收制度的基本统一。

3. 建立一个科学合理的地方税体系，保持地方税收收入的适度规模

建立一个税种设置科学、税源稳定、适合地方特点的地方税体系，是实行分税财政体制的基础。虽然分税制并不要求地方政府完全依靠地方税收收入满足其支出需要，中央政府还要通过转移支付制度来调节各级政府间的财力分配，但如果地方政府税收收入过少，将会影响地方财政的独立性和税收调节作用的有效发挥。因此，科学合理地确定地方主体税种，是健全和完善地方税收体系的重要内容，也是

进一步深化分税制改革的客观要求。在分级财政的条件下，地方政府承担着提供区域性公共产品的职责，相应地，地方财政需要拥有足额和相对稳定的收入来源，地方税制中应该拥有赖以取得稳定收入的主体税种，形成税基广泛、结构合理的地方税体系。过去，我们习惯于把零星税种划归地方，这是造成地方税收收入规模过小、地方税不成体系的原因所在。根据中国当前的经济发展水平和税制结构现状，借鉴国际上的成功经验，可考虑将财产税、营业税、城市维护建设税作为中国地方税的主体税种。其原因在于：从发达国家的经验来看，其地方税体系大都以财产税类作为主体税种。财产税的税基一般不会发生地区间的转移，也无法偷逃税，十分稳固，是有效筹集财政收入的手段。财产税还具有十分重要的经济、社会调节功能，可通过调节财产所有者由于财产的规模、数量等因素而获得的某些级差收益，调节贫富悬殊，缩小贫富差距，从而有利于社会的稳定和发展。

（五）完善地方政府领导管理体制，引导和规范地方政府制度创新

1. 完善地方政府领导任免制度

首先，扩大地方对当地政府领导的选择权。虽然按照法律规定，地方党政领导人是由地方民主选举产生，但在实际运作中，省级党政领导人要经中共中央书记处的提名，并经中央政治局同意，才能当选。没有中央政治局的同意和认可，就不可能作为候选人提到人民代表大会或党代表大会的主席团上。省一级其他主要干部，也要经中共中央书记处的批准后任命或当选。在省一级以下的地市县，中共的省委书记、省委常委则严格控制着主要干部的提名或任命。这样，地方政府领导要坐稳位子，并有望升迁，就要对中央和上级政府表示忠诚。1992年的省县政府换届选举，在实行差额选举的情况下，中央和地方党组织推荐的候选人在一些地方落选，引起了极大的震撼，表明地方在选择本地政府领导方面开始对中央和上级政府说不了。然而目前地方政府领导实际上主要由中央或上级政府决定的状况依然没有太大的变化。只要地方没有掌握对当地政府主要领导的实质的决定权，地方政府制度创新受制于中央或上级政府的局面就不会改变。

其次，积极推进干部选拔的公开化。一是要扩大群众的知情权、参与权、选择权和监督权。把坚持党管干部同走群众路线有机结合起来是有中国特色的干部制度的一个鲜明特点。要认真贯彻群众公认原则，坚持走群众路线，坚持和完善民主推荐、民意测验和民主评议制度；积极试行考察工作预告制度、差额考察制度、考察结果通报制度；积极推广领导干部任前公示制并扩大公示的范围。二是要积极推行公开选拔领导干部和党政机关干部竞争上岗制度。公开选拔领导干部和党政机关干部竞争上岗，是干部选拔任用工作中坚持党管干部原则与扩大民主的有机结合，也是经过多年探索实践形成的比较成熟的做法。这种方式体现了"公开、平等、竞争、择优"的原则，变"伯乐相马"为"赛场选马"，拓宽了用人视野，有利于优秀人才脱颖而出。要经过几年努力，使党政机关内设机构领导职务出现空缺时，尽可能采取竞争上岗的方式确定任职人选；逐步规范、完善公开选拔、竞争上岗工作的程序和方法。

最后，要充分发扬党内民主。在党委讨论决定干部时，坚持民主集中制，建立健全规范化的民主议事规则和工作机制，发挥全委会和常委会集体决策的作用。地方政府领导班子正职的拟任人选和推荐人选，逐步做到由上级党委提名，党的委员会全体会议审议，进行无记名投票表决；在全会闭会期间，可由党委常委会做出决定，在决定前征求全委会成员的意见。各级党委决定其他干部的任免，也要在充分酝酿和协商的基础上进行表决。

2. 改进地方政府领导考核制度

第一，重新构建科学的考核标准体系。（1）全面的标准。一方面，必须转变目前普遍存在的"唯 GDP 论英雄"的单一考核体系，以"全面发展"为导向和目标，从经济与社会、人口与自然等综合、协调、系统发展的角度全方位考核各级干部。具体就是经济发展指标，社会发展和自然环境指标三大类。另一方面，考核的各方面内容也要全面。在经济发展指标中要综合考核人均GDP、人均工资和收入、消费能力、生活质量、农民收入和农民负担、农村城市化、招商引资、扩大内需等方面；在社会发展指标中要包括就业和失业、人口增长、收入分配平等程度、教育投入（特别是农村教育投入）和文化发展、综合道德水准、社会养老、医疗保障、贫困救助以及危机应急能力等；自然与环境指标中要包括环保、绿化面积、空气和水的质量、可持续发展能力；等等。（2）可持续性标准。地方政府制度创新中存在的短期行为与当前地方政府领导的绩效考核标准缺乏可持续性是密不可分的，矫正地方政府的这种短期行为的根本措施就在于在绩效评估中引入可持续标准，使地方政府把区域经济发展规划作为一项长期投资行为，进行长远的考虑与设计，重视经济、社会、自然的可持续发展。

第二，改进考核方法。具体地说：（1）变"官考官"为"民考官"。就是坚持对群众负责以及由群众考核的原则，让人民群众成为对各级官员的考核主体，改变现行的干部政绩考核制度中"官考官"的弊端。政府官员创造的"政绩"是造福一方、为民谋利还是劳民伤财，感受最深切，看得最清楚，也最有评判权的，还是基层广大群众。因此，改革干部政绩考核制度，就要提高干部考核的"民主含量"，把重点放在改变"官考官"格局，请更多真正的"人民"当上"考核官"。（2）坚持考核指标体系的公开性以及透明度原则，使各项有关全面发展的指标体系能够受到人民群众的公开监督，以增加干部考核的透明度和公正性，同时也可以进一步提高考核的效率。（3）变定期考核为动态考核。注意运用届前、届中和年度考核结果，注重发挥后备干部人才库作用，经常对干部进行考核，及时掌握干部的情况，实现干部考核由被动方式向主动方式转变。（4）变定性考核为定性与定量相结合的考核。就是坚持考核指标的"数量化"原则，坚持全面性、协调性和可持续性标准对干部进行定性分析的同时，对现行的"德、能、勤、绩"具体指标进一步量化，避免考核指标的空洞和抽象，实现干部考核内容由定性方式向定量方式的转变。(5) 干部考核要在坚持传统的民意测验、民主推荐、个别谈话方式的基础上，引入测试、模拟、述职、演讲、答辩等多种有效的方法，实现由单一方式向多种方式的转变。(6) 要建立考核举报、考核申诉、考核结果反馈、考核结果运用等配套制度，发挥干部考核的作用。

第三，提高考核者素质，建立健全干部考核责任制。首先，要提高考核者素质。"打铁还需自身硬"，考核者的素质在一定程度上决定着考核的效果。王怀忠在安徽时曾对一名下属说："只要你能搞出政绩，就算你能，能上，但关键不是让百姓看到政绩，要让我看到政绩。"如果让王怀忠之类的人来考核干部，不出问题才不正常呢！因此，改变目前干部考核中存在的问题，关键的一项就是提高考核者素质，建立一支素质过硬的考核队伍。其次，要建立考核责任追究机制。要明确考核者的责任，规范考核工作程序，严肃考核纪律，把考核工作置于干部和群众的监督之下。对在考核工作中不坚持原则，不认真负责，甚至有意隐瞒事实真相，造成考核结果严重失真的，要追究考核者的责任。

3. 加强对地方政府领导的监督

根据新制度经济学的观点，地方政府领导也是"经济人"，也要追求自身利益的最大化，又由于地方政府领导在地方政府制度创新中的地位和作用，地方政府领导的行为在很大程度上决定着地方政府制度创新的效果。而目前，中国地方政府制度创新中存在的一些问题也与地方政府领导片面追求自身利益的不良行为有关。因此加强对地方政府领导的监督，使之在推动地方政府制度创新的活动中，能够把个人利益与地方社会利益结合起来，防止为了个人利益而损害地方社会利益。其一，要把领导班子特别是"一把手"在政治立场、民主决策、选人用人、廉洁自律等方面的情况，作为监督的主要内容。其二，要建立健全包括党内监督、法律监督、群众监督、民主党派监督、舆论监督在内的高效率的立体监督网络。要认真执行政务公开制度、领导干部财产申报制度、离任审计制度、重大事项报告制度，完善干部谈话制度和诫勉制度,以及组织部门和纪检监察部门联席会议制度,加强对干部的日常管理和监督。要强化领导班子的内部监督,建立领导班子内部监督制度,改进和完善党员领导干部民主生活会制度。要加强上级组织对下级领导班子成员特别是"一把手"的监督,并注意把组织监督和群众监督有机地结合起来。要拓宽监督渠道,积极支持人大代表、政协委员的评议监督和人民群众、新闻媒体等各方面的监督。要研究建立领导干部引咎辞职制度和弹劾罢免制度。其三,要加强制度建设,研究制定有关法规和制度,明确各有关监督主体的权利、责任,规范监督行为,实行依法监督。同时,要加强对干部选拔任用工作的监督,要把监督关口前移,实施全程监督。

(六) 加快政府职能转变,进一步调整地方政府在制度创新中的角色

地方政府制度创新分为中央推动的制度创新、地方政府主动的制度创新、地方政府和地方社会共同进行的制度创新,在这三种制度创新中地方政府分别主要扮演了代理者、主导者(初级行动集团)和协作者(次级行动集团)的角色。考察中国地方政府的制度创新时可以发现,地方政府经常直接参与本地企业的经营活动,代行了市场的职能。这种创新有其客观必然性,因为在市场机制不健全的情况下,难以诱发微观主体的制度创新,或者即使微观主体有创新的需求和动机,在中央制度进入壁垒的约束下也难以实现创新的愿望,从而使地方政府充当了制度创新的主角,弥补了市场和企业的不足,但其存在明显的弊端。一是造成了政企不分,增加了企业交易过程的环节和费用,也使企业难以独立地走向市场。中央与地方、地方与地方制度目标的冲突等,根源就在于地方政府代行了企业的职能。因为,与企业绑在一起后,地方政府就难免会从本位主义出发,在其权力范围内施行有利于本地企业的制度安排,从而与其他地区和中央的制度变迁目标发生冲突。一方面,地方政府过多地干预市场,出现了制度供给过剩;另一方面,在公共产品的问题上却出现了制度供给不足。

下篇 中国国家治理的当代变迁

要走出这一困境,就要地方政府转变职能,"切实把政府经济管理职能转到主要为市场主体服务和创造良好发展环境上来。"[①] 而要做到这一点,关键是必须处理好与政府、企业和市场的关系。一要处理好政府与市场的关系。政府与市场的关系是地方政府的职能定位中一个基本的问题,也是地方政府制度创新最重要的突破口。地方政府要逐渐从代替市场到退出市场,即凡是市场能调节的领域交由市场去调节,由市场主体根据需求自主实施制度创新,政府则主要作为市场秩序的维护者而发挥作用。政府退出市场职能领域后,在产权多元化的基础上,微观主体的诱致性制度创新才能萌生和繁荣,最终达到由政府主导的供给型制度变迁方式向需求诱致性制度变迁方式的转变。只有实现了这一转变,一个国家的制度变迁才会走上良性循环的轨道,持续性的制度均衡才有可能出现。因为,在一个自主和平等的环境中,微观主体能够及时感知和捕捉到获利的机会,并在自愿和一致的基础上,通过排除外部性和搭便车等问题,最终完成制度创新。这种制度创新,更有利于转化为人们的自觉行为,使"集体行动控制个体行动",达到制度创新的预期效果。二要处理好政府与企业的关系。张维迎说:"哪一个国家,哪一个地方,政府在处理企业问题上花的精力越多,企业在处理与政府关系上花的精力越多,这个国家就越落后。"[②] 政府与企业的职能必须分离,企业是市场经济的主体,政府是市场主体的监督者和服务者,政府对企业的事不能过多干预,政府要把属于企业的职能交给企业,才能使企业真正搞活,政府与企业的关系也是政府制度创新的突破口之一。中国转型时期地方政府为主导的制度创新活动,必然过渡到以企业为核心的制度创新活动。通过政企分开,使政府从万能型政府向有所为、有所不为的有限型政府转化,随着市场制度的完善,企业的市场能力增强,地方政府将逐渐退出制度创新的主角行列,而把创新的主角位置让渡给企业,届时企业

[①] 《中共中央关于完善社会主义市场经济体制若干问题的决定》,http://finance.sina.com.cn/china/20031022/0843483541.shtml。

[②] 张维迎:《产权、政府与信誉》,生活·读书·新知三联书店2001年版,第210页。

成为真正的创新主体。三要处理好政府与社会的关系。在体制转型期，政府要培养社会的自我管理能力，但并不是政府不管经济，而是"如何去管"经济，建立起"小政府、大社会"的格局，凡是应该由社会办的事，都要交给社会去办。处理好政府与社会的关系同样是政府制度创新的突破口。

（七）改进地方决策体制，提高政府制度创新的质量

党的十六大报告明确指出："正确决策是各项工作成功的重要前提。要完善深入了解民情、充分反映民意、广泛集中民智、切实珍惜民力的决策机制，推进决策科学化民主化。各级决策机关都要完善重大决策的规则和程序，建立社情民意反映制度，建立与群众利益密切相关的重大事项社会公示制度和社会听证制度，完善专家咨询制度，实行决策的论证制和责任制，防止决策的随意性。"[1] 按照党的十六大报告的精神，改进地方政府决策体制，应该从以下几方面着手。

1. 扩大地方重大决策的公众参与

地方政府进行的制度创新都是和当地社会各主体利益紧密相连的，地方政府的决策应该吸收广大社会公众的参与，这是保障他们利益的要求。随着社会的不断发展，社会事务日趋复杂，行政决策的范围越来越广，单靠政府的决策，不能保证决策科学、有效。再者，地方政府决策吸收公众参与，在政策制定过程中使各种利益互相碰撞、协调，使制定出的政策能够反映各方面的利益要求，这样也有利于政策的执行。缺乏公众参与是目前地方重大决策失误不断出现的重要原因，扩大公众参与要做到以下几点：

首先，明确界定公民参与范围。公众要直接参与每一项公共决策实非可能，要合理地界定公民参与范围，以使公共决策不至陷于"难以抉择"的境地。一是对事关地方发展全局性的规划，应通过多种形

---

[1] 江泽民：《全面建设小康社会，开创中国特色社会主义事业新局面——在中国共产党第十六次全国代表大会上的报告》。

式吸收公民参与到决策过程中来；二是对公民切身利益相关性较大的决策，尤其是涉及侵害公民现有利益的决策，必须要有公民参与才能有效；三是除必要保密的文件外，其他政府决策一律向公民公开，并允许索取。其次，扩大公众参与途径。中国公众参与公共决策的途径远远不能满足公众的参与要求，政府要逐步扩大公众参与的途径。地方政府可以将政府决策方案通过各种形式公布于众，以接受公众的评论，并对各种评议的意见记录在案。对于一些地方重大决策方案，应采用投票表决方式，让公众享有地方重大事务的选择权。地方政府在进行重大决策时，可举行听证会，让公众参与了解政府决策的目的、意义和可行性等相关情况。要逐步扩大听证程序的适用范围。要对听证会中的主体、当事人和参与者以及听证的原则、步骤方式和具体程序做出详尽规定，使听证制度具有可操作性，便于实行。这样不仅保障了当事人的权益，扩大民主参与的范围，而且有利于听证制度的良性发展。最后，要保障公众参与的热情。没有保障的民主是虚假的民主，同样，没有保障的公众参与也起不到应有的作用。不少地方政府都承认公民的参与权，但实际上由于多方面的原因，公众参与公共政策制定的作用还没有得到保证。地方政府要尽可能为公众参与提供便利的条件，降低公众参与决策的成本，不应该让参与公共事务决策所需的时间、精力和财力，超出了公民的承受能力或超过了预期确定可得的利益，而剥夺公民参与公共事务决策的权利。政府要切实维护公众参与的有效性和权威性，及时反馈公众参与的结果，让公众感到参与的效果，增强继续参与的热情。

2. 健全决策程序，改进决策方式

在政策决策的过程中，科学程序的遵循是政策具有有效性、科学性和政策制定效率化、法制化的一个重要保证。目前，许多地方政府决策没有经过长期的调查研究，没有经过认真的理论分析，没有经过详细的专家论证，没有经过广泛的充分讨论，少数领导者想当然，甚至凭一时冲动决策的情形并未绝迹，这种主观随意决策、重复决策、错误决策与决策程序不科学、决策方式不合理密切相关。科学民主的决策程序为：先由专家学者对政策方案进行科学的论证和周密的设计；而后经过各方协商讨论，最后由决策部门进行方案的优选和制定。而在中国许多地方，具体的政策出台前，往往缺乏专家学者的客观论证。一般是决策部门已经制订出方案，然后才邀请专家学者进行论证，参加论证的人往往对方案的具体内容和详细情况并未有深入的了解，难以有充分的准备，只能临时发表一些一般性的意见，最终的取舍还得视是否符合决策者本身的需要而定，这样的论证只能是流于形式。审议过程中常会出现独断专行，有时虽然是集体决策，但在集体审议过程中，决策者个人和利益群体又会过度地要求政策能充分满足他们的本位利益，形成不同的利益倾斜，各执一词，甚至是各行其是，议而不决，最终只能是妥协和折中，这就使政策分析判断难以达到公正客观，直到造成政策效果的偏废。决策程序是决策过程各个环节和步骤的逻辑顺序，科学的决策程序揭示了决策活动的必然过程，是决策固有规律的重要反映。同时，我们还必须认真借鉴西方的决策经验，不断创新决策方式，完全实现由经验型决策向现代化决策的彻底转变，进一步实现决策方式、方法和手段的现代化。在国外尤其是西方发达国家，公共政策或政策研究已经成为一门科学，已经形成了一套比较成熟的政策研究或公共政策的理论、方法及技术，特别是一整套定性分析、定量分析、决策模型和创造性思维的方法及技术，对克服目前中国决策方式、方法和手段的落后状况具有重要的借鉴意义。

3. 完善决策责任追究制度

决策失误追究制度不完善是许多地方出现重大决策失误的又一重要原因。决策责任追究涉及决策制约权的建立和运用问题，目前，中国地方政府决策者的选择权（拍板）很充分、集中，但对其决策主观性、随意性、机械性的制约则远远不够，导致决策频频失误又无法追究，并形成恶性循环。决策失误尤其是高层行政决策失误所造成的损失，可能比贪污腐败的危害更大，这种例子不胜枚举。长期以来，对这方面的责任追究并不多，大多是以"经验不足""情况变化"等借口而将决策者或换岗或异地任职，而这种迁就纵容了一些地方政府，他们不仅不想办法改进决策质量，甚至会变本加厉故意犯错，从失误决策中牟取私利。因此，必须建立健全决策失误责任追究制，加强对决策工作的考核、监督机制的建设，使决策主体把权力和责任有机结合起来，增强其责任感，以减少决策失误。对那些不搞民主、科学决策而造成重大损失的决策者要从行政上、法律上追究其责任。首先，要分解决策权力，权力过大容易失去制约，失去制约的权力必然会被滥用。其次，要落实责任，按"谁主管谁负责"的原则，明确"谁决策谁负责"的责任制，尤其对重大事件的决策更应如此。最后，要实行终生追究，特别是一些重大决策、重大建筑工程项目更应如此，不论在什么时候暴露出来问题，也不论其职务和岗位发生了什么变化，都应该追究其责任，避免领导干部的短期行为和侥幸心理。

大数据时代的政府治理分析[*]

大数据时代的到来深刻地影响着我们每个人的工作与生活,改变着政府的决策过程与治理方式。牛津大学教授维克托·迈尔-舍恩伯格在其著作《大数据时代》中说:"大数据是人们获得新的认知、创造新的价值的源泉;大数据还是改变市场、组织机构,以及政府与公民关系的方法。"[①] 李克强总理也曾经强调:"不论是政府简政放权、放管结合,还是推进新型工业化、城镇化、农业现代化,都要依靠大数据、云计算。所以,它应该是大势所趋,是一个潮流。"[②] 因此,研究大数据时代政府治理的变化对于建设创新型政府、提升政府治理能力具有重大意义。

一 大数据在政府治理中的作用

(一)大数据能够推动公共决策的科学化

决策能力是政府治理的核心要素,而决策的科学性在政府决策中尤为重要,运用大数据技术能够提高政府决策的科学性。首先,大数据时代,数据成为政府决策的基本依据,数据来源于客观事实,反映

---

[*] 原载《郑州大学学报》(哲学社会科学版)2015年第6期。
[①] [英]维克托·迈尔-舍恩伯格、[英]肯尼思·库克耶:《大数据时代》,盛杨燕、周涛译,浙江人民出版社2013年版,第9页。
[②] 王秀琼、韩淼:《李克强的"大数据观"》,http://www.xinhuanet.com/politics/2015-02/17/c_127506615.htm。

着实际问题,政府运用大数据技术,使决策的产生建立在科学完整的数据收集、分析的基础上,极大地增强了政府决策的科学性与精准性。同时,大数据使公共政策的实施处于全程可监督状态之下,数据实时反馈的信息反映着政策的实际效果与执行状况,为政府持续改进公共决策与管理提供预警与纠偏可能。其次,大数据为公共决策的社会化提供强有力的支持。通过大数据技术,政府可以在网络上进行广泛的民意调查与意见征询,使公民的建议和意见及时地汇总到政府信息库中,充分发挥人民群众的智慧与力量,使决策不再是政府单一的行为,为科学决策提供社会基础。通过对网站新闻、热门微博、论坛留言的深度分析,政府可以及时把握公众关注的热点问题和群众的实际需求,采取措施回应公众焦点,使决策最大限度上符合群众利益。总之,大数据时代的政府决策将逐渐摆脱经验和人治的影响,政策的制定将日益基于数据分析与社会实际做出,从而为公共决策的科学化提供坚实的基础。

(二) 大数据能够提升政府公共安全治理能力

公共秩序和社会安全直接关系到国家稳定,是政府治理的重要内容。大数据拥有巨大的信息处理和分析能力,政府应用大数据的这些优势对数据进行挖掘分析,可以加强对社会的监管,提升社会管理水平,维护公共秩序以预防安全性事故的发生。2014年12月31日上海外滩陈毅广场发生踩踏事件造成36人死亡、47人受伤,本应是幸福快乐的跨年活动却变成了一场公共安全事故。这场悲剧发生的最大原因就是特定空间内人员密集度过高。有学者研究指出,将行人垂直投影到地面上,所占面积大约为 $0.2m^2$,也即每平方米最多站5个人,而这时已濒临人群高密度状态,极易引发人群拥挤事故。[①] 而上海外滩踩踏事故发生点附近一平方米有6人到7人,严重超过了危险标准。如果相关部门及早采用大数据对大型公共活动进行监控,则可以

---

① 卢春霞:《拥挤人群中的挤压分析》,《交通运输系统工程与信息》2007年第2期。

避免类似的悲剧。如今，几乎每个人身上都配有一部手机，手机就成为移动的大数据来源，通过特定景点手机信号分布热力图，结合手机定位系统，系统可以迅速地得出某个景点的实时人员密度情况，一旦人员密度临近预警阀门，系统即自动向政府安全部门报警，并向该区域人员手机发送疏散提醒，这就给公安部门组织群众疏散提供了确切的时机和宝贵的时间。因此，将大数据运用于政府治理中完全可以增强社会监管能力，降低事故带来的危害，避免悲剧的发生。

（三）大数据可以提升政府公共服务水平

随着社会经济的发展与全球化的影响，人民群众对于政府公共服务需求的范围越来越大，要求越来越高。如今，依托大数据技术，世界各大型城市都在进行"智慧城市"建设。新加坡正在建立智能交通系统，该系统运用物联网和大数据技术，将城市道路主要节点的监控系统连接起来，实时监控和汇报道路信息，一旦发生交通堵塞或交通事故，政府控制中心便可及时获知信息并采取调整信号灯时间分配，车载广播通知引导等措施分流车辆，及时恢复道路通畅。同时公民在出行前可以通过智能手机等终端连接城市交通中心，获得交通状况信息和最佳出行路线。智慧城市的应用不仅方便了城市管理者和公民的生活，并且降低了大量的管理成本，减少了不必要的时间与资源浪费。除了运用于城市管理，大数据在公民医疗服务方面也大有可为。医疗卫生部门可以为公民建立统一的医疗档案和电子病历，汇集公民的医疗记录和历年体检结果，及时跟踪公民的健康状况，根据不同公民的健康状况和职业特点，精细化地向每位公民推送不同的健康知识与医疗信息，将医疗保障从得病后的治疗拓展到健康的维护与保养。统一医疗档案的建立也方便了公民的异地就医和急诊处理，医生只要调取该公民的电子医疗档案即可获知其身体状况、病因病情，这不仅能够减少医疗资源的浪费，而且也为紧急病人的救护抢得宝贵的时间。总之，大数据时代政府可提供的公共服务产品将大大拓展，公共服务质量极大地提高，服务内容也将更加个性化和人性化，同时公共服务成本大大降低,公民对于政府的满意度也会大幅提高。

(四) 大数据有助于提高政府网络治理能力

网络技术的迅猛发展,给政府治理带来了巨大的挑战。大数据技术则可以成为政府有效治理网络的得力工具。大数据本身就代表着预测能力,建立在相关分析基础上的预测是大数据的核心。政府运用数据挖掘技术能够及时发现社会焦点问题,将分散的事件有序地关联起来,通过公式计算出各种问题和危机发生的概率,从而为危机预警和危机化解提供了可能。特别是在中国社会转型的特殊时期,由网络引发和激化的群体性事件时有发生,对国家的稳定与社会的和谐造成了不小的挑战。政府利用大数据技术,对网络焦点问题及言论进行筛选,及时获得网络群体的观点和动态,感知网络舆情的变化,对超出危险预警的事件使用技术手段对网络舆论进行引导与管理,缓解和对冲网络负面情绪,并及时采取相应措施解决现实问题,避免群体性事件的发生以维护社会的稳定与群众的利益。

此外,运用大数据技术还可以寻找危机和网络暴力的源头真相。近年来,部分网络推手和微博公知为了自身特定目的编造一些蛊惑人心的谣言在网络上兴风造雨,对一些社会热点问题推波助澜,故意夸大和曲解事实,造成了恶劣的舆论影响。互联网的隐秘性和网络信息的庞大使得对于这些人的调查效果不佳,如今利用大数据技术,可以有效地解决这一难题,还原危机真相。大数据技术允许政府对社交媒体的海量数据进行筛选和整理,对于网络舆论的传播进行逆向分析和精准捕捉,从而找出舆论产生的起因和散播者、信息传播的过程与渠道,进而有效地还原网络群体危机发生的真相,维护政府的公信力。

(五) 大数据有利于加强政府与社会治理其他主体的合作

在传统的社会治理中,政府几乎是唯一的治理主体,而随着社会多元化的发展与社会事务的复杂化,政府治理迫切需要多元治理主体的参与,以形成全方位的治理力量,而大数据时代的到来则为解决这一问题提供了便利之路。大数据时代政府将以更加开放的心态面对公众参与，而互联网新媒体、微信微博等社交平台与大数据技术的有效结合为公众参与政府治理提供了新的空间。通过这些平台，公众能够突破时间和空间的限制更加便利地与政府进行沟通，及时反馈社会发展动态，有序参与政策制定。由此，政府与公众之间有序的协同配合，共同开展社会治理工作，形成政府主导、公众参与、多元协同配合共同治理的新格局。

除了社会公众外，企业等社会组织也成为公共治理中的重要参与主体。在大数据时代，数据作为一种无形资产成为一种权力，任何拥有一定影响力的数据的组织就能构成一个权力中心，进而影响政府治理过程与决策。其中大型公司特别是互联网公司的力量尤其受到重视，这些公司凭借所拥有的大量社会数据和先进的大数据处理技术，可以协助政府从海量数据中挖掘对社会治理有利的信息并进行分析和预测，甚至替代政府的一部分职能。例如互联网巨头谷歌公司，每天接受全球超过30亿条的搜索请求，是最为庞大的数据拥有公司。该公司的工程师通过把美国人网上特定搜索词条与美国疾控中心流感数据进行比较后建立数学模型，成功地在2009年甲型流感暴发几周之前预测流感的暴发，并对公众进行预警。后来谷歌的预测被证明完全正确，这极大地证明了大数据的使用价值，也使得美国政府更为重视大型数据掌控公司在政府治理中的作用。

（六）大数据有利于提高政府绩效评估的有效性

在传统的社会治理中，政府处于主导地位，治理过程缺乏必要的监督，政府工作容易出现行政不作为、贪污腐败等问题。现代社会治理的特征就包括公开与透明，要求各治理主体公开必要的信息和数据。随着网络政务的全面开展，数字化办公的推广，政府信息化水平不断提升和大数据的应用，这就为量化政府活动提供了前提。数据将在政府绩效评估中占据越来越重要的位置，政府的年度预算计划、资金使用动向、政策制定类型、政务公开力度、危机应对效果等政府工作的各方面都以数据化的形式系统地展现在社会公众面前,人大和社会组织可以便利地将政府历年的工作状况进行纵向对比,将同级部门之间的工作进行横向比较,以此对政府工作进行科学有效的考核。

二 大数据时代政府治理面临的现实困境

(一)数据预测的片面性可能误导政府决策

大数据时代要谨防数据崇拜的发生,数据作为政府治理的重要标准和助手,发挥着重要的作用,但是数据治理不能完全代替人的判断,特别是数据可能存在着不足和缺陷。就连《大数据时代》的作者舍恩伯格也认为:"我们对信息的一些局限性必须给予高度的重视,数据的质量可能会很差;可能是不客观的;可能存在分析错误或者具有误导性;更糟糕的是,数据可能根本达不到量化它的目的。"[1] 他列举的数据缺项在中国现阶段是客观存在的,例如中国城乡互联网用户使用人数存在很大差距,使用网络的人群比例也不同,政府及商业的某些原始数据就有可能错误,数据计算公式的不同,等等。在这样的数据构成基础下通过大数据进行某些问题分析就极易导致错误的结论出现,并对政府决策产生错误的引导。

(二)大数据的低密度价值导致数据分析成本较高

大数据的应用为政府及时监管社会状况、迅速处理危机等治理方面带来便利,但同时大数据处理也引发成本过高的问题。大数据时代最为明显的特征是数据量极为庞大,数据规模从 TB 上升到 PB 甚至是 EB 级别,社会各方面数据每时每刻都在产生,并且呈现爆炸式的增长态势,导致数据的存储和维护成本大大增加。而在如此大量的数据海洋中有用的信息极为有限,搜索这些信息是极为困难的,这就导

---

[1] [英]维克托·迈尔-舍恩伯格、[英]肯尼思·库克耶:《大数据时代》,盛杨燕、周涛译,浙江人民出版社2013年版,第210页。

致大数据的低密度价值的问题。另外,诸如视频、音频、图片等非结构化数据的比重越来越大,信息的无序排列和碎片化给数据处理带来的挑战越来越高,在数据处理技术没有显著突破的情况下,政府大量运用大数据分析无疑会带来公共财政资金的负担。

(三) 数据拥有主体的分散性带来"信息孤岛"问题

大数据的优势在于数据的完整性,对于问题的分析要求全部数据的运用而不是随机样本的抽取,而信息孤岛问题在中国政府部门的数据信息系统中非常普遍,给数据的应用和分析带来了壁垒。在政府部门中,由于各地区、各单位之间的独立性和差异性,数据库的创建大多是根据本部门需求而建立,没有统一的指导标准或标准协议,各部门数据信息库在操作系统、数据格式、网络协议、应用程序等方面各不相同,形成一个个独立的数据孤岛。由于各部门的数据格式不同导致数据无法流动和共享,阻碍了政府治理中对完整数据的要求,造成数据资源的浪费和数据使用成本的剧增。同时一些部门的小团体观念依然存在,缺乏足够的数据共享观念,为了维护本部门的利益不愿意改变数据格式,使信息孤岛问题难以解决,给大数据的应用带来了一定的难题。在企业中信息和数据孤岛问题更为明显,各公司业务领域不同拥有不同的数据标准格式,各自运行着独立的数据库系统,为了维护商业利益和企业安全,更是不会将自身拥有的数据资源进行共享与整合,这在商业行为中无可厚非,但却给政府运用大数据治理增加了困难。

(四) 人才及创新不足影响了大数据的应用价值

大数据的应用首先需要的是大批高素质的专业人才,但是中国的大数据应用和研发仍处于初始阶段,无论是政府专业应用人员还是大数据专业研发人员都十分匮乏,这使得大数据在中国政府治理中的作用未得到充分体现。在政府部门中,大数据的使用需要既熟悉政府工作流程又具有大数据专业知识及建模能力的公务人员,而现阶段中国政府部门中具有这些特定技能的人员是相对匮乏的。如果在这种人才基础上进行数据分析就很容易出现错误结论，由此导致政策制定错误的严重后果。在企业创新中，中国具有大数据处理和分析能力的公司为数不多，以百度、阿里巴巴、腾讯、浪潮最具实力，相对于创新大国美国而言更是显得力量单薄。在 2014 年统计的 15 大最具实力的大数据公司中，以惠普、甲骨文、亚马逊、微软、谷歌、EMC、IBM、Teradata 等为代表的美国著名公司占据了全部 15 个席位。由此可以看出中国大数据研发能力和技术的差距，急需大量的专业人才充实到大数据研发之中。

（五）大数据可能带来信息安全隐患

大数据时代，公民的个人行为被高度数字化，这些数字化的公民信息作为一个个基本的数据源为政府治理提供了便利。但是，公民的信息哪些属于个人隐私，哪些可以作为公共资源在大数据时代的界定是十分困难的，因此数据的采集本身就面临着合法性的问题。同时，数据使用和存储过程中隐私信息的泄露会带来严重的后果。在大数据时代，每个公民的行为都被高度集中在一起形成公民信息数据库，这个数据库中包含个人教育、工作、消费、兴趣、健康等基本信息，一旦数据信息泄露，不法分子通过这些信息可以对公民的行为进行逆向分析，还原出公民的完整生活状态，利用这些信息可能对公民的隐私安全、财产安全甚至人身安全造成极大的伤害。

在国家层面，大数据带来的信息安全问题更为严重。首先，大数据时代国家信息安全更易受到别国的攻击破坏。美国为了维护其世界霸权，凭借其在互联网领域的绝对优势实施对其他国家的信息窃听计划，涉及领域包括军事机密、经济政策、科研技术、领导人通信等关系到国家安全的各个方面，给被窃听国的国家安全带来极大的隐患。"棱镜门"事件给世界各国敲响了保护国家数据信息安全的警钟。其次，大数据的广泛应用也会导致政府机构、金融部门更易遭受网络黑客的恶意攻击。由于大数据及互联网的广泛应用，国民经济和社会生活的诸多方面都由计算机进行管理和引导，这就给黑客进行攻击提供了更多的机会。网络黑客利用大数据技术对银行、铁路、网络等部门的服务器及数据库系统展开攻击造成系统的瘫痪和信息恶意泄露，将对政府和社会秩序造成极大的影响和破坏。另外，黑客利用大数据对特定公民或企业的信息搜寻和分析，可以发动更为精准的恶意攻击，造成经济损失及社会混乱。

三 提升大数据时代政府治理的有效途径

（一）推动国家层面大数据战略的设立

大数据之于信息社会就如燃料之于工业社会，是发展和创新的力量源泉。历史上的数次工业革命，中国均落后于西方国家，导致国力羸弱落后挨打。如今大数据带来信息时代的新革命，我们与西方国家基本上处于同一起跑线，是增强国家核心竞争力，加速民族复兴不可多得的机遇。鉴于大数据在信息社会如此重要的作用，为了更好地将大数据应用于政府治理和推动社会创新发展，中国政府应在大数据发展中发挥主导作用，建立"国家大数据发展中心"，由国家最高领导人直接负责，制定国家大数据发展战略，统筹各部门各领域大数据的发展规划，详细制定本阶段的主要目标、重点任务、完成期限等。同时，从中央层面推动政府的大数据运用，把各级政府对大数据的收集、整理以及科学运用作为重要的考核标准，与官员的测评升迁直接挂钩，推动中国政府治理信息化水平的提升。

（二）重视大数据人才培养和技术创新

人才素质的高低、数量的多少直接关系到大数据信息的搜集质量和分析使用效果，拥有一批具有大数据思维和专业知识的高素质人才是实现大数据战略的前提与保障。首先，在政府部门可通过集中培训、党校学习、干部遴选等方式，培养和形成一批拥有大数据思维并具有良好业务素养的干部。只有政府官员切实感受到大数据的魅力和价值，才能有效地推动政府治理中大数据的应用，为政府治理能力的提升做出积极贡献。其次，要注重大数据研发人才的培养和吸收。各大高校和科研院所应加大对于数据挖掘、数据分析等专业学生的培养，立足基础知识学习的同时注重实践能力的锻炼，积极开展校企合作，使大数据人才的培养适应于时代的要求与市场的需要。同时注重国外高端大数据人才的引进，积极吸收国际先进的技术及管理经验，使中国成为大数据人才的汇集中心，掌握大数据时代的主动权。最后，要营造良好的创新环境，促进大数据技术的突破和创新。大数据的核心在于技术，技术的突破不仅可以成倍地提高数据分析处理能力，而且能够降低使用成本减少财政负担，促进大数据技术的全面推广。为此政府要提供大数据专项研发资金，提供税收优惠政策，促进科研单位、高校与国内大数据公司之间的合作，共同攻坚大数据的技术难题，为大数据的应用提供科技保证和智力支持。

（三）打破信息孤岛，为大数据资源整合提供前提

大数据时代要求信息开放，数据的流通与共享是大数据整合的前提，是大数据在政府治理中发挥作用的基础。因此，必须整合数据资源，打破信息孤岛造成的数据使用困难。首先，政府部门及科研单位应打破科层制信息壁垒，出台完善的政府大数据使用规则，协调数据端口协议，统一数据输出标准，建立信息共享平台，将各级政府机构的数据库联动起来，保障数据的顺利调配与整合。其次，由于大数据时代互联网企业拥有天然的数据资源优势，应利用好企业的数据资源。对于企业数据的利用，应切实保障企业的数据所有权，鼓励企业进行数据资源开发与创新。涉及政府治理的数据资源，政府可以与企业签订合作协议，以商业形式低价购买企业数据用于公共政策分析，并且开展政企合作，发挥企业的专项优势，在多元化的治理体系中共同致力于国家治理与社会建设。

（四）完善法律法规，推动大数据的科学合理使用

任何事物的健康发展都离不开法律的保障，随着大数据应用越来

越普遍，涉及信息公开、公民隐私、网络安全、知识产权等诸多领域的大数据迫切需要一部"大数据法"的出台。以美国为例，美国曾先后推出了《信息自由法》《信息自由法修正案》《电子信息自由法》《开放政府法》等一系列法律法规，保障了信息的自由流动和大数据的规范运作。根据大数据的发展特点及缺陷不足，中国的大数据法律至少应涉及以下内容：规定政府的信息公开力度以推动数据利用；有效区分个人隐私与公共数据以保护公民隐私权；明确数据信息的采集范围；保护企业数据所有权及知识产权；详细规定对数据泄露的处罚等。相信在大数据法律的保护和推动下，中国的大数据应用会走上更加健康、规范、快速的发展道路。

（五）加强信息安全保护力度，维护社会安全

大数据带来大变革、大价值的同时也会给信息安全带来大的挑战和大的隐患，因此保护国家信息安全至关重要。第一，要加大自主知识产权系统在大数据中的比重。目前中国大数据的许多硬件设施及关键技术大多采用国外的产品和标准，这无形中可能使国家的数据安全置于别人的监控之下。为了保护国家信息安全，着力研发自主产权的芯片、操作系统、数据库等技术显得尤为重要。政府在大数据管理和应用中要逐渐淘汰和替换国外的软硬件设备，将信息安全掌握在自己的手中。第二，国家要提高网络安全技术的能力，建立更为高效的防火墙系统，优化系统架构，加强网络系统风险评估和网络安全监管，不给境内外破坏势力以可乘之机。第三，建立数据分级评估机制，保障公民隐私安全。通过数据安全分级，将混乱的海量数据分为一般数据、个人数据、商业机密、国家机密几个等级，给予不同数据使用单位不同的使用授权。这样在数据使用时，政府或其他数据使用者就可明晰自己的数据使用权限和应用范围，能够切实地保障数据信息的合理使用，避免政府数据泄露和公民隐私安全问题的发生。

浅析微博与政治

一 微博的定义、分类与传播机制

（一）微博的定义

2006年美国Twitter网站的创立，使微博这一概念开始进入人们的视野。新浪微博于2009年正式上线，便迅速获得了大量的用户，2010年更被称为"微博元年"。关于微博的定义，最早是由Twitter创始人Evan Wiiliams提出的，之后从技术应用的角度出发，美国学者Gaonkar和Choudhury将微博定义为一种集合了手机传感器、信息处理、无线网络和空间可视等要素的多媒体博客。从信息传播学的视角出发，学者们大多把微博定义为用户和用户之间用以交换文字、图像和视频链接等信息的一种基于互联网的交流工具。中国学者喻国明先生认为："微博即微型博客（micro-blogginig），是基于有线和无线互联网终端发布精短信息供其他网友共享的即时信息网络，由于用户每次用于更新的信息通常限定于140个字符以内，故此得名。"[①] 其本质就是节点共享的即时信息网络。不过，随着微博技术本身的发展，微博的内涵也必将进一步变化和扩展。

（二）微博的分类

当前关于微博分类的研究，根据微博的提供者不同，学术界基本

[①] 喻国明等：《微博——一种新传播形态的考察》，人民出版社2011年版，第1页。

上都认同微博主要分为门户网站微博和专业性微博两类。门户网站微博是以门户网站为依托而形成和建立的，专业性微博是由微博服务供应商提供的，这些供应商是独立运营自身微博业务的，比如 Twitter 等。国内占主导地位的微博是门户网站微博，而国外则是诸如 Twitter 等专业性微博，其中 Twitter 占绝对主导地位。而根据信息传播方式不同，学术界目前把微博也分为两类，即扁平式微博和放射式微博。扁平式微博的博主的受关注度较低，博主大多是草根阶层，微博也主要是记录博主日常生活的点点滴滴，传播方式呈扁平化状态；而放射式微博的博主主要是社会精英和明星，微博平台上意见领袖起主导作用，信息传播呈现出放射式状态，比如新浪微博和搜狐微博等。此外，随着微博的日渐流行和普及，许多网站也呈现出微博化倾向，可以预见未来的微博种类将更加多样化。

（三）微博的传播机制

关于微博的传播机制特征，学者基本认同微博的传播机制具有聚合式传播和裂变式传播相结合的特征。聚合式传播是指微博网站借助热词和热帖的排名，形成用户聚焦，把微不足道的碎片化的语言形成众多用户关注的热点；而裂变式传播则是信息通过粉丝的关注、评论和转发等，在粉丝的社会网络中间快速传播，而接收到信息的众多粉丝也以同样的方式传播这些信息，从而使信息的传播产生裂变效应，传播速度之快难以想象。微博信息传播的这种特征使得网络社会进入了自媒体时代。信息单向流动的弱点被完全克服，同时由于微博准入的低门槛，使得人人（无论是名人还是普通人，只要具有运用微博的能力）都可以通过微博实现有效交流，从而进一步克服了人与人之间沟通的时间和空间距离，使得人与人之间的沟通更加充分和便捷。此外，微博的信息传播还具有即时性、迅速性、强扩散性等特征。

二 微博对政治的影响

微博之于政治，主要体现在微博对政治的影响上，这种影响有正面的也有负面的。具体而言，微博对政治的影响主要体现在微博对政治管理、政治参与、政治社会化和政治民主的影响上。

（一）微博对政治的正面影响

微博对政治的正面影响，主要体现在微博对政治参与的作用上。政治参与，是普通公民通过各种合法途径和手段参与政治生活进而影响政治体系构成、运行规则和政策过程的行为。显然，政治参与的主体是普通公民，政治参与的对象则是国家公共政治生活。"微博最大的特点是赋予每个个体创造并传播内容的能力，将人与媒体的关系实现从'信息中介'到'关系网络'的转换，从根本上改变社会参与的方式。"[1] 微博语言通俗易懂，传播迅速，使用便捷，各种各样的思想和观点以碎片的形式，而不是以系统化和理论化的形式呈现给用户，用户也以同样的形式来传播自己的思想。用户接收信息和传播信息的权利均可保证，同时由于微博的准入门槛低，普通民众也可以使用微博在网络上接收和传播思想。这就证明微博作为公民政治参与的途径和手段是可行的也是现实的。政治主体在网络上实现了平等化，立体的政治秩序变得越来越扁平化，各种层级限制在网络上不复存在，普通公民的话语权得到了扩大和保证，"话语权，简言之，即是拥有说话的权利。从个人的角度来看，它属于表达权的一部分，是公民个人对于他所关心的公共事务及各种现象发表自己的见解而享有的民主权利"[2]。普通公民也和政治精英一样也可以在网络上传播交流思想，参与国家公共政治生活进而影响政策过程。毫无疑问，精英对

---

[1] 童希：《社会性媒体的传播机制及社会影响——"微博元年：传播与社会"圆桌论坛综述》，《新闻记者》2011年第3期。

[2] 乔文娟：《浅析微博时代公众话语权的提升》，《新闻世界》2012年第1期。

信息资源的垄断被微博打破了,在某种意义上,微博促使精英政治向大众政治快速转变,而在公民政治参与的意义上,微博成了公民政治参与的重要平台。

微博不仅成了公民政治参与的重要平台,而且使得这种公民参与更加有效。微博公民政治参与不仅大大提高了政治输出的民主化水平,而且大大提高了政治输出的科学化水平。对微博公民参与的有效回应使政治输出更加民主,同时由于决策者可以更加有效快捷地收集到能最大限度反映公众诉求的决策信息,这就使得决策的科学化程度大大提高了。同时,微博公民政治参与使得对政治权力的监督更加有效。由于微博在一定程度上使政治出现扁平化趋势,这就打破了传统的对政治权力监督的层级限制,使得对政治权力的监督由间接监督转变为直接监督,监督的力度大大增强了。不受监督的权力是危险的权力,绝对权力导致绝对腐败,微博公民参与对政治权力的监督,降低了权力的危险性和危险程度,对遏制腐败起到了巨大的作用。可以说,微博创新了反对腐败的路径和手段。只要有人在微博上爆料腐败事件,就会立刻引起网民围观评论,并迅速在网上传播开来,相关部门就会非常重视,进而展开事件调查并予以快速处置,网民得到有效回应的速度也非常快。这不仅节省了惩治和遏制腐败的成本,而且惩治和遏制腐败的效率和质量也特别高。微博反腐成为制度反腐的最有力最有效的补充。

政治社会化是人们习得其政治取向和行为模式的过程,是人们从事政治实践的过程,是主客观相互作用的过程。微博对信息的裂变式传播并使人类进入自媒体时代,信息传播不仅快捷高效,而且打破了信息单向传递的传统。在微博的世界里,人们可以随时随地发表自己的观点,人们在传播信息的同时又在接收信息。这就使得公民可以通过微博获得一定的政治知识和能力,并形成一定的政治思想和政治心理进而借助微博从事政治实践,即微博可以大大提高公民政治社会化的程度。同时,微博开辟了更有效更快捷的政治输入渠道,公民可以在微博上自由理性地表达自身的诉求,并且如果这种诉求既合理可行又形成裂变式传播的话,那么得到及时回应的可能性就很大,进而公民合理的权利诉求就可能在政治实践中得以实现,并通过法制被规定下来,从而进一步推进体制改革,实现政治民主。可以说,"微博的兴起为中国民主政治建设提供了体制外的支持"①。

(二) 微博对政治的负面影响

微博对政治的负面影响,则主要体现在微博对政治管理的消极作用上。此外,微博对政治社会化及政治文化的发展也有一定的负面影响。

第一,微博在一定程度上加大了政治管理的难度。政治管理,是国家权力"按照某种特定的秩序和目标对政治生活进行自觉地、有计划地约束或制约的一定方式。就是说,通过这种特殊的约束方式使政治生活的各方面都能按照某种既定的秩序和目标来运行和发展"。政治管理行为的主体是国家权力体系,目的是保证政治统治和社会生活的正常运行。微博的应用及普及固然为政治管理提供了海量的信息,但同时微博也增加了政治管理的难度,而且随着微博普及程度的提高,这种难度也变得越来越大。

微博加大政治管理的难度主要是由公众微博政治参与的非理性因素造成的。大多数公民微博政治参与并非是出于一定的动机和目的,而只是本能地和不自觉地参与其中。大量的微博信息在网络上呈现,网民如果没有很强的辨别能力,没有足够的精力,没有足够的时间,就很难对信息进行吸收,就很难辨别信息的真伪,对于误导性的有害信息只能是盲目转发和人云亦云。目前网络上存在着大量的网络推手,这些网络推手基于某种目的,通过各种手段快速传播特定信息,制造虚假民意,影响网络舆论动态,从而使难以辨别真伪的民众不假思索地跟从,这些都助推了公民网络政治参与的非理性。同时,基于

---

① 魏楠:《微博——政治参与和协商民主的新阵地》,《山东行政学院学报》2012年第1期。

浅析微博与政治

人人都想找到安全感和归属感的心理,公民在网上同样也会本能地追求一种共鸣感,于是认识和兴趣相投的网民就很容易在网上聚集在一起进行沟通交流,谈论时政问题,从而形成特定群体,并且都很情愿很乐意接受所属群体的影响,进而在各种问题上观点达到高度一致,这其中非理性的因素也是很大的。上述各种因素都在一定程度上导致了公民微博政治参与的非理性。而现在不得不提的是微博意见领袖的作用,微博意见领袖的引导和示范作用会使上述公民微博政治参与的非理性程度大大增强。微博意见领袖是微博中的精英,他们通过发帖的数量和质量来确立其意见领袖的地位,他们是微博议题的主要制定者,能够借助于对事件的理性思考和深刻分析,产生强大的影响和号召力,对议题和舆论具有巨大的放大效应。由于目前网民年轻者居多,他们很少能够有足够的理性判断,容易对意见领袖形成盲从,"既不是被一定的目的或动机所驱使,也不是由于直接迫于某种外在的压力,而是源于自身的一种盲目的本能和不自觉。"[1] 因此微博政治参与对政治管理造成了很大的挑战,很多人不了解中国具体国情,他们并不是因为考虑到社会主义民主政治建设和公民责任感而参与政治,他们的参与很多只是盲目的或者仅仅是凭内心的冲动,很容易触及法律和制度的底线,从而加大政治管理难度。

第二,微博虽然在一定程度上有利于政治社会化的发展,但对政治社会化的负面影响也是很大的。政治社会化是获得政治知识和政治能力,从而形成政治思想的过程。在微博上,公民固然可以通过关心公共生活和社会时政从而获得政治知识和能力,形成一定的政治思想。某种意义上,政治社会化即是政治信息生产和传播的过程,通过这个过程,个体的政治思想和政治心理才能逐步形成。而微博这种技术和平台上有大量的信息,无疑,公民可以通过微博政治参与获得一定的政治知识和能力。但与此同时,微博上的信息是复杂多样的,不仅仅有好的信息,而且有反动和色情等坏的信息,甚至是各种极端的

---

[1] 郭小安:《网络政治参与和政治稳定》,《理论探索》2008年第3期。

观点，这些信息是不利于网民的政治思想形成和发展的。许多年轻的网民价值观和人生观还未定型，还缺乏对各种信息判断和鉴别的能力，加上现实社会中的各种规则和道德在网络世界发生严重扭曲，在这些信息的误导下这些网民很可能会不知所措或者走向谬误，从而迷失自我，偏离主流社会的轨道，更不用提他们的政治知识、能力的获得和培养了。

除此之外，微博政治社会化培养人们形成政治知识和政治能力的同时，也在一定程度上弱化了公民在现实生活中的政治实践能力，从而不利于应有的政治思想的形成和发展。现实世界和网络虚拟世界是不同的，现实世界的思维和处理问题的方式和网络世界也不是完全一致的。公民在微博上培养政治能力和思想，可以在虚拟世界扮演不同的政治角色，并通过角色转换，形成相对成熟的政治心理。但是，长期的微博政治社会化，会使公民沉溺于虚拟的网络文化，网络文化的多元性及对个体发展的重视，使得公民很难把握主流的政治文化，忽视社会公共权威的存在或者导致对社会公共权威的不信任。导致上述问题的重要因素，就是公民对网络世界的沉迷，使公民无法进入现实世界，弱化了公民在现实世界的政治实践和政治能力。现实世界不同于网络世界，现实世界的政治现象有很多复杂的因素和背景，这些因素和背景需要政治主体在现实世界中充分地分析和判断才能做出应有的回应。但是网络政治社会化是缺乏这种现实的政治实践的，因此公民的现实政治思维和能力很容易在微博政治社会化中被弱化甚至发生方向性的偏差。

三 政治对微博的影响

政治对技术的影响，主要体现在，要么确立该项技术的合理性进而发展这项技术，要么宣布这项技术为不合时宜的，进而限制甚至取消这项技术。微博作为一种技术，无疑会受到政治的这种影响。鉴于前述微博这项技术的特征和作用，政治对微博的影响应主要体现在发挥微博的积极作用和控制微博消极作用上。微博的积极作用在前面已经谈过，在实际中微博也正在发挥其积极作用，因此在这里我们不再赘述如何发挥微博的积极作用，只把重点放在政治对微博消极作用的控制上。

首先，政治体系应积极主动培养和增进公民的权利、义务和自律意识。这既是公民利用微博参与政治生活的需要，也是公民微博政治参与的前提。微博政治参与是公民的权利，在微博上为国家政治发展建言献策甚至也是公民的义务。但是，增进公民微博政治参与的自律意识也是至关重要的，是维护合理的政治秩序和政治稳定所必需的。非理性的公民微博政治参与，导致了公民的道德和法律意识的缺失，突破道德甚至法律的底线，危及人们的精神家园甚至挑战政治秩序，因此政治体系必须主动培养和增进公民自身的自律意识，并培养公民辨识真伪信息的能力。政党、国家机构和各种政治团体应该发挥协同作用采取各种方式方法培养和增进公民微博政治参与的自律意识，引导公民借助微博理性地参与国家政治生活，培养公民的政治知识和辨别微博上各种虚假信息的能力，教育公民要坚决抵制各种恶意诋毁党和政府及危及政治秩序的言论信息，提升公民政治参与水平和政治鉴别实践能力。

其次，政治体系应加强自身在微博上的舆论引导能力。目前中国微博的发展状况并未覆盖所有人，微博的用户主体主要是年轻人，是高学历或高收入群体，这些人的观点并不能充分地反映全社会的网络舆情和民意。比如作为社会绝大多数的农民大多还没有使用微博，他们的声音在微博世界基本上是不存在的至少是被遮蔽的。因此政治体系必须努力扩大公民微博政治参与的基础，使绝大多数的农民参与到微博中来。目前中国农民由于废除了农业税和得到了农业补贴等党和国家政策上的支持，更能对党和国家的政策做出客观的评价。在此基础上，政治体系自身必须有效加强自身在微博上的舆论引导能力，在保障公民在微博上理性表达自身诉求的前提下，采取措施引领舆论导向，同时还应积极回应公民的合理诉求，有效推进政治发展。

最后，政治体系要开发先进的监管技术并建立有效的监管机制，加强对微博的有效监管。加强微博监管是打击微博网络推手和净化微博网络环境最直接最有效的手段，只有开发出先进的微博监管技术并建立有效的监管机制才能从根本上击溃微博网络推手的恶意攻击。政治体系应主动要求和鼓励网络运营商开发先进网络技术，即对微博上的反动和有害信息进行迅速有效鉴别和处理的技术，使这些信息在微博上一开始传播就能马上得到有效遏制，这是净化网络环境的根本之策。同时，还要建立有效的监管机制，及时有效地对网络微博舆情做出评判，对非法信息及时有效处理，并且对恶意攻击政治体系危及政治秩序和政治稳定的网络推手予以严惩，只有这样才能发挥公民微博政治参与的积极作用并有效克服其负面影响。

总之，微博作为一种技术，对政治发展的影响是把双刃剑，既有促进政治发展的正面作用，又有阻碍政治发展的作用，政治体系必须采取有力措施促进微博积极作用的发挥并有效克服其消极影响以稳步推进政治发展。

微博时代中国突发事件应对机制研究[*]

一　微博及微博时代的到来

（一）微博及微博传播的特点

1. 微博的内涵

微博，即微型博客，是以 Web2.0 技术为基础的一种在互联网终端发布精短信息的即时信息平台。由于用户每次用于更新的信息通常限定在 140 字以内，因此以"微"得名。根据喻国明教授的研究，微博的本质就是节点共享的即时信息网络。节点是指任何连在网络上且能与其他网络设备通信的设备。微博所有的功能都基于其核心理念：信息的即时性、共享性以及基于即时、共享信息形成的动态信息传播网络。[①]

即时信息是微博能提供的最为独特的信息类型，微博用户以最短的字符随时随地发送自己所见、所闻、所感的内容，而发送的设备除了手机这种随身媒体外，互联网上的诸多客户端都可以成为发布微博的端口，内容和媒体形式的便捷性保证了微博平台信息发布的即时性。

---

[*] 本文为 2011 年河南省政府决策研究招标课题"微博时代我国突发事件应对机制研究"的研究成果，部分内容曾发表于《华北水利水电大学学报》（社会科学版）2013 年第 2 期、2014 年第 6 期。

[①] 喻国明等：《微博——一种新传播形态的考察》，人民出版社 2011 年版，第 1—6 页。

信息的共享性在于微博用户在个人页面上发布的任何信息都可以随时查阅，不但用户在微博上的信息是完全开放的，用户与其他用户之间的互动也可以方便地看到。此外，微博特有的"加关注"功能使被关注的微博博主成为一个以自己为中心的信息网络，为寻找信息的用户提供固定的信息来源。微博平台上的每一个用户都是既可以发布信息同时又接收其他用户信息的节点，他们之间的互动又会增加新的信息，改变信息的传播路径和状态，所有这些信息都是全面开放共享的，每一个微博博主都会以自己为中心形成规模各异的信息传播网络。

2. 微博传播的特点

（1）传播平台的多样性。相比以往的 Web2.0 应用，微博具有更丰富的终端支持，可以在多平台上使用，如电脑、手机等。而微博内容"精短"的特征也为使用多样化的发布终端提供了便利。

（2）传播主体的平等性。微博内容的短小以及传播平台的多样性——尤其是可以用手机来发布微博，无形地降低了微博的进入门槛，使任何愿意发布信息的人都可以成为信息发布的源头。在微博这个平台上，不论名人草根，不管贫富贵贱，都可以平等交流。

（3）传播速度的即时性。微博可以通过手机发布，真正实现了信息发布的随时随地。微博信息发布及传播速度的即时性有别于传统媒体对时事反应的及时性，其对事件的反应更快，几乎同步。[1] "5·12"汶川地震发生后，Twitter 上第一条关于地震的消息是在北京时间下午 2 点 35 分 35 秒发布的，比彭博新闻社快了 22 秒。美国航空 2009 年 1 月的空难、印度孟买的连续恐怖袭击，Twitter 使用者传出的图片和信息都是最即时的信息。

（4）传播形式的丰富性。微博传播信息的形式也是丰富的，除了文字信息，还可以发送图像和视频，真正做到了图文并茂。使得受众可以在短时间内获取丰富多彩的信息，这无疑是微博吸引人的一大

---

[1] 杜仕菊、曹娜：《论微博时代的公民政治参与》，《上海社会主义学院学报》2012年第1期。

特色。

（5）传播内容的随意性。很多时候，微博用户发送的信息或是对于事件缺乏准确深入的了解，或是时间的紧迫性，发出的信息呈现出随意性甚至"碎片化"的特征。同时，微博平台上人人都有"麦克风"，由于缺乏有效的把关者，也使得微博用户发布信息时带有随意化的倾向，即使是专业的媒体人在微博平台上也不再那么"一本正经"。

（6）传播范围的广泛性。微博具有"关注"和"转发"及"评论"功能，可以在用户间建立起一个彼此互动的信息传播网络，从而使信息以几何裂变的速度辐射到更大的范围。微博平台信息传播的这种辐射状扩散的特征，使得微博平台上一些意见领袖对信息具有极强的推动和扩散作用，极大地扩展了信息的传播范围。

（二）微博时代的到来

与中国众多互联网产品一样，微博是从国外互联网传播到中国的舶来品。世界范围内最早推出的微博 Twitter 诞生于 2006 年，Twitter 的迅速走红带动了国内微博的发展。从 2007 年 5 月中国大陆第一个微博产品——饭否的诞生，到 2009 年 8 月新浪微博开始公测，再到搜狐、腾讯、网易等门户网站微博相继推出，微博在中国得到突飞猛进的发展。《2010 中国微博年度报告》预测，中国微博用户的井喷式增长将出现于 2012 年、2013 年，市场也将进入成熟期。

据中国互联网络信息中心（CNNIC）发布的中国互联网络发展状况统计报告显示：截至 2011 年 12 月底，中国微博用户数达到 2.5 亿人，网民使用率为 48.7%。微博用一年时间发展成为近一半中国网民使用的重要互联网应用。截至 2012 年 6 月底，中国微博用户达到 2.74 亿人，网民使用率为 50.9%。相对于 2011 年上半年的爆发式增长，微博用户规模已经入平稳增长期。与此同时，手机微博延续 2011 年快速增长的势头，微博在手机网民中的使用率提升 5.3 个百分点至 43.8%，成为使用率增幅最大的手机应用。

互联网研究专家认为,如果说2010年是中国"微博元年"的话,2011年则是微博信息影响全社会的高峰年,2011年许多全国追踪的重大新闻的信息源都来自微博。微博正在改变我们的生活,推动社会进步,它对中国社会诸领域的介入和渗透与日俱增,社会影响力日益巨大。

作为一种新兴的传播载体,微博不仅在中国社交网络中占据领先地位,更成为中国最具影响力的主流媒体之一。"微博"是一种新型的交流方式,改变了个人思想表达的方式,使网络信息进一步平民化的同时,也标志着一个时代——微博时代的到来。2011年2月9日,金振邦在《人民日报》撰文指出,"微博时代已经临来,它给予了普通民众平等的话语权,创造了多功能虚拟聚合社区,也使社会对突发事件有了更加快速的反应"。

二 微博时代突发事件升级放大的过程

(一)微博在突发事件中的作用

微博使整个社会的舆情环境与民意表达方式都发生了根本的变化,在突发事件中的作用正如一把双刃剑。发挥得当,则可以产生化危机于无形的效果;管理失当,则又对危机起到推波助澜的作用。

1. 短时间引发关注,推动突发事件处理

2011年7月中国传媒大学网络舆情(口碑)研究所发布的《2011年上半年中国网络舆情指数年度报告》指出,微博已从2010年的网络第三大舆情源头,升为第二大舆情源头。在舆情指数排名前100的突发事件及网络热点的舆情事件中,有20多个事件由微博首发,占20%以上。如郭美美、卢美美、江苏溧阳卫生局长"微博直播开房"、"江西抚州爆炸案"、"故宫失窃案"、"随手拍解救乞讨儿童"行动、"7·23"甬温动车碰撞、"9·27"上海地铁碰撞等事件。2011年7月中国社科院发布的《新媒体发展报告(2011)》指出,微博用户中七成以上的人将微博作为重要的新闻来源、消息来源,超两成重大事件由微博发送。

微博使信息传播具有扩张和裂变的效果，可以扩大信息的影响力，使之迅速成为社会关注的焦点，从而引起相关政府部门的重视并致力于问题的解决，从而化解危机。其表现形式通常为突发事件发生—微博曝光—网民关注—传统媒体报道—社会广泛关注—政府部门重视—危机得到处理。

2. 零距离传递信息，直播突发事件现场

微博时代，越来越多的公众扮演着信息发布者的角色，尤其在突发的自然灾害和事故灾难中，现场公众利用微博往往可以成为第一时间的信息发布者。2010年4月14日发生的玉树地震，网友"逍遥Radio"于4月14日5：50通过手机发布于新浪微博上："早晨5：40，青海省玉树县发生地震，震感明显，震级不详——好可怕——我从梦中被震醒——心情很压抑。"这是目前所知的最早报道玉树地震的消息，距离中国地震台网中心测定的地震发生时间仅仅相隔11分钟。2011年7月23日20时38分，也就是"7·23动车事故"发生4分钟后，乘客"袁小芫"发出第一条微博："D301在温州出事了，突然紧急停车了，有很强烈的撞击。还撞了两次！全部停电了！！！我在最后一节车厢。保佑没事！！现在太恐怖了！！"这条消息比国内媒体在互联网上的第一条报道早了两个多小时。从突发事件现场第一时间通过手机等终端发布的微博，在速度上是传统媒体无法比拟的。尽管其发布的信息不够专业，也不够准确，但却能让公众在第一时间了解到什么地方发生了什么事情，给受众带来强烈的现场感。

3. 权威性引导舆论，化解突发事件危机

微博具有极强的可塑性，政府机构也可以利用微博第一时间发布最权威的消息，正面引导舆论，消除谣言，把可能引发的突发事件消灭在萌芽状态。在2011年日本大地震中，与盐有关的谣言如"碘盐防辐射""海水将遭受核污染"等引发了全国各地的抢盐风潮，并且一些不法商家还趁机贩卖高价盐，扰乱市场，一定程度造成了社会秩序的混乱。如果处置不当，极有引发突发事件的可能。针对这一情况,相关企业,工商、公安等相关部门采用了微博的方式迅速地发布辟谣消息,争取第一时间与网民沟通。如中国盐业总公司在3月17日注册了微博,首先就食盐抢购现象向大家作出声明,这一消息被转发了16000多次,评论4000多条,获得了良好的传播效果,很快稳定了群众的情绪。再如2009年11月21日,昆明市螺蛳湾批发市场的群体性事件发生后,云南省政府新闻办除召开网络新闻发布会外,还开设了国内第一家政府微博"微博云南",第一时间对事件作出简要说明。微博使政府化被动为主动,迅速发出权威声音,引导了舆论正面发展,避免了群体性事件被压制下去后谣言四起、人心惶惶的局面,有效地化解了危机。

4. 高效率组织动员,激发全民参与危机处理

微博融合了多种媒介元素,信息传播比其他媒体更灵活、迅速、生动,具有更为强大的社会动员能力。玉树地震中,微博成为一个及时有效的救助平台,在救助方、传播用户和救助机构三方间迅速传递信息。灾区缺乏物资、道路天气状况、高原救援的防护知识等信息以最高的频率被发布,为抗震救灾提供了及时的信息支援。有一个民间公益组织在新浪微博上发布了将有一架包机赶赴灾区的消息,征集各类救灾物资。几个小时后,筹集到的救灾物资就远远超出了预定数量。微博传播的这种扩散力和影响力,能激发全民参与,为突发事件的解决提供了有力的支持。"7·23动车事故"发生后,网友"羊圈圈羊"于7月23日20时47分发布的微博求助信息,迅速引发了公众对救援的关注和参与。随后,微博也成了事发动车乘客的亲友发布寻亲信息的平台。新浪微博和腾讯微博开辟专门的栏目进行"微博寻亲"。此外,微博也在一定程度上扮演了辟谣阵地、献血倡议发出者等角色,其巨大的传播力量和组织动员能力对事故救援等工作起到了积极作用。

5. 滋生网络谣言,对突发事件推波助澜

微博时代,信息的产生数量呈现几何爆炸式的增长。新浪网日常新闻发布量在每日两万条左右,而据2012年5月新浪微博公布的官方数据,新浪微博日均信息发布量达到一亿条。在这上亿条信息中,

如何去伪存真、弃劣取优，是微博在面临突发新闻事件时最大的挑战。截至 2012 年 5 月，新浪"微博辟谣"官方账号共发布了 198 条重大不实消息的澄清。然而，这些不实消息在被证实为谣言之前，在极短的时间内已经被转发了至少千余次，传播速度和覆盖人群都是非常惊人的。由于话语权的下放、把关人的缺失、用户水平良莠不齐，以及微博所具有的强大的媒体融合功能、碎片化表达等特征，尤其是一些人有计划有组织地策划议题、虚构事实、制造谣言、左右网络舆论、操纵网络民意，使微博成了谣言滋生、扩散的重灾区。这些不实的消息或是谣言，在微博时代，对突发事件的发展无疑起到了推波助澜的作用。

6. 放大负面情绪，削弱政府危机应对能力

在突发事件处理过程中，微博是负面舆情的易发地，正面信息在海量信息中很容易被淹没。当大量的危机信息同时被展现在公众面前时，就会引发部分群众冲动有余而理性不足的情绪与行为，甚至可能形成一些极端化的观点，极易演变为政府信任危机，削弱了政府应对的能力。如"7·23 动车事故"发生后，大多数的评论都在表达对该事件的愤怒、对受害者的悲伤、对铁道部处理方式和态度的不满，负面的情绪占了大部分。微博还具有"创造"新的负面情绪的功能。比如公众出于对铁道部事故救援以及铁道部发言人表达的不满，通过大量恶搞、调侃等内容，持续性地"创造"出新的负面内容来宣泄感情。同时，营造起来的"恶搞"氛围，又进一步激发更多的网民的"创作"兴趣，积极"创造"新的负面内容传播，如此不断反复放大，使得负面情绪不断在网上扩散。对这些问题如果政府不能采取正确的引导方法，则很有可能造成民众与政府的隔阂，削弱政府的凝聚力，甚至导致事态失控的局面。

（二）微博放大信息的途径

（1）链接。链接是传递网络信息最常见的方式之一，这对微博内容的传递来说非常实用，这是因为，微博的内容书写有一定的字数限

制,无法针对某个事件进行长篇大论,以此给出详细深刻的解释也似乎并不可能,而超链接的使用就能够导引事件向更广阔的范围传播。这样一来,原本精短的微博内容加之能够全面说明事件原委的链接,就可以使民众对事件进行详细的解读。

(2) 评论。微博舆论引导力的直接来源是对微博内容的评论,虽然评论的方式各异、观点不一,有的义正词严,有的嬉笑怒骂,但是无论哪一种,这些百字左右的只言片语却直接指向了事件的本质和要害。在这一过程中,吸引人们的已经不仅仅是微博的内容本身,更多的是关注评论的细节部分。这样一来,对内容的评论、对评论的评论等便不计其数,对事件的关注也越来越多。

(3) 转发。转发是微博用来引导舆论的首要功能,从心理学的角度讲,转发代表着对微博内容的某种程度上的认同或认可,并且当微博已经有评论时,转发的结果是连同参与人的观点一同转发出去,当转发的次数增加,微博的内容和评论也就有了更多的"粉丝""围观",这是一个呈几何级数增长的趋势。因此,当某个突发事件受到微博的关注后,将会被迅速放大。[1]

(4) 围观。网络"围观"是网民对公布在互联网上的社会事件加以关注并进行集中评议的行为。微博时代的网络围观可以理解为"被广泛关注"。微博用户通过"发布""转发""评论"积极互动可以在短时期内使被关注的事件成为网络上的热点话题。特别是"转发"使用户以低门槛、低成本成为微型广播站,使某一个事件可以迅速在很大范围内得以传播。

(5) 直播。微博直播,即微博用户作为全民记者参与突发事件或公共事件直播、作为旁观者参与普通事件直播、作为个体进行个人事件直播等。回顾"7·23"动车事故,微博直播了从事故发生到救援,再到事后问责的整个过程。事故现场的微博用户在第一时间将所

---

[1] 何欣峰:《微博时代突发事件升级放大的过程分析》,《华北水利水电学院学报》(社会科学版) 2012年第2期。

见、所闻、所感发布到微博上,使公众如有身临其境的感觉。专业媒体记者有时也会作为全民记者,通过微博进行个别事件的直播。最有名的例子便是《凤凰周刊》记者邓飞直播宜黄拆迁案中钟家姐妹于南昌昌北机场厕所被困情况。3个小时内发布20多条微博,通过关注者多级转发引发数百万网友的强烈关注。①

(三) 突发事件被微博放大的过程

1. 即时进行意愿表达和议程设置

微博时代,广大民众拥有了进行意愿表达的话语权,任何有表达欲望的人都可以将他看到的、想到的发布到微博上。微博迅速传播信息的能力使一个热点事件可以在短时间就传到广泛的范围。在信息传播过程中,传播者的身份不再重要,只要传递的信息具有分享意义和价值穿透力,这种意见表达就能够在"被关注""被评论""被转发"的过程中极大地发酵。同时,与传统媒介不同,微博的议程设置不受政府、精英的左右,大众既是信息的接收者又是信息的创造者和传播者,可以通过自己的关注和评论,吸引更多公众的注意力到某些事件上,由此凸显"议题"的重要性,使之逐步显著化、重要化而成为公众的"思考对象",从而将"个人议题"上升到"公众议程"。

突发公共事件具有破坏性,是紧急事件,因此大多数人都会进行转发或评论,加上微博用户基数大,每条信息几乎都是以每小时上万人的速度传播。关注的人数增多或是事件本身具有很大价值,微博运行平台都会将该事件设为话题或是头条。登录微博界面的受众都可能参与到该事件的"了解""传播"和"讨论"中。某些微博发布平台会随着事件的发展及大多数人的态度重新设立相关选题。"3Q 大战""我爸是李刚""曲靖马龙县洪灾""舟曲泥石流""上海静安大火"等事件都曾成为微博的话题事件,参与讨论的留言都达千万条以上。

---

① 《微博时代的信任危机——从微众直播与围观说起》,http://media.people.com.cn/GB/22114/52789/214319/13944963.html。

这些话题会引来网民和社会的广泛关注。

2. 强力引导舆论走向

微博对政府影响最典型、最集中的方式是就某个议题在短时间内聚集强大的舆论压力，迫使政府及时做出反应。所谓舆论，从传播学角度可以界定为"一种公众对共同关心的社会事件或问题公开表达看法最终形成较为一致意见的传播现象。简单地说，舆论即公众意见的传播"。

近年来，微博上最热的两个词分别是"围观"和"路过"，这两个词体现了微博上容易形成强大的在场围观与舆论压力。从具体实践来看，突发事件容易在微博上积聚强大的舆论压力。有很多学者认为，网络空间中尤其是微博平台上正在形成与传统政治体系相对应的"公共领域"。哈贝马斯将之界定为"关于内容、观点，也就是意见的交往网络，在那里，交往之流以一种特定方式加以过滤和综合，从而成为根据特定议题集束而成的公共意见或舆论"。因为突发事件具有破坏性的特点，容易引发微博用户的关注兴趣，通过链接、评论和转发等途径，每条"微消息"会在庞大的用户群体的共同作用下，迅速地向互联网内部以及网外进行传播和扩散，这种全社会的共同关注起到了引导舆论走向的作用。

3. 迅速动员、组织

微博时代，信息获取的便捷、信息传播成本的低廉、传播途径的多样，使得对微博上发布信息的监管变成了几乎是不可能的事情。这使得个体和一定的组织能够轻易地跨过现实与虚拟的界限，发起政治动员和行动组织，产生巨大的影响力，可以有效地激发全民的参与。有学者将借助微博等虚拟媒介的社会动员过程概括为"公共舆论议题的制造—公共舆论场域的搭建—意见领袖的出现—问题由虚拟空间向现实空间扩散"这样一套基本程序。譬如，学者于建嵘在个人微博上发出随手拍照解救拐卖儿童的动议，得到了网民的围观和响应，最终在全国范围内掀起了一场声势浩大的微博打拐行动。甚至，公安部也及时参与到了这场民间发起的政治动员中，借助微博的强大能量，实现了政府与公众的良性互动。

三 微博时代中国应对突发事件中存在的问题

微博时代,舆情的分析主体从作者、记者等特定职位的公民扩展到了草根阶层,人们的言论更为自由化、公开化和透明化。这就引致了两个层面上的问题。其一是社会层面,由于微博传播渠道多元化、速度快、信息发布门槛低等特点,在突发事件面前,容易成为谣言和诽谤的温床,民众在某些时候被部分别有用心的所谓意见领袖混淆视听,将舆论推向错误面;其二是国家层面,谈"媒"色变,部分政府部门和公务人员缺乏对微博的清醒认识和基本舆情应对素质,再加上习惯的管控思维,在突发事件面前,很容易造成管控也乱、放开也乱的"双乱"局面。很有必要对两个层面的问题进行梳理,以探寻应对之道。

(一)公众参与的非理性

1. 扭曲主流价值判断

由于较少受约束,在微博上用户可以随意地发布信息,自由地交流意见。如果缺乏行之有效的管理,就可能使得违背主流意识形态的言论和观点在网络上蔓延,造成公众思想上的混乱,最终会影响社会公众对主流价值观的理解。特别是一些认识水平低、价值判断易受他人影响的网民,在这样一个信息爆炸的环境中十分容易迷失方向。2012年7月19日,中国互联网络信息中心(CNNIC)发布的《第30次中国互联网络发展状况统计报告》指出,当前网民增长进入了一个相对平稳的阶段,互联网在易转化人群和发达地区居民中的普及率已经达到较高水平,下一阶段中国互联网的普及将转向受教育程度较低的人群以及发展相对落后地区的居民。随着移动互联网的繁荣发展,移动终端设备价格更低廉、接入互联网更方便等特性,为部分落后地区和难转化人群中的互联网推广工作提供了契机。中国网民群体呈现出基数大、低龄化、学历低等特点,网民中有很大部分是学历年龄偏低、思想较不成熟、对社会认知度较低的群体,容易受到环境和他人的影响，缺乏理性的辨识能力，这对非主流价值观的判断和应对能力都大大降低，使得主流价值判断容易遭到扭曲。

2. 影响公众参与的客观性

微博时代，各种信息被迅速地制造和传播，面对鱼龙混杂、真假难辨的海量信息，很多人难以对其真实性做出正确的判断。因此，当遇到一些关系到切身利益的消息时，多数人还是抱着"宁可信其有"的态度去关注、转发，结果在短时间内造成大范围的传播。如果是与事实相悖的信息，则会造成谣言的泛滥成灾。由于网络流言的内容往往与社会生活中的许多"热点问题"密切相关，因而能轻易吸引人们的注意力并引起共鸣为大众所接受，影响人们情感的倾向和参与的客观性。

3. 导致公众参与泛化

亨廷顿认为，政治参与的扩大是政治现代化的标志。微博崇尚自由、民主的文化观念，可能导致责任、法制意识的淡化。对于突发事件，公众具有天生的好奇心，他们带着或愤怒或怜悯的情绪在微博上进行信息的发布、转发和评论。强大的公众参在很大程度上影响和控制着突发事件的发展和走向，有时会对事件的处理起到积极的促进作用，有时则会起到消极的抑制作用。一般来说，人们只是在某一特定时期或发生某些感兴趣的事时才参与到突发事件的发展中。但是，微博带来的参与门槛的降低、参与途径的便捷，大大激发和推动了公众参与的热情，容易带来参与的泛化。如果这些热情被别有用心的人加以利用，通过微博的舆论导向功能影响和控制社会的心理和行为，则会带来难以预计的危害。[1]

（二）政府权威遭受挑战

1. 话语权的去中心化

微博的出现，使普通民众在突发事件中的参与度越来越高，更多的

---

[1] 杜仕菊、曹娜：《论微博时代的公民政治参与》，《上海市社会主义学院学报》2012年第2期

网民由单纯的信息接收者转变为主动的信息公布者、热点事件的推动者以及新闻评论的响应者。微博为每一个人提供了意愿表达的渠道。因此，每一个代表一定利益而发出声音的微博，便可以被视作一个话语权利中心，众多话语权利中心的崛起，形成了有别于传统媒体话语权特征的分散化趋势，这种分散化话语中心的态势，既呈现为去中心化，同时又表现出泛中心化的特征。在突发事件中，微博往往成为发布相关消息的最佳选择，其吸引力和影响力不断提升，日益冲击传统媒体舆论权威的地位。同时，微博可以将众多的传统媒介表现形式整合于一身，从而使微博在报道突发事件时比传统媒体具有更大的弹性和张力。

2. 损害政府权威

在传统媒体时代，政府是最权威的信息发布者，而且政府发布信息之前还需要经过严格的筛选，之后信息才能通过传统媒体予以广泛传播。因此，在突发事件中，政府是最权威的意见领袖，因为"在公共危机事件中，政府享有权威的信源，具有强大的信息控制力。"如果没有政府的授权，传统媒体一般也不会发出与政府不同的声音。但是，微博传播主体草根性、传播平台多样性、传播速度即时性的特点，在有效监督政府的同时，也不可避免地出现垃圾信息、偏激言论满天飞的情况。如果政府不能及时充分传递公众想知道的各种信息引领舆论，就极易出现当大量的危机信息同时被展现在公众面前时，引发部分群众冲动有余而理性不足的情绪与行为，有时甚至会演变为政府信任危机。

（三）政府应对的失范和乏力

1. 应对新媒体的素养偏低

作为一种新媒体，微博的迅猛发展对政府部门的应对能力也提出了考验，政府需要不断学习才能适应这种开放、民主、互动的网络生态。面对微博中的各种民意甚至质疑，不少官员认为"家丑不可外扬"，习惯于采取"堵"的办法，或是找各种理由来搪塞民意。或者是面对公众质疑，不能及时回应，或者是顾左右而言他，甚至会说出

"不管你信不信,反正我是信了"之类荒谬可笑的言语。《中国记者》刊文指出了新媒体时代官员媒介素养缺失的种种现象:主动接触新媒体的意识淡薄,对新媒体的舆论传播缺乏深入认识,新媒体舆论引导能力欠缺。很多官员对待网络舆论习惯性地采取过去对传统媒体的严格控制和把关的做法,习惯性地用公权力来压制舆论,但是在信息发达的新媒体时代,这种沿用过去的工作模式来应对网络舆论,往往将事态推向更加严重的方向。①

2. 习惯性的"堵""捂"思维依然存在

2010年11月10日,《人民日报》刊文《新媒体时代,信息是堵不住的》,指出"当下,我们处在一个新媒体时代,网络使得信息传播速度更快、节点更多、范围更广,想要堵住信息是不现实的,也不符合人民群众的利益诉求"。然而,在处理突发事件的过程中,某些部门和官员仍迟迟不愿公开真相,怕媒体添乱,引起公众恐慌,影响政府形象,但事实恰恰相反。突发事件只有不发布或者迟发布而造成被动局面的典型案例,没有因为及时发布而造成不良影响的典型案例。微博时代,在突发事件发生后,政府"堵""捂"思维方法已经越来越不能适用了。舆论的聚积愈发迅速,如果不能及时采取策略积极应对,只会让谣言四起,事态变得越来越严重。

3. 相关的制度规范缺失

面对微博蓬勃发展的现实,我们的管理显得明显落后了,突出表现在相关制度规范的缺失。现有的《中华人民共和国电信条例》《互联网信息服务管理办法》都已不能完全适应微博发展的形势,不利于维护网络传播秩序,保障信息安全,保护微博用户的合法权益,促进互联网健康有序发展。目前,中国既缺乏微博使用资格、权限、注册、认证等方面的相关规定和管理,又缺乏对利用微博发布不实言论、传播虚假信息应承担责任的明确规定。这就难免出现诸如郭美美

---

① 彭伟步、李贺:《新媒体环境下官员应有怎样的媒介素养》,http://www.chinaelections.org/NewsInfo.asp? NewsID=177287。

之类虚假认证,给社会带来混乱的情况,也会面临对恶意造谣者无法惩处的尴尬,这也使得微博参政的效力和作用难以得到充分的发挥。

4. 网络技术创新的力度不够

网络技术创新的缺乏也难以维护微博参与突发事件处理的正常秩序。目前,中国还未能完全运用现代化的网络技术手段对网络信息安全进行管理,如加强和普及微博实名认证、访问加密等功能。同时,也未能对信息内容进行实时监控、过滤,难以对突发事件做出及时反应等。

5. 相关的风险评估缺乏

公权力,在中国社会代表的是高高在上、掌控一切,权利是老百姓的基本政治生活保障,本应是权力的本源。但由于公共权力无比强势的能量,大量侵权事件频发。甚至有学者评价,每一件突发事件背后都站着盛气凌人的公权。在社会矛盾凸显加剧突发事件多发的今天,有必要对公权力行使中引致的社会风险进行评价,以期对可能产生的突发事件进行预判并制定相应预案。同时,要对公共部门突发事件的应对能力进行评估,比如新闻发布能力、形象修补能力等。

四 微博时代中国突发事件应对机制的构建

(一) 微博时代国外应对突发事件的经验

1. 重视危机信息系统建设

国外较为重视危机信息网络建设,美国的应急信息管理系统有高新技术的支撑,如 NEMIS 国家应急管理信息系统、FEMIS 联邦政府应急管理信息系统等,同时 FEMA 通过实施"E-FEMA"战略,建立应急信息系统层次结构模型,既保证了各类信息资源的及时更新,又促进了不同部门之间信息资源的共享,为应急管理提供了技术支持。另外,美国对突发事件信息的发布和媒体控制作了具体的规定,美国联邦应急管理局(The Federal Emergency Management Agency, FEMA)负责代表美国政府进行信息的发布,州一级政府具有独立发布信息的权力。同时，对新闻媒体采访突发事件专门设立了管理部门，加强对包括微博在内的媒体的监管，防止造成社会恐慌。

日本政府着力建设覆盖全国的信息沟通系统，重视突发事件信息的收集、与媒体和公众的信息沟通，以便能够在第一时间将紧急信息传递给社会公众，避免社会恐慌和谣言流言的扩散。"3·11"日本大地震发生几十分钟后，日本的广播和电视就在第一时间播放灾难的信息和海啸的警报，以国家电视台 NHK 为首的电视媒体全频道转播灾情。考虑到公众群体的差异，日本又增加了英语、中文、韩语、葡萄牙语、西班牙语5种语言进行播报，电视台也开通了多语种救援服务，以满足不同国籍公众的需要。与此同时，消防厅等政府机构也及时开通 Twitter 传播信息，这一系列信息管理措施客观上安抚了公众情绪，维护了社会秩序。[1]

2. 强化特殊时期的应对防范措施

在特殊时期，如重大节日、重大活动举行时，是突发事件爆发的高峰时期。英国在庆典和节日时，有关方面对活动的安全防范非常严密，有章可循，大大降低了发生意外的可能性。首先，主办者必须向市政当局申请许可证并提交风险评估报告，陈述活动中可能存在的各种危险。其次，主办者要对下列问题心中有数：可能发生的最糟糕的情况、活动场地的人员容量、活动场所本身安全上的弱点及突发事件应急措施和紧急疏散方案等。不仅如此，主办者还要为活动本身申请保险，并需在现场专设联络通信协调中心。德国在每次大型活动被批准之前，承担灾害预防工作的消防部门均会与警察、建筑监理等相关部门根据法律规定的职责共同对活动中可能出现的风险进行评估，并制定出详细的风险控制、预警、应急和救援预案。一旦有突发事件发生，各方就能够迅速通过微博等网络媒介交换信息，就需要采取的措施进行协调，从而确保救援工作有序进行。

---

[1] 王晓雯：《和谐社会视角下突发事件应急管理研究》，硕士学位论文，福建农林大学，2011年。

3. 注重应急行动法治化建设

通过完善法律体系提高突发事件应急管理的能力，主要特点可归纳为以下几点：第一，政府基于法治原则，均在宪法中对突发事件应急管理做了许多总体性规定。第二，相关法律对应急管理过程的各个环节和层面都有比较详细科学的规范，从预防、预警、响应到恢复，从应急预案、应急体制到应急机制等均制定具体的实施细则。另外各级地方政府也因地制宜，制定许多本辖区范围内的应急法规标准。第三，应急法律体系已走向专业化和专门化，针对各种具体的紧急情况政府出台许多单行法，并设置应急管理的专门机构作为核心执法主体，执法程序制度化、规范化。法国宪法中规定了紧急状态制度，对政府的行政紧急权力作了明确的界定，详细规定了在紧急状态时政府与民众的关系，以保障政府在紧急状态下充分、有效地行使行政紧急权力，同时又保障公民的基本权利。美国经过多年实践，形成了较为完善的应急法律体系，涉及灾害应急处理、紧急状态立法以及反恐等方面。2008年，美国颁布的《国家应急反应框架》（NRF），取代了2005年的《国家应急反应计划》，对美国应急反应的指导原则、组织体系的角色和职责、处置行动的标准和程序以及各项制度安排都做了明确的规定和阐述，是美国应急管理工作的行动指南，对美国的应急管理影响深远。[①]

4. 建立有效应对突发事件的预警、报告和快速反应机制

西方发达国家大都建立起了由政府、军队、媒体及民间组织构成的全方位、立体化、多层次的突发事件预警机制。一旦出现爆发突发事件的征兆，相关职能部门立刻通过微博网络媒体分不同等级发出警报，同时以中央政府的名义提出有预见的建议以及科学、合理的指导意见和防治方案。美、俄等国在相关危机事件中，及时下达了紧急预警和应对预案。而日本在"3·11"大地震期间，微博成了主要的信

---

① 王晓雯：《和谐社会视角下突发事件应急管理研究》，硕士学位论文，福建农林大学，2011年。

息传递媒介，由其将国家发出的警告传递给受灾的人群，并据此接受各方提出的具体建议。①

（二）微博时代中国突发事件应对机制的构建

1. 事前预防机制

（1）重视信息交流和沟通。官网是公民与政府沟通的首选，公民可以在官网上直接与政府部门通话，表达诉求、传达信息、关注社会动态、了解政策变更，可切断不实突发事件信息。2010年山西"地震门"是完全可以避免的，因为在地震传言刚刚爆发的几个小时内，有多数网民表示试图进入山西地震局官网查询可靠消息，但官网始终打不开，导致民众在谣言引导下的胡乱猜测，最终引发"避震大逃亡"。

（2）加强微博舆情监测。在微博时代，信息传播的范围和速度是前所未有的广阔和快速，在满足社会公众知情权的同时，也会对突发事件朝着糟糕的方向发展起到推波助澜的作用。因此，在突发事件的潜伏期，相关部门应该对微博，特别是对用户众多、对社会公众影响较大的门户网站及主流网站的微博发布的信息进行全天候的监测。如果有明显的异常，要及时追踪，发现危机的苗头，采取果断措施，及时应对，避免造成突发事件爆发而不可遏制的局面。同时，在微博上发布权威信息，引导舆论方向，消除公众的疑虑和不满，降低突发事件发生的可能性。

（3）提高应对新媒体的素养。首先，要端正观念，客观对待新媒体的信息传播与舆论监督，要充分认识到新媒体的信息传播和舆论监督功能，还要以更加虚心和包容的心态接受和对待网络舆论。其次，应加强新媒体使用技能、运作方式的学习，掌握新媒体的传播特点与规律，能够熟练地从微博上获取或反馈信息，与公众互动，引导舆

---

① 揭力勤等：《国外应对突发事件的措施及对我国的启示》，《军事经济研究》2005年第6期。

论。再次,要善于利用微博的特点,在第一时间主动做出回应,提高舆论引导的能力。最后,要重视对官员和公务员,特别是面向媒体的政府公关人员岗前岗后的培训,提高应对新媒体的素养。[①]

(4) 着力培育主流微博。目前国内的微博正处于逐步培育忠实用户的探索阶段。因此,在现阶段也是政府培育公信力强的主流微博的好时机。政府作为社会的管理者,代表人民掌握公共权力,对社会管理的目的就是使公共利益最大化,因此政府的公信力程度一般都超过社会其他组织和个人。当公众利用微博平台了解突发事件最新动态的时候,政府若能够第一时间运用微博发布权威性信息,不失为危机传播的很好实践。例如,人民网自主研发的微博产品"人民微博",网友不仅可在"人民微博"页面注册登录,也可使用论坛、掘客、七一社区等已有账号直接登录微博平台。"人民微博"是依托中央重点新闻网站推出的第一家微博,有着与生俱来的公信力和权威性,随着用户规模的扩大,"人民微博"这类政府主导的微博能够成为在突发事件中进行权威信息发布的主流微博。

(5) 加强互联网管理,推动行业自律。对微博的管理,要加强运营商行业自律,抑制其因为商业目的而纵容有害信息传播,严惩虚假信息传播行为。

2. 事中处置机制

上海交大传媒经济与管理研究中心主任谢耘耕指出,以微博爆发性增长为代表的新媒体舆论环境的形成,其突出特点就是突发事件处置过程将更为"曲折反复",面临更大的公众监督压力,需要更透明的信息公开机制,同时政府也要有更成熟的应对智慧和方法。突发事件的事中处置机制是突发事件应对的核心环节,应把握以下原则和方法:

(1) 把握的原则

原则一:以民意为基础。政府不应该为了尽快使突发事件平息,

---

① 彭伟步、李贺:《新媒体环境下官员应有怎样的媒介素养》,http://www.chinaelections.org/NewsInfo.asp? NewsID = 177287。

而在未经过详细周密调查的情况下对事件定性，妄下判断只会让网民质疑政府的公正和公平，恶化事件影响。政府给予的事件结论应该是经过严谨论证、有充足证据支撑并且能为网民所接受的，不应随意编造。对于涉及官民矛盾的事件政府更要谨慎处理，不能因为害怕承担责任而只讲速度忽略效果，要充分考虑网民反应，值得怀疑的结论要反复推敲、论证。

原则二：把握"黄金"时间。具体包括两个阶段，其一是："黄金4小时"。传统观点认为，官方处置突发事件有"黄金24小时"之说，即在事发24小时内发布权威消息主导舆论是平息事件的关键。新兴媒体崛起，渗透并深刻参与到突发事件的发展过程中。在新媒体的冲击下，传统的"黄金24小时"法则渐显无力。人民网舆情监测室基于当下媒体环境提出了"黄金4小时"原则，指的是新闻发布的及时性，政府要第一时间发声，政府要第一时间处理问题，做突发事件的"第一定义者"。其二是："黄金六天"。舆情事件的网络搜索和关注多数都在事件发生后的1—6天内，此后逐渐呈现下降趋势，若没有再次爆发的缘由，则将在半个月到一个月内退出热门搜索行列。所以政府应当在突发事件发生后的一个星期内给予尽量多的科学回应，充分利用与网民交流的机会，将事件调查清楚并适时承担责任，一系列处理措施应当在此期间完成，使处理意见为公众所知并视进一步调查情况调整措施。

原则三：慎用暴力、公权。政府对于公民应该尽量不采取警力、暴力手段，即使是在现场异常混乱的情况下也勿轻易使用粗暴手段。政府也许是出于安定现场、控制秩序的目的，但是警力、暴力仍然容易让公民产生反抗和厌恶。在"马鞍山局长打人"事件中，本来当地书记的一句"这件事情如果处理得不好！找我郑为文！"赢得了现场掌声，将舆论导向积极面，但是随后防暴警察的出现，使用烟幕弹驱散围观群众又一次把事件推向不利的一面。

原则四：高度重视意见领袖的作用。意见领袖在网民中占有很高的地位，其给出的意见、提出的质疑都在很大程度上左右着网民的看法。一旦意见领袖的观点与政府不同，政府的澄清和言论就会被大众的流言蜚语淹没，只有与意见领袖保持良好的沟通，澄清事实，得到他们的理解和支持，突发事件的舆论压力才能真正得到缓解。政府可用微博的方式与意见领袖进行交流，当新的舆情热点出现时，政府主动将实时动态及时发布给意见领袖，并对意见领袖的反馈第一时间做出回复，最大限度地避免误会和谣言的滋生。

原则五：仪表得体、态度诚恳。在突发事件处理的开放式环境下，网民正在日趋成熟，而地方官员应对时的专业化水平却有很大差距，仅就仪态和言语方面就远未达标，近期陕西安监局"表哥"杨达才事件就是典型的代表。实际上，只要从内心尊重、信任网民，对网民的疑问坦诚回应、及时澄清、释疑解惑，得到网民的理解和信任并没那么难。云南"躲猫猫"事件中伍皓的处理方式就是很好的例证。

（2）应对方法

第一时间赶赴现场。"黄金4小时"的充分利用能够减轻事态发展，为政府争取更多的主动权，在条件具备时，政府官员亲临第一现场有利于安抚民心，更能够向公众表明处置的决心，即使没有能力在短时间内与群众在现场面对面交流，也要就突发事件处理作出坚决表态。"瓮安事件"之所以会演变成大规模的群体性事件，与瓮安县委、县政府主要领导没有第一时间赶赴现场，不敢面对群众，回避矛盾，反应迟钝，措施不力，贻误控制事态良机有着直接的关系，从而破坏了阻止事件升级的最后一道防火墙。

迅速组建第三方调查。人们普遍认为与事件存在客观利益关系的个体或群体是难以公正、公平地处理问题的，所以尽快启用第三方调查，能将政府揭露真相的态度表达明确，并且有利于促使调查结果为大多数公民信服。山西"问题疫苗"事件中，作为当事人一方的山西省卫生厅也是调查事件的主体，公民出于其利益关系的考虑认为鉴定报告不实，在网上引发了各种"官商勾结"的言论。

主导舆论走势。尽管网络的议论热度已经远远超过了报纸、杂志等媒体，但是在面对纷繁杂乱的各家观点时，网友更倾向于选择相信亲临现场的记者，政府应该充分利用媒体的力量，借媒体之口实时披露真相。在心理学上讲，群体一旦形成，他们的情感和思想因外界刺激，全都会转向同一个方向，自己的个性瞬间消失，这称之为集体心理。政府不配合媒体报道或是封锁媒体消息，一方面"媒体不报，传媒失语"；另一方面"集体心理"形成，他们"对信息极度渴望"，这种情况下，任何观点不管正确与否只要迎合了心理群体当时的心理状态，就很容易被选择，占据主导舆论的地位。比如，在汶川地震发生之后，公众除了急切地关注伤亡人数外，还几乎全天候地守在电视机、收音机和电脑旁，时刻关注着救援工作的进行情况，因为这些是外界最为关心，也是最容易变更的信息。因此，当微博对突发事件进行了报道之后，相关的媒体（包括微博本身）要迅速地介入其中，进行动态的跟踪报道，及时更新信息，使更多有效的信息能够以最清晰、最快速的方式呈现出来，更好地为突发事件的解决提供舆论关注和舆论支持。

及时问责。由于网民对热门事件的搜索延时大致为半个月到一个月，所以为了给公众一个满意的交代，表明政府公正、公平的处事态度，应该在第一时间对事故责任人进行问责。官员问责通常会引发第二次搜索热潮，跟踪处置结果，这是网民最为关注的政府措施之一。从实践来看，如果问责不及时，即使对官员进行了问责，但已过了网友搜索热潮期，网民的印象已经固化，其效力将大打折扣，不利于树立政府正面形象。

3. 事后恢复机制

突发事件处理之后，还应当做好善后工作，对于恢复当地社会秩序、稳定人心具有重要的作用。

致歉。要做到有错道歉则是要求政府必须正确认识自身性质，政府官员是人民的公仆，在地位上并非高人一等，做错事情道歉是理所应当的事情。公民也是通情达理的，如果不是造成过于严重的损失，面对主动道歉、态度诚恳的对象，一般会给予包涵和体谅。同时，政府给人民登门道歉，更表现出政府对人民的尊重，有利于缓解矛盾。广州法制办的"咆哮哥"事件得到妥善处理后，广州法制办负责人和"咆哮哥"本人一起上门到发帖网友家道歉，得到了网友们的谅解。

心理治疗。心理治疗是突发事件之后的重要工作之一，包括地震在内的突发事件结束后，经历灾难的公众所遭受的身心伤害需要得到疏导和救治，心理救助和危机干预就显得尤为重要。政府要根据实际情况，制定切实有效的治疗方案，彰显人文关怀。

整改。"吃一堑，长一智""知错就改"，突发事件妥善处理后，相关的部门应该进一步地多问几个为什么，突发事件为什么会发生？为什么会引发此类群体的关注？为什么在这个时期发生？应对过程中哪些地方没有做好？教训是什么？可否避免？完善的空间在哪里？等。据此，进行系统的整改，这样不仅会得到网友的理解，更重要的是会得到网友及全社会范围的尊重和支持。

五 案例分析：微博与"深圳5·26交通肇事案"

（一）案例回放："深圳5·26交通肇事案"发展始末

深圳，2012年5月26日凌晨，一辆高速行驶的跑车与两辆出租车相撰，致3人死亡。警方公布肇事者身份后，死者家属质疑"顶包"。此事在全国范围内引起了广泛关注。从发展过程来看，这起事件可分为三个阶段：

1. 事件曝光阶段（5月26—27日）

2012年5月26日凌晨3：20，事发后12分钟，新浪微博用户"小爽之"在微博发布相关现场照片。第二天，《南方都市报》以《跑车男夜载三女醉驾飙车，连撞两的士致三死四伤》为题进行了简短的报道，报道内容仅限于对事故本身造成的特大人员伤亡。

2. 事件发展高潮阶段（5月27—29日）

5月27日19：59，深圳警方通过新浪微博公布了肇事者信息。

之后，车祸中死者家属对结果表示质疑。同时，5月27日晚间名为"@眼袋兔兔子"的新浪微博博主发布微博称："希望能揪出真正逃逸的肇事司机，还他们家人一个公道。"此条微博瞬间点燃了微博平台网友的热情，被转载37888次，评论9768条。网友开始对深圳交警的调查结果表示质疑，微博平台上的关注度开始攀升。

5月28日、29日，深圳交警连续召开两次新闻发布会，公布视频证明侯某为肇事者。但警方的视频很快就被有视频专业背景的网友质疑，指出视频存在严重PS痕迹，使得警方陷入被动，网友对警方的口诛笔伐瞬间高涨。

随着网友对此事关注度的飙升，传统媒体和网络媒体加大对此事的报道力度，《中国青年报》《南方都市报》发表评论员文章，许多电视新闻节目也相继报道此事，更提升了事件在大众中的关注度。

3. 事件逐渐平复阶段（5月30日—6月3日）

5月30日，深圳警方通过两个渠道公布DNA检验结果：一方面借助传统新闻发布会形式，向媒体公布最终检验结果，平息媒体质疑。深圳卫视《第一时间》系统整理事件发展过程，并在5月30日的节目中采访了三方当事人，包括交警、肇事者侯某、死者家属，平息了一部分网友的质疑。另一方面借助微博平台，召开一个小时的微访谈，与网友平等地、面对面地交流，接受网友质疑，解答网友疑惑。

5月31日、6月2日、3日，深圳警方不断通过官方微博发布新的照片和视频证据，证明此次事故中不存在"顶包"。6月2日，CCTV-新闻频道的《新闻调查》栏目专门针对此事做了一期名为"被拷问的死亡飙车"的节目，针对质疑做出了调查和解释，回应了大众的许多质疑。

6月4日，"5·26交通事故"舆情处理之后，深圳交警开始反思，随后开始严厉打击飙车行为，并创造性地依据深圳情况，制定了将飙车定为危险驾驶罪的具体标准。

(二）案例分析：微博在"深圳 5·26 交通肇事案"中所起的作用

1. 微博成为事件信息源

即时性是微博传播的最大优势。在突发事件的爆发期，事件的当事人和亲历者能够借助手中的传播工具，将危机信息及时地传到微博上，让公众在第一时间了解突发事件发生的地点、时间、造成的损失等相关信息。微博用户可通过多种平台进行信息发布，最大限度地突破了时间、空间的限制，因此微博迅速成为突发事件的信息发布平台，使得传统媒体不再是第一手的新闻来源。

在此次事件中，事发后 12 分钟的凌晨 3：20，"小爽之"发表了一条见证事发现场的微博，"一辆法拉利像风一样地从我身边过去，快得都能嗅到烟味，没过 100 米，撞上两辆出租车，现场的火啊！我快拍了一张，赶紧上车离开，怕炸没命"。此微博附加了一张现场汽车着火的图片。这是肇事事件发生后网络上的第一条信息，此条微博被转发了 988 次，被评论了 779 次。使此次事件在一定范围内得到了传播。

2. 微博推动此事件成为公共事件

微博以快捷方便的转发和对话功能，使得突发事件得以迅速地传播，同时，会影响进而带动传统媒体的跟进，从而使突发事件很快成为广受社会关注的公共事件。如果说"小爽之"发布的第一条微博只是告诉人们"事件发生了"，那么深圳警方的微博则不断发布事件进展的消息，并且坚持通过文字、图片、视频等多种方式，让公众充分了解事件进展，使事件更广泛地走入公众的视野。而"@眼袋兔兔子"发布的微博更使肇事案件在网络上引发了空前的关注。进而，央视等传统媒体的报道使事件终于成为举国关注的公共事件。

3. 微博成为谣言传播的平台

微博作为自媒体，对突发性事件相关信息的发布往往具有自发、随意的特点，难以做到客观、全面、公正。同时，也有部分人唯恐天下不乱，编造虚假信息，制造轰动效应，或是"恶搞"心理，散播不实信息。这些都使得突发性事件发生后，微博很容易成为谣言产生和传播的场所。微博用户作为个体存在时，并不具备分辨每一个谣言的能力，因而微博谣言影响力广，破坏性大，对突发事件往往可以起到推波助澜的作用。5月27日18时16分，深圳警方通过官方微博确定交通肇事者就是侯某。但是，随后"@眼袋兔兔子"发布微博称"@疯了lulu疯了@_yo爺于5月26日凌晨三点零八分在滨海大道上一次车祸离开了我们，现告知所有认识她们的朋友，愿她们一路走好，我们永远爱你们。最后希望能揪出真正逃逸的肇事司机，还她们家人一个公道"。此条微博被转载37888次，评论9368条。此微博一出，唤起了大众对于此事件是"顶包"的猜想，也引起了对深圳警方的质疑。随即，微博上充斥着大量的猜疑和谣言。

4. 微博也是辟谣的强大武器

从另一个角度看，微博也是十分强大的辟谣武器。突发性事件爆发后，权威机构可以通过微博平台第一时间发布准确信息，辟除谣言。5月28日，深圳交警通过官方微博和传统新闻发布会公布数个视频片段，证明侯某就是肇事者。但是警方公布的视频遭到了质疑，有人认为此视频是后期PS过的，并有视频专业的网友对视频中的漏洞进行了解释，加剧了网友对警方的不信任。5月29日，深圳交警再次公布更为清晰的视频，并公布跑车车主照片，一定程度上消除了网友的质疑。在事件处理过程中，深圳警方的新浪微博受到很高的关注，在事件发展高潮阶段，10条微博的转发总次数达到了28672次，评论总次数达到了55236条。微博上较高的关注度使得深圳警方的辟谣取得了良好的效果。

（三）案例思考：以真诚的回应面对公众质疑

"5·26"飙车案已告一段落，深圳警方连开4次新闻发布会后，来自民间的质疑声渐渐平息。这起案件从一开始便受到广泛关注，随着警方调查的推进，各方说法充分呈现。民间提出质疑，媒体迅速承接，警方积极回应，这种良性互动共同推动着真相呈现，也赢得了社会各界的肯定和好评。

人民网舆情监测室舆情分析师朱明刚表示,4次新闻发布会、全角度"微直播"开放透明,修复政府公信力,直面质疑,善待民意,动态回应,深圳危机应对广受好评。

本来,及时向公众发布事件进展的相关信息,是相关部门的职责所在,也是落实公民知情权的必然要求。然而,在以往不少引发强烈关注的突发公共事件中,我们更多感受到的却是相关部门和官员的冷漠、欺骗和伤害。令人欣慰的是,在"5·26"案件处理过程中,深圳警方并没有"防御性"地怀疑公众的立场和动机,也没有刻意为自己发布的信息作出辩解,他们认真而不敷衍地正面回应公众的每一个质疑,及时满足了公众的信息需求,也重新获得了公众的信任。

微博时代,不能指望所有的质疑都具备充分的理性,更不必苛责公众对于官方的不理解和不信任。作为掌握公权力的官方,应当有勇气和雅量包容和面对公众的一切质疑,以谦卑和真诚的心态与质疑声音密切互动,就能从公众中汲取智慧和力量。[1]

---

[1] 鲍传文:《以谦卑的心态面对公众质疑》,《深圳特区报》2012年6月5日。

浅析新媒体在公众参与公共决策中的作用[*]

联合国教科文组织把新媒体定义为"以数字技术为基础，以网络为载体进行信息传播的媒介"。据《第35次中国互联网发展状况统计报告》，截至2014年12月，中国网民规模达6.49亿人，全年共计新增网民3117万人。互联网普及率为47.9%，较2013年底提升了2.1个百分点。互联网发展重心从"广泛"向"深入"转换，各项网络应用深刻改变网民生活。[①] 互联网特别是移动网络的迅速发展必将推动新媒体时代的到来。新媒体将"以未被限制的信息流为特征……制约了统治权为操纵信息流的行为"[②]。由于新媒体具有交互性、共享性、海量性和即时性等特征，这为中国公民了解社会的经济、政治、文化，参与公共政策等各方面事务提供了非常便利的渠道。新媒体的出现必将瓦解中国传统封闭式的决策模式。首先，随着新公共管理运动、治理理论、无缝隙政府等理论的传播和发展，公众的主人公和权利意识逐渐增强。其次，各种新媒体的迅猛发展为公众提供了数量大、质量高、传播速度快的各种信息。有关公共问题、公共决策和政府的各方面信息都难以实现传统的封锁，以至于政府任何政策如果具

---

[*] 本文为2014年度国家社科基金项目"新媒体环境下公民有效参与公共决策制度建设研究"（项目编号：14BZZ090）阶段成果。

[①] 中国互联网络信息中心：《第35次中国互联网络发展状况统计报告》，http://www.cac.gov.cn/2015-02/03/c_1114222357.htm。

[②] ［英］希瑟·萨维尼：《公众舆论、政治传播与互联网》，张文镝译，《国外理论动态》2004年第9期。

有偏见性，或者政府无法与公众及时沟通得到民众的支持都会遭到不同程度的抵制，从而政策因难以执行而失败。例如，发生于 2014 年 3 月 30 日的广东茂名 PX 项目事件，该事件是继厦门、大连、宁波、昆明等地之后的又一起 PX 事件。最终，茂名市政府查处 44 人，刑拘 18 人。同时，宣布将尊重民意民情，在社会没有达成充分共识前决不会启动该项目。最后，目前中国正处于改革的深水区，不同的社会群体、行业领域和阶层之间充满了复杂的矛盾，人们对于自己的利益和诉求有着强烈的表达愿望，而新媒体的出现为他们提供了一条便利、安全、影响力大的渠道。

一 新媒体对公众参与公共决策的推动

（一）参与成本低、途径广泛

传统决策模式下公民要想了解有关决策的相关信息，他们需要在工作日内亲自去政府各个部门了解相关信息，耗费大量的时间、金钱等成本。正如罗伯特·达尔在其著作中所提到的，"倘若 A 拥有的资源（例如财富）比 B 多，那么在其他条件相同的情况下，一笔特定费用的代价对于 A 来说就比对 B 来说要低，因为 A 必须放弃的其他选项要比 B 少。或者用经济学家的语言来说，就是 A 的机会成本较低"[1]。中国目前仍然处于社会主义初级阶段，人们可以自己支配的剩余资源还是相对较少，所以巨大的机会成本对于公民来说还是一个很大的负担。然而现在"以网络、手机为代表的新媒体以其开放性、互动性打破了单向度传播"。这种准入门槛较低的途径使得公民只要拥有基本的电脑、手机等操作技能，在任何一个联网的设备上就可以随时随地、自主了解相关信息，不仅可以节省大量的时间和金钱等成本，而且获得的信息也更快、更全面。

---

[1] ［美］罗伯特·达尔等：《现代政治分析》，吴勇译，中国人民大学出版社 2012 年版，第 150 页。

新媒体出现之前，公众参与公共决策局限于民主选举、民间决策、民主管理、民主监督、听证会等。这些间接性的渠道大多以"你说我听"的形式，公众表达自身的利益需求非常困难。随着BBS、QQ、微博、微信等新媒体的出现，公众的知情权和表达权都得到了极大的提升，为更便捷、更充分地参与政策制定提供了可能。

（二）提升问题的关注度、解决速度

公共问题的关注度受制于信息的公开程度和传播速度。在传统的决策模式下由于管理者考虑到"维稳"的政治目的，管理者通过各种手段做好传统媒体的各方面工作，这就使得事件的真实性难以得到有效、及时的报道，甚至许多影响恶劣的公共问题在政府的"包装下"成了某些部门的宣传工具和某些领导邀功的机会。而新媒体的发展使得"纸里包不住火"，相关事件关注度上升的同时给予政府部门巨大的舆论压力，这种巨大的压力逼迫政府改变以往的不良工作作风。例如，近年来，在涉及一些政府部门、企事业单位与群众的冲突事件中，"临时工"总是直接肇事者。2013年5月底延安城管踩人事件震惊全国。6月3日，网上一条延安城管2013年5月31日下午"暴力执法"的视频引发网友热议，6月4日下午，延安市公安局详细调查并回应打人城管是"临时工"，以城管局正式向受害者道歉并承担全部医药费、6名"临时聘用人员"（包括跳踩商户者）被开除、8名现场执法人员被党政处分而暂告段落。为何官媒和政府在事件发生后的第一时间并未主动发声报道调查，而是直到"暴力执法"的视频被人上传在网络上引发热议时才进行调查核实？相信如果没有网络曝光和网民的广泛关注，事情的处理不会如此迅速，而"临时工"的现象也不会得到重视。新媒体的出现对于政府形成一种隐形的倒逼机制，在全网络的关注监督下政府必须改变以往"门难进、脸难看、事难办"的工作作风，只有以更快的速度解决人们遇到的问题才能赢得人民的支持和头上的乌纱帽。可见新媒体在公共问题的解决速度上大有益处。如2014年9月10日，网传黑龙江依兰县一教师向学生索

礼并辱骂学生,依兰县教育局仅一天就完成了调查,于9月12日向社会发布通报,公布调查结果。

(三) 增加决策者的信息渠道、回应机制

信息的重要性可谓从古至今有增无减,从古代的"知己知彼百战百胜"到现代社会的"信息战",信息的多少与否、真假与否和及时与否都决定着一件事情的成败。正如陈刚在其著作中提到的,"信息是政策规划的依据,没有完备而准确的信息,就不会有科学的政策规划。信息越全面、准确,政策规划过程中思维的深度和广度也就越大"①。人民网开设的《地方领导留言板》每年都会在全国两会期间推出"两会来了,我托书记省长捎句话"网友建言征集活动。2014年活动上线22天时间里,共收到各地网友建言1.5万条,11位书记省长陆续做出公开回应或交办,涉及建言800多条。②

新媒体不仅仅为管理者提供了充足的信息渠道,而且管理者还可以利用新媒体给予公民及时的回应和反馈。新媒体提供的反馈信息将有利于管理者更加连贯地依据其决策目标随时修正其行为。"没有反馈,各种输出将完全相互独立;而有了反馈,输出就可能是高度相互关联的、累积性的和前后一贯的。"③ 及时而又高效的回应机制可以为政府应对许多传统无法解决的问题。例如,2014年8月3日16时云南鲁甸地震发生后@中国地震台网速报率先发布地震快讯。随后,@人民日报、@央视新闻等主流媒体微博予以了关注。随着一线灾情的陆续公布,媒体微博随时滚动报道灾情信息,截至8月4日11时,@人民日报发布相关微博已达到118条,网友转评超过30万条。政务微博方面,当地省市县三级微博@微博云南、@微昭通、@鲁甸微

---

① 陈刚:《公共政策学》,武汉大学出版社2011年版,第98页。
② 杨伊、韩月:《一块留言板一年解决11万件网友诉求,累积回复量超30万》,http://leaders.people.com.cn/n/2015/0109/c178291-26354153.html。
③ [美] 杰克·普拉诺:《政治学分析辞典》,胡杰译,中国社会科学出版社1986年版,第120页。

博构建起立体化信息公开网,成为网友了解灾区一线情况的重要窗口。近些年来,面对突发灾害与公共事件,越来越多的公共部门选择了微博平台强化与外界的沟通,新媒体在灾害信息发布和救援的作用凸显。① 根据 IBTimes 中文综合网报道,民调显示中国政府支持率奇高,美国学者称政府回应民众要求是主要原因。政府在实际行动上也重视回应制度的建设,如国务院总理李克强 2014 年 9 月 18 日主持召开国务院常务会议,研究部署进一步加强政府信息公开工作。会议上指出,各级政府要主动回应社会关切,对重要舆情和社会热点问题,要积极回应、解疑释惑,并注意把人民群众的期盼融入政府决策和工作之中,主动回应社会关切,要成为政务信息公开的重要制度安排。

二 新媒体对公众参与公共决策的干扰

(一) 易于导致公民参与秩序混乱

中国政府面临着公信力下降的问题,管理者如何实现"知民情、解民意、聚民心、汇民智"对于政策的调整、制定和执行至关重要。然而受制于新媒体的虚拟化特点加上缺乏相关的参与制度,管理者很难实现对参与者的有效甄别。一方面,由于网络的虚拟性和开放性使得"任何人"在"任何时间"和"任何地点"获得"任何想要的信息""发布任何想法的言论"。网络给人们戴上了面具,使他们减少了道德和责任,在网络上发表不负责任的言论,在发泄个人情绪时无所顾忌,对于政府只停留在了关注自身利益、夸大事实、不停抱怨的层面,所提供的信息缺乏理性思考,无论在质量上还是可行性上都处于一个很低的水平。正如托马斯在《公民决策中的公民参与》中所指出的,"如果由于沟通变得更加便捷了,也许公民传输的信息和表达的观点缺乏足够的思考与说服力,只停留在抱怨的层面上,这显然

---

① 卢永春:《云南鲁甸地震:新媒体走向成熟》,http://yuqing.people.com.cn/n/2014/0808/c210113-25431742.html。

与公民调查方法的初衷相违背"①。另一方面,由于这种现象有的管理者甚至非常排斥公民利用新媒体来参与公共决策,认为这只是公民的"情绪宣泄场所",使得到目前为止真正把互联网作为公众参与政府管理、提供有效沟通渠道的政府机构还不多。无秩序的参与使得新媒体的价值打了折扣,如何实现公民有序参与是充分发挥新媒体作用所面临的问题。

(二)易于将问题推向极端

新媒体的交互性、社群化的特征给予参与者广阔的交流和讨论空间,在新媒体所提供的平台上来自不同背景的人们对某一问题或决策进行或浅显或深入的讨论,这本身就有利于实现公民参与公共决策的原始目的——通过采纳不同的建议从而实现决策的科学化和合法性。尽管新媒体为公民提供了一个相对自由的表达方式使得"人人都是信息的传播者,人人都是信息的接收者,人人都是记者",但是对于问题或政策的讨论最终难以实现多元化的建议。因为现今大多数网民的观点或是从所谓的网络名人中获取的,或是从新闻媒体中获取的,而不是自己个人的独立思考。同时这些网络名人和新闻媒体在发布信息时为追求广泛的传播范围和利益需求,往往进行带有倾向性的报道,制造舆论,利用网民的从众性和较弱的信息分辨能力引导群众的思维,制造社会舆论,从而使得许多社会问题或政策被少数人的观点推向极端。例如,2014年7月23日,被判处有期徒刑的董如彬,注册网名"边民",利用"网络名人"身份,以攫取经济利益为目的,通过在网上编造事实并策划组织恶意炒作,非法获利数十万元。曾在"躲猫猫""小学生卖淫案""反对安宁石化"等事件中表现活跃。而在"湄公河惨案"发生后仅数天,"边民"就在其微博上称,"湄公河惨案不是贩毒案、刑事案而是政

---

① [美]约翰·克莱顿·托马斯:《公共决策中的公民参与》,孙柏瑛等译,中国人民大学出版社2010年版,第72页。

治阴谋案",编造虚假信息进行污蔑。据警方介绍,在"湄公河惨案"从案发到主犯伏法近一年半时间里,"边民"在网上编造、传播443条言论。仅其中5条虚假信息就被转发4852次、评论4194条,点击量31万余次。利用网络编造、散布大量虚假信息,引发网民围观,严重混淆视听,扰乱公共秩序。

(三)降低了政府对决策问题的控制力

首先,在信息公开方面,许多政府部门在公开关系到公民切身利益的问题时总是三缄其口,公布一些不痒不痛的信息。在2013年曝出的湖南"镉大米"调查了5个多月,湖南方面始终没有公布调查结论。甚至在6月中旬仍然在广东东莞检测出湖南运来的大米镉超标,湖南方面依然"无视"媒体的一再追问。同样在2014年针对公众对高速公路收费问题的质疑,交通运输部随后通过交通部门户网站发了一篇题为《中国特色的收费公路政策功不可没》的文章,试图解释高速公路收费的意义,但因没抓住公众关心的重点,回应效果事与愿违,引发了更大的质疑。有关部门的"一拖二慢三糊弄",看不到其深刻反思和实质努力,无疑会让公众感到失望。如果说负面事件的发生对公众是第一次伤害的话,那么调查结果三缄其口,事件真相雾里看花,无疑会造成第二次伤害,并进一步损害政府部门的公信力。[①]公民对政府只抱怨不合作情况的出现也就不那么难以理解,这就导致管理者进退维谷难以实现对决策问题的有效控制。其次,在公共问题的发现方面,全球化、信息化的迅速发展导致社会各方面瞬息万变,管理者在面对这些突如其来的变化时明显力不从心,这种情况下管理者总是被动地处理问题,难以实现对决策问题的引导和控制。2015年5月24日,央视《焦点访谈》栏目播出了《甘肃省华池县:谁克扣了补偿款》。节目播出后,经华池县连夜初步核查,央视《焦点访

[①] 张枫逸:《别拿"正在调查"敷衍舆论监督》,《光明时报》2013年7月29日第2版。

谈》栏目报道的问题基本属实，责成元城镇党委书记刘天鹏、镇长齐海宏和华池县信访局副局长谢振鹏停职检查，配合调查。

三 新媒体背景下完善公众参与公共决策的途径

（一）完善相关的法律和制度

法律和制度是实现权力合理运行的重要保障。2014年11月2日，工业和信息化部召开传达党的十八届四中全会和党的十八届中央纪委第四次全会精神干部大会。会议强调，落实《决定》部署要求，积极推动加强互联网领域立法，完善网络信息服务、网络安全保护、网络社会管理等方面的法律、行政法规，依法规范网络行为。健全的法律和制度不仅可以有效地制约权力运用而且可以实现稳定的秩序。在面对新媒体所带来的问题时我们应该从以下几个方面来完善中国的法律和制度。第一，把网络言行纳入法律规范范围。通过建立相关的法律、法规强制性地约束参与者，对于那些恶意中伤、散播谣言者给予严惩。第二，规范政治参与平台和信息获取平台。目前国内各种政策平台鱼龙混杂，各平台真实性和管理能力参差不齐，公民很难清楚地知道在哪个平台所提供的信息真实性较强，哪个平台个人发布的信息会被关注，问题能够得到解决，或者说政府领导会浏览到。第三，加强激励—惩罚制度的建设。达尔在其著作中指出，"致力于获取对本国政府的影响力的人，是在有意识地追求他们的自我利益"[①]。据此我们可以通过物质和精神奖励的方式对优秀的参与者予以嘉奖，这将有利于构建良好的政治参与环境。

（二）利用多种渠道提升公民的素质

公民的受教育水平低是制约公民有效参与公共决策的因素之一，

---

① ［美］罗伯特·达尔等：《现代政治分析》，吴勇译，中国人民大学出版社2012年版，第145页。

受教育程度低的公民缺乏独立的思考能力和判断能力，他们更容易被其他人的观点所左右而成为舆论的助推手。当下提升公民各方面的素质对于公民有效参与公共决策显得尤为重要，因此我们可以通过以下几种途径来实现这一目的：一是提高科学文化素质。作为个人要主动学习，自觉学习，明确了解自身所享有的权利和应承担的义务，加强政治参与。作为政府应坚持义务教育，普及知识覆盖率，如在各社区开展志愿图书馆、支教活动、扫除青壮年文盲等活动。据教育部发布的2013年全国教育事业发展统计公报，全国小学学龄儿童净入学率达到99.71%。二是提高道德素质。作为个人应自觉学习中华传统美德，加强社会公德、职业道德、家庭美德，学习道德模范的先进精神。作为政府应弘扬中华传统美德，弘扬时代新风，引导人们自觉履行法定义务、社会责任、家庭责任，积极开展"学习先进道德模范""评选优秀道德模范""三严三实"专题教育，作风建设主题月等一系列营造劳动光荣、创造伟大的社会氛围，培育知荣辱、讲正气、作奉献、促和谐的专题活动。作为媒体应加强舆论引导，强化对新媒体信息的正向引导，完善责任追究。

（三）高度重视公民的反馈信息，主动承担责任，树立政府公信力

政府应争取"第一话语权"和舆论主导权。首先，政府要主动承担责任，并养成第一时间发声的习惯。在事件发生时，要积极主动地利用新闻发布会、微博、微信等发布平台。及时发布突发事件的相关信息，及时通报即将出台的新政策、新措施以及有关热点敏感问题信息，主动配合、引导舆论。2014年2月13日清晨5时57分，成都电网10千伏沙黄线故障跳闸，造成高家六组、云翔金谷、百仁安盛、郎家八组等部分地区居民住户停电。成都供电公司接获故障信息后，迅速赶赴现场，排查故障原因，抢修恢复居民用电。同时，成都供电公司一方面由专人沟通各居民社区解释抢修情况，另一方面通过新浪官方微博将停电情况和抢修信息公布在网络上供居民及时了解。

其次，面对群众的问题和投诉等政府要主动回应及时反馈，做到件件有回复,事事有回音。2014年12月国务院办公厅印发的《关于加强政府网站信息内容建设的意见》中提出要加强政府与公众的互动交流。要通过政府网站开展在线访谈、意见征集、网上调查等方式加强与公众的互动交流,广泛倾听公众意见建议,接受社会的批评监督,搭建政府与公众交流的"直通车"。收到网民意见建议后,要进行综合研判,对其中有价值、有意义的应在7个工作日内反馈处理意见,情况复杂的可延长至15个工作日,无法办理的应予以解释说明。①

---

① 《国务院办公厅关于加强政府网站信息内容建设的意见》(国办发〔2014〕57号),http://www.gov.cn/zhengce/content/2014-12/01/content_9283.htm。

新媒体环境下公众如何有效
参与公共决策[*]
——以有效决策模型为分析视角

目前，中国正处于社会的转型期、利益结构调整期、改革攻坚期和矛盾高发期。各种突发性事件的频繁爆发凸显了政府能力的不足，有关政府负面信息通过新媒体迅速传播使得政府的负面形象被放大，公信力也打了折扣。因此，积极创造条件，使公众更充分地参与到公共决策中，对于提升政府公信力具有重要的现实意义。新媒体在传播信息时具有去中心化、即时性、社群化、交互性等特点，更加有利于公众参与公共决策的制定和执行中去。

一 新媒体环境下公众参与公共决策的现状分析

中国传统的公共决策模式更多地倾向于精英决策，由于受到公众素质等方面的限制和政府部门自身利益的考量，政府部门很少主动邀请公众参与到公共决策的过程中。熊彼特在其著作中就写道："典型的公民一旦进入政治领域，他的精神状态就会跌落到较低水平上。他会毫

---

[*] 本文为2014年度国家社科基金项目"新媒体环境下公民有效参与公共决策制度建设研究"（项目编号：14BZZ090）的阶段成果。

不犹豫地承认,他辩论和分析的方法是幼稚的,局限于他实际利益的范围。"① 然而,随着社会、经济、文化、科技、教育的快速发展以及西方的强势民主理论、新公共管理理论、多中心治理等理论在中国的传播,公众的民主意识得到了极大的提高。同时,中国当前处于社会的转型期和利益矛盾的高发期,公众亟须便捷、高效的利益诉求渠道。正如托马斯教授在其著作中提到的:"新技术发展的刺激,直接推动了信息快速地扩展和传播,越来越多的公民逐渐认识到,他们有能力影响那些关乎他们生活质量的公共政策的制定与执行。于是,接下来的结果就是,他们不断地要求在公共政策过程中获得发言的机会。"②

相对于传统的媒体,新媒体可以为公民参与公共决策提供巨大的便利。第一,新媒体可以为公民参与公共决策节约时间、金钱等机会成本。公民可以利用新媒体随时随地地了解公共问题或政策的来龙去脉并通过新媒体向有关部门表达自己的看法或建议,这完全颠覆了传统的参与方式。第二,新媒体可以为公民提供更多的参与渠道并为直接民主的发展培育土壤。中国公民传统的参与方式局限于听证会、民主选举、民主监督、上访等几种间接渠道,这些渠道的弊端在于参与人数少、难度大、效率低。政府微博、微信的出现为每个公民参与公共决策提供了可行性的渠道,这些渠道所传递的信息完全是公民的真实想法,避免了信息传递过程中的失真。科恩在他的《论民主》中提到,"民主过程的本质就是参与决策"③。因此,政府利用新媒体不仅可以及时了解到民众的真实想法,而且这种直接的参与方式也为直接民主提供了发展环境。第三,新媒体可以帮助政府提升决策效率和执行效率。一方面,政府可以通过新媒体及时了解到有关公共问题各方面的信息,从而为做出决策打下基础。另一方面,政府也可以利用

---

① [美]约瑟夫·熊彼特:《资本主义、社会主义与民主》,吴良健译,商务印书馆1999年版,第386页。

② [美]约翰·克莱顿·托马斯:《公共决策中的公民参与》,孙柏瑛等译,中国人民大学出版社2010年版,第1页。

③ [美]科恩:《论民主》,聂崇信等译,商务印书馆2004年版,第219页。

新媒体的交互性、及时性等特点来推动政策的执行。例如,在2011年的"食盐风波"事件处理上,盐业总公司通过第一时间向广大人民群众发布有关信息及时地化解了危机。第四,新媒体增强了政府的回应性。"没有反馈,各种输出将完全相互独立;而有了反馈,输出就可能是高度相互关联的、累积性的和前后一贯的。"① 因此政府对民众的回应和反馈显得尤为重要。政府信箱、微博、微信的开通使得官员可以利用新媒体实现移动办公,这对于时间破碎化的领导也是一件好事。"自信箱开通以来至今接件量达到了5783件,当年办理5610件,办结率达到了97%。来信答复的内容质量较高,高度重视了市民反映的问题、提出的意见,收集到了较多的公共决策的真实信息。"②

二 新媒体环境下公众参与公共决策的困境

任何事物都具有两面性。新媒体的出现为公众参与公共决策提供便利的同时也带来了许多问题,例如,政府部门如何选择利益相关的公众?如何把握公众参与公共决策的程度?如何化解官民的紧张关系?这一系列问题的出现对政府应对公民参与提出了挑战。

(一)相关公众难以界定

新媒体为公民参与公共决策提供了很多渠道并赋予了极大的便利,在这种情况下新媒体打破了传统渠道对公民参与决策的限制,当政府在做出决策或执行决策需要民众参与时,民众总是如赶鸭子般一哄而上,任何人都可以随时随地地发表自己对于决策的意见或建议。这凸显出了两个方面的问题:第一,这些参与的公众是否具有代表

---

① [美]杰克·普拉诺:《政治学分析辞典》,胡杰译,中国社会科学出版社1986年版,第120页。
② 姜周:《电子政务环境下公民参与公共决策方式研究》,《管理观察》2013年第32期。

性？第二，这些建议是有感而发还是经过深思熟虑的？造成这种现象的原因主要有两个方面。一方面，新媒体虚拟化的特点给予民众很大的自由权。公民以往利用旧媒体或通过上访等方式参与公共决策时，民众本身总是受到外部权力和势力的威胁导致参与积极性受阻。例如在"河北定州惨案"中，施工方雇用黑社会力量暴力驱逐看守土地的农民，最后导致6人死亡多人受伤。虚拟化的新媒体在某种程度上给予了公众"隐身"的能力，使得外部权力和势力的威胁大大降低，长期压抑的民众如同抓住了救命稻草般，参与的积极性暴涨。另一方面，民众的代表性不足的根本原因在于缺乏一种过滤机制。任何人都可以通过新媒体参与到公共政策的制定和执行中去，这很容易导致参与的无序性和无效性。我们需要一种过滤机制，这种过滤机制的过滤网即是参与的资格和标准，通过这层过滤网我们可以有效地筛选出那些符合条件的参与者并过滤掉"闲杂人员"。这样不仅可以减小信息处理的难度和工作量，而且可以提升信息的内在价值。

（二）参与程度难以把握

公民利用新媒体参与公共决策的过程中暴露出来的另外一个问题就是公民参与程度的高低。这主要涉及两方面的问题：其一是公共决策是否需要公民参与？其二是决策者在多大程度上与公众分享决策权？这两个问题产生的原因相对复杂。第一，中国传统的决策模式是封闭式的并排斥公民参与。"在这样的决策过程中，与风险有利害关系的公民，却常常因为无知识、无能力和影响效率等借口被排除在外，最终导致封闭性。"[1] 中国公民的教育水平和科学文化素质相对国外发达国家来说仍然处于一个较低的水平，这对于公民参与公共决策确实是一个软肋。第二，许多决策涉及国家机密。公民参与公共决策的前提之一就是了解有关决策问题的相关信息，如果决策问题涉

---

[1] 杨振宏：《政府转型中公民参与的构建及内在法理基础》，法律出版社2013年版，第79页。

国家机密，那么当公民利用新媒体了解相关信息并通过新媒体参与决策的过程时，这些信息很可能被一些别有用心的人加以收集和利用。例如，"斯诺登事件"暴露出美国长期利用社交网络、电子邮件、视频等方式监听和收集大量国外政府和企业的机密信息。第三，公众参与可能影响公共决策的效率。"倾向于效率和生产率的行政官员可能会发现公民参与很难应对并且很费时间，但是鼓励公民参与却是公务员角色的一个必不可少的要素。"[①] 现代媒体的交互性特点使得民众在参与决策的过程中可以实现无障碍的交流，在这种情况下政策的缺点往往会因为政府较低的公信力而迅速地放大甚至会出现群体极化现象，更甚者许多决策会因为公众的反对而流产。如果决策者只是想听一听公众的声音或者走个形式而不愿意同公众分享权力，那么公众的参与积极性一定会因自己的意见不受重视而降低。例如杨振宏在其著作中提到，"距其不远的2000年美国大选的民众投票率仅为49%，可见此时的美国民众对于公民的政治参与已经失去兴趣，很多人已经认清选票没有太多意义，因为金钱支配了整个选举"[②]。如果政府赋予公众较大的权力来参与公共决策，公众很可能会带着自己的特殊利益而不是最广大人民的利益来参与决策的制定。"如果公民对政府制定的政策不满意，那么，他们也许会拖延政策实施的时间，这又得花上一些时间才能促使决定得以执行。"[③] 因此无论政府同公众分享多少权力都会面临着决策的困境。

（三）官民关系相对紧张

官民关系相对紧张的原因主要有两个。第一，政府公信力低。公众参与政策制定在中国仍然停留在"走形式"和"做样子"，公民总是只

[①] [美] 珍妮特·登哈特、罗伯特·登哈特：《新公共服务——服务而不是掌舵》，丁煌译，中国人民大学出版社2004年版，第54页。

[②] 杨振宏：《政府转型中公民参与的构建及内在法理基础》，法律出版社2013年版，第44页。

[③] [美] 约翰·克莱顿·托马斯：《公共决策中的公民参与》，孙柏瑛等译，中国人民大学出版社2010年版，第18页。

有反对的权利而参与权却被变相地剥夺了。许多地方政府在制定政策时为了满足公众参与的"需求",当某项政策要出台的时候,某个主管部门就会在公开场合透露出一些观点,看看老百姓的反应如何。当看到网民反响大的时候,就出面辟谣,由说话的个人承担责任,不代表部门的立场等。所以从实施过程看,政府仍然是关起门来制定政策,只不过迫于公众压力和决策后期的执行压力不得已才进行公开,这种情况下很难赢得公众的支持也违背了公民参与的初衷。从某种意义上说,公众参与公共决策就是公众与政府之间的一种合作关系,但是这种合作关系还远远没有建立起来。政府和公众之间存在着彼此的不信任,特别是公众对政府公信力的下降严重阻碍了这种合作关系的发展。在这种不信任的状态下公众对于政府的工作不仅没有包容和理解,甚至和官员之间的关系有进一步恶化的可能。第二,官员能力的不足。新媒体的发展在一定程度上改变了政府的工作性质并重塑着工作环境,"无纸化办公"和"互联网+"逐渐成为公共部门改革的方向。正如《哈佛商业评论》所称,大数据本质上是"一场管理革命"。"它不仅是一场技术变革,更意味着一场社会变革,而这种社会变革又伴随并呼唤着公共管理与公共服务的变革。"[①] 这些外部环境的变化挑战着政府的各项能力。近年来群体性事件和网络群体性事件的高发凸显了政府应变能力、协调能力、沟通能力差以及应急机制的缺失。造成政府能力不足的原因主要有以下两个方面:一是外部环境的变化。外部环境变化体现在政治、经济、文化、科技等各方面,特别是新的科学技术的发展对人类的生产和生活方面起着颠覆性作用。这些突如其来的变化对政府的能力产生了巨大的挑战。二是培训制度的不健全。培训制度的缺失导致公务员无法直接、系统地学习新的管理理论和治理方法,因此,公务员的成长和能力的提升缺乏合适的途径。

[①] 徐继华、冯启娜、陈贞汝:《智慧政府大数据治国时代的来临》,中信出版社2014年版,第17页。

三 以有效决策模型为基础的应对措施

虽然新媒体环境下公众参与公共决策面临着相关公众难以界定、参与程度难以把握、官民关系相对紧张的问题,但是我们不能以此作为拒绝公众参与决策的理由。托马斯教授提出的有效决策模型为我们解决以上问题提供了可行的方法。

(一) 界定相关公众的两个标准

由于新媒体大多借助于网络技术,因此任何人都可以通过互联网参与到政府的公共政策中去。因此如何甄选出具有代表性的参与人员是提升参与质量的关键。有效决策模型在甄选参与人员时提出了两个标准,正如托马斯教授在其著作中提到的,"他们要么(1)能够提供对解决问题有用的信息,例如关于消费者偏好的信息;要么(2)能够通过接受决策或者促进决策执行,影响决策的执行。这两个标准对公共管理者是十分有用的,同时,也满足了公众的需要"[1]。根据这两个标准并结合新媒体自身的特点,我们可以建立参与人员的标准和筛选机制。首先,在政府部门制定公共政策时,如果需要公众的参与,那么相关政府部门应该第一时间把参与公民应具有的条件和标准通过新媒体告知广大网民,并且这个参与标准的制定应该以托马斯教授提出来的两个标准为基础。在这种情况下如果公民想要参与到某项公共政策的制定,则他们会通过新媒体来了解参与的标准并判断自己是否符合这一标准,通过这个标准的建立我们可以初步地界定相关公众。其次,政府部门可以通过设计一些和政策相关的基础性的问题来进一步筛选潜在的参与者,回答问题及格者可以参与到公共政策的制定中去,不合格者将被排除在外。最后,建立奖励制度。参与公共政策的制定也在一定程度上消耗了参与

---

[1] [美] 约翰·克莱顿·托马斯:《公共决策中的公民参与》,孙柏瑛等译,中国人民大学出版社2010年版,第38页。

者的精力，因此为了鼓励公民参与公共决策和提升参与的积极性，我们可以对优秀的参与者给予一定的物质或者精神奖励。

（二）决定参与程度的两个要素

公众参与公共决策在一定程度上影响到了政府的工作效率、政策质量等，那么如何决定公民参与的程度呢？托马斯教授认为，"界定公民参与的适宜度主要取决于最终决策中政策质量要求（quality）和政策可接受性（acceptability）之间的相互限制。一些公共政策问题更多地需要满足决策质量要求，也就是说，需要维持决策的专业化标准、立法命令、预算限制等要求。而其他一些公共政策问题则对公众的可接受性有较大的需求，即更看重公众对政策的可接受性或遵守程度"[①]。在他看来，政策质量和政策可接受性是一对矛盾，对政策质量期望越高的公共问题，则对公民参与的需求就会越小。反过来说，对政策的可接受性期望越高，则对公民参与的需求程度以及与公众分享决策权力的需求程度就越大。这三者之间的相互关系我们可以通过图1和图2加以说明。

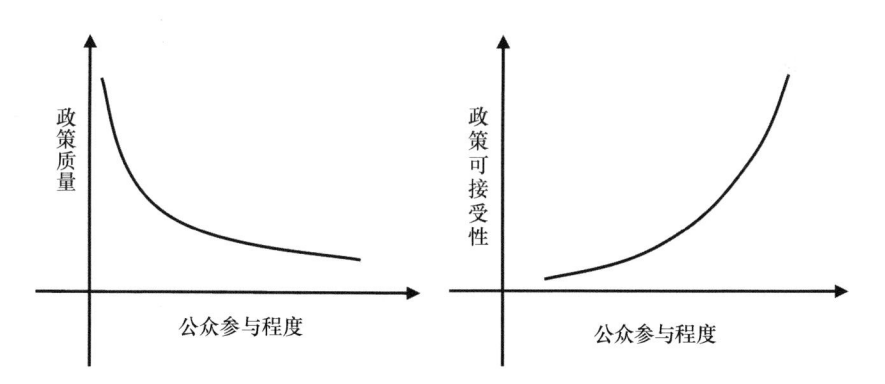

图1 政策质量与公众参与程度关系　　**图2 政策可接受性与公众参与程度关系**

---

① ［美］约翰·克莱顿·托马斯：《公共决策中的公民参与》，孙柏瑛等译，中国人民大学出版社2010年版，第25页。

在确定政策质量和可接受性要求的基础上,托马斯教授从宏观上又给我们提供了三种决策方式。下面我们依据对政策质量要求从高到低依次介绍这三种决策方式。"(1)独裁或自助式决策,没有公民参与或者公众的影响力;(2)协商式决策,公众在其中发挥有限却十分重要的作用;(3)公众决策,决策由管理者和公众共同制定,公民对决策拥有广泛的影响力。"① 这三种方式对于决策质量、接受性、权力分享程度的要求都不同。三者之间关系见图3:

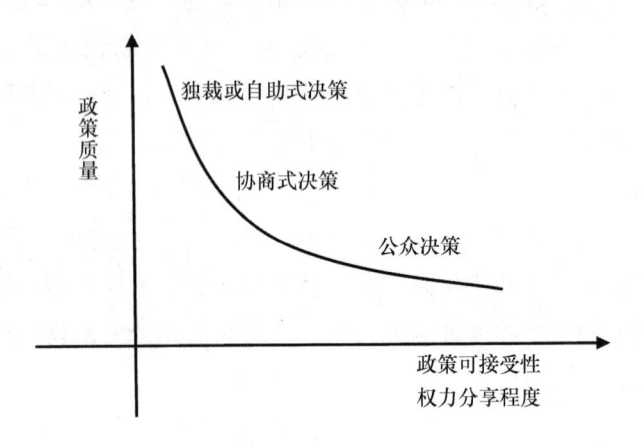

图3 三种决策模式与政策质量、政策可接受性及权力分享程度间关系

因此,政府部门可以依据政策对质量和接受性要求的高低来决定公民参与的程度,并在参与程度要求的基础上选择决策方式。

(三)构建强有力的合作关系

"天时不如地利,地利不如人和",政府和民众之间良好的关系是公民参与公共决策的前提。然而中国政府由于各方面原因导致自身公信力低,民众对政府表现出了极大的怀疑和不满,因此如何提升政府公信力和培养良好的官民关系是提升公民参与公共决策积极性的前提

---

① [美]约翰·克莱顿·托马斯:《公共决策中的公民参与》,孙柏瑛等译,中国人民大学出版社2010年版,第27页。

和关键。托马斯教授主要从以下几个方面给出了他的建议。首先,政府部门应提升政府领导人在公众心中的认可度。托马斯教授认为如果政府部门领导人得到了公众的信任,他们就更倾向于容忍各种不便利的情况,并更容易原谅政府部门出现的过错。由于新媒体具有交互性和即时性等特点,如果政府领导人能够恰当地利用新媒体来提升自己在公众心中的认可度,那么这对于工作的开展将大有帮助。其次,培养充分知情的公众。他认为"进入公民参与过程的公民代表可能只掌握较少的有关讨论问题的信息。所以,在他们能有效地参与决策之前,相关背景的教育必不可少"[1]。基于这一点托马斯教授提出通过教育公众的方式来培养充分知情的公众。新媒体的出现使得教育公众的方式更加多元化。例如,政府部门可以通过新媒体向公众传送相关教育视频和资料,这不仅可以节约教育成本而且可以提高教育效率和质量。最后,公共管理者新技能的提升。一是公共管理者必须学习和掌握组织决策论坛的技能。在新媒体环境下,政府部门和公众之间的每一次沟通都可以说是一次小型论坛,因此,如何协调好参与者之间的关系、引导舆论走向、减少群体极化现象并做出明智的选择?这一系列问题都对管理者的组织决策论坛的能力提出了更高的要求。二是管理者必须能够熟练地运用协调促进技能。"管理者必须有能力说服他人加入某一行动并一起追求共同的目标,他们自己应该成为行动的领导者。"[2] 公众利用新媒体参与公共政策时往往抱有一种"跟风"和"看热闹"的态度,他们的观点很容易受到公众明星的影响,因此如何在第一时间内成为舆论的引导者对于后续的工作开展至关重要。

托马斯教授的有效决策模型是基于西方国家国情提出来的,有些观点和经验不一定适合中国的国情。因此,我们应该采取"取其精

---

[1] [美]约翰·克莱顿·托马斯:《公共决策中的公民参与》,孙柏瑛等译,中国人民大学出版社2010年版,第91页。

[2] [美]约翰·克莱顿·托马斯:《公共决策中的公民参与》,孙柏瑛等译,中国人民大学出版社2010年版,第114页。

华，弃其糟粕"的态度来认识、应用其模型。当前中国正处于社会的转型期，经济从以往的高速发展到中高速新常态的转变，治理能力和治理体系现代化的建设，法制环境和法治国家的推进，这些方方面面的变化都会对公众参与公共决策带来影响。因此，我们应该把有效决策模型同中国实际情况结合起来以避免生搬硬套。

参考文献

一 著作类

《北齐书》，中华书局2016年版。

［美］R.科斯等：《财产权利与制度变迁——产权学派与新制度经济学派译文集》，刘守英等译，上海三联书店、上海人民出版社1994年版。

（明）李东阳、申时行修：《大明会典》，台湾新文丰出版公司1976年版。

［英］维克托·迈尔·舍恩伯格、［英］肯尼思·库克耶：《大数据时代》，盛杨燕等译，浙江人民出版社2013年版。

朱光磊：《当代中国政府过程》，天津人民出版社2002年版。

《邓小平文选》，人民出版社1993年版。

（宋）孟元老：《东京梦华录》，中华书局1982年版。

赫平、高建国主编：《多学科视野下的华北灾荒与社会变迁研究》，北岳文艺出版社2010年版。

柏桦：《父母官——明清州县官群像》，新华出版社2015年版。

［美］约翰·克莱顿·托马斯：《公共决策中的公民参与》，孙柏瑛等译，中国人民大学出版社2010年版。

《管子》，李山等译注，中华书局2019年版。

林尚立：《国内政府间关系》，浙江人民出版社1998年版。

《韩非子》，高华平等译注，中华书局2015年版。

参考文献

《汉书》，中华书局2016年版。

王文楷等：《河南地理志》，河南人民出版社1990年版。

河南省水文总站：《河南省历代大水大旱年表》，1982年版。

河南省水文总站：《河南省历代旱涝等水文气候史料》，1982年版。

《后汉书》，中华书局2012年版。

《晋书》，中华书局2015年版。

吴承明：《经济史：历史观与方法论》，商务印书馆2014年版。

［美］道格拉斯·诺斯：《经济史中的结构与变迁》，厉以平译，上海三联书店1994年版。

《旧唐书》，中华书局2015年版。

李伯重：《理论、方法、发展、趋势——中国经济史研究新探》，浙江大学出版社2013年版。

《梁书》，中华书局2016年版。

《论语》，杨伯峻译注，中华书局2018年版。

《论语·大学·中庸》，陈晓芬等译注，中华书局2015年版。

《马克思恩格斯全集》，人民出版社1960年版。

《马克思恩格斯选集》，人民出版社1995年版。

《孟子》，杨伯峻译注，中华书局2018年版。

赵成根：《民主与公共决策研究》，黑龙江人民出版社2000年版。

周致元：《明代荒政文献研究》，安徽大学出版社2007年版。

（明）陈子龙等：《明经世文编》，中华书局1962年版。

吴琦：《明清地方力量与地方社会》，中国社会科学出版社2009年版。

傅衣凌：《明清社会经济史论文集》，商务印书馆2010年版。

张祖平：《明清时期政府社会保障体系研究》，北京大学出版社2012年版。

《明史》，中华书局1974年版。

余映丽、李进杰：《模式中国——经济突围与制度变迁的7个样板》，新华出版社2002年版。

(清）赵翼：《廿二史札记》，中华书局 2001 年版。

卜风贤：《农业灾荒论》，中国农业出版社 2006 年版。

李向军：《清代荒政研究》，中国农业出版社 1995 年版。

（明）吕坤：《呻吟语》，中州古籍出版社 2008 年版。

《慎子》，许富宏集注，中华书局 2013 年版。

《史记》，中华书局 2014 年版。

（清）徐松辑：《宋会要辑稿》，中华书局 1957 年版。

丁传靖：《宋人轶事汇编》，中华书局 1981 年版。

《宋史》，中华书局 1985 年版。

《宋书》，中华书局 2015 年版。

《隋书》，中华书局 2014 年版。

（宋）王溥：《唐会要》，中华书局 1960 年版。

刘志刚：《天人之际：灾害、生态与明清易代》，中南大学出版社 2013 年版。

（清）顾炎武：《天下郡国利病书》，上海古籍出版社 2012 年版。

（唐）杜佑：《通典》，王文锦等点校，中华书局 2016 年版。

万明主编：《晚明社会变迁问题与研究》，商务印书馆 2005 年版。

（明）沈德符：《万历野获编》，中华书局 1959 年版。

喻国明等：《微博——一种新传播形态的考察》，人民出版社 2011 年版。

（明）谢肇淛：《五杂俎》，上海古籍出版社 2012 年版。

卢现祥：《西方新制度经济学》，中国发展出版社 2003 年版。

孙光：《现代政策研究》，浙江教育出版社 1999 年版。

《新唐书》，中华书局 2015 年版。

（宋）李焘：《续资治通鉴长编》，上海古籍出版社 1985 年版。

《荀子》，方勇等译注，中华书局 2011 年版。

《元史》，中华书局 2016 年版。

赵晓华、高建国主编：《灾害史研究的理论与方法》，中国政法大学出版社 2015 年版。

参考文献

鞠明库:《灾害与明代政治》,中国社会科学出版社 2011 年版。

王浦劬等:《政府向社会组织购买公共服务研究——中国与全球经验分析》,北京大学出版社 2010 年版。

金太军等:《政府职能梳理与重构》,广东人民出版社 2002 年版。

王浦劬:《政治学基础》,北京大学出版社 1995 年版。

[美]道格拉斯·诺斯:《制度、制度变迁与经济绩效》,杭行译,上海人民出版社 1996 年版。

[美]文森特、奥斯特洛姆等:《制度分析与发展的反思——问题与抉择》,王诚等译,商务印书馆 1992 年版。

中国地方志集成编委会:《中国地方志集成·河南府县志辑》,上海书店 2013 年版。

谢毓寿、蔡美彪:《中国地震历史资料汇编》,科学出版社 1983 年版。

邱永明:《中国古代监察制度史》,上海人民出版社 2006 年版。

赫治清主编:《中国古代灾害史研究》,中国社会科学出版社 2007 年版。

宋正海总主编:《中国古代重大自然灾害和异常年表总集》,广东教育出版社 1992 年版。

宋正海等:《中国古代自然灾异动态分析》,安徽教育出版社 2002 年版。

宋正海等:《中国古代自然灾异群发期》,安徽教育出版社 2002 年版。

宋正海等:《中国古代自然灾异相关性年表总汇》,安徽教育出版社 2002 年版。

李文海、夏明方主编:《中国荒政全书》(第一辑),北京古籍出版社 2003 年版。

邓云特:《中国救荒史》,商务印书馆 2011 年版。

孙绍骋:《中国救灾制度研究》,商务印书馆 2004 年版。

陈高佣:《中国历代天灾人祸表》,上海书店 1986 年版。

钱穆：《中国历代政治得失》，生活·读书·新知三联书店2012年版。

梁启超：《中国历史研究方法》，东方出版社2005年版。

江立华、孙洪涛：《中国流民史·古代卷》，安徽人民出版社2001年版。

曹树基：《中国人口史》，复旦大学出版社2000年版。

张德二主编：《中国三千年气象记录总集》，江苏教育出版社2013年版。

李景鹏：《中国政治发展的理论研究纲要》，黑龙江人民出版社2000年版。

白钢：《中国政治制度通史》，天津人民出版社2002年版。

张曙光主编：《中国制度变迁的案例研究》，上海人民出版社1996年版。

竺可桢：《竺可桢文集》，上海科技教育出版社2004年版。

王元林、孟昭锋：《自然灾害与历代中国政府应对研究》，暨南大学出版社2012年版。

二 论文类

刘如仲：《从〈饥民图说〉看河南水灾》，《史学月刊》1982年第4期。

李文海、夏明方：《邓拓与〈中国救荒史〉》，《中国社会工作》1998年第4期。

徐家良：《地方保护主义：地方与中央的博弈关系》，《中共云南省委党校学报》2002年第3期。

葛剑雄：《对中国人口史若干规律的新认识》，《学术月刊》2002年第4期。

迟源：《关于"微博问政"背后的思考》，《人大研究》2011年第5期。

方志远：《"冠带荣身"与明代国家动员——以正统至天顺年间赈灾助饷为中心》，《中国社会科学》2013年第12期。

杨瑞龙：《阶梯式的渐进制度变迁模型——再论地方政府在我国制度变迁中的作用》，《经济研究》2000年第3期。

樊纲：《两种改革方案成本与两种改革方式》，《经济研究》1993年第1期。

蔡苏龙、牛秋实：《流民对生态环境的破坏与明代农业生产的衰变》，《中国农史》2002年第1期。

赵昭：《论明代的民间赈济活动》，《中州学刊》2007年第2期。

罗佳：《论微博时代的政府公信力建设》，《理论导刊》2012年第2期。

杜仕菊、曹娜：《论微博时代的政治参与》，《上海市社会主义学院学报》2012年第1期。

贺永方：《论中国公共管理的逻辑起点》，《郑州大学学报》（哲学社会科学版）2003年第6期。

林毅夫等：《论中国经济改革的渐进式道路》，《经济研究》1993年第9期。

戴卫东：《明代安辑流民政策述论》，《苏州大学学报》（哲学社会科学版）2003年第1期。

洪书云：《明代洪武年间的蠲免与赈恤》，《郑州大学学报》（哲学社会科学版）1987年第3期。

鞠明库：《明代荒政的特点及历史评价》，《云南师范大学学报》2009年第5期。

陈关龙：《明代荒政简论》，《中州学刊》1990年第6期。

张兆裕：《明代荒政中的报灾与匿灾》，《明史研究论丛》2007年第00期。

鞠明库：《明代救灾的基本程序与效率》，《兰州学刊》2014年第5期。

苏新留：《明代流民成因新探》，《中州学刊》2002年第3期。

· 322 ·

胡火金：《明代预备仓管理的弊端及其启示》，《学习与探索》2013年第5期。

顾颖：《明代赈粮研究》，《中国社会经济史研究》1993年第4期。

晁中辰：《明末大饥荒实因人祸考》，《山东大学学报》（哲学社会科学版）2001年第5期。

肖发生、方志远：《明前期荒政中的腐败及治理》，《北方论丛》2007年第1期。

马雪芹：《明清河南自然灾害研究》，《中国历史地理论丛》1998年第1期。

孙景超：《明清时期河南森林资源变迁与环境灾害》，《农业考古》2014年第1期。

王兴亚：《明清中原土地开发对生态环境的影响》，《郑州大学学报》（哲学社会科学版）2009年第3期。

周致元：《明世宗朝的宗教救灾活动》，《安徽史学》2005年第2期。

牛建强：《明万历二十年代初河南的自然灾伤与政府救济》，《史学月刊》2006年第1期。

段自成：《明中后期社仓探析》，《中国史研究》1998年第2期。

傅筑夫：《人口因素对中国社会经济结构的形成和发展所产生的重大影响》，《中国社会经济史研究》1982年第3期。

薄贵利等：《市场经济条件下中央与地方权限调整的基本趋势》，《政治学研究》1997年第3期。

倪根金：《试论气候变迁对我国古代北方农业经济的影响》，《农业考古》1988年第1期。

余霞、廖小丽：《试论微博在突发公共事件中的传播功能》，《东南传播》2011年第8期。

鞠明库：《试析明中后期政府灾害应对能力的嬗变——以正德、万历间两次水灾政府应对的比较为视角》，《郑州大学学报》（哲学社会科学版）2014年第4期。

朱丽、曹帝坤：《突发公共事件中微博的影响力分析》，《大众传播》

2012 年第 2 期。

谢耕耘、徐颖：《微博的历史、现状及发展趋势》，《现代传播》2011年第 2 期。

程力沛：《微博视域下政府如何应对突发事件》，《传媒观察》2011 年第 9 期。

黎福羽：《"微博问政"的发展对策》，《领导科学》2010 年第 8 期。

陈天祥：《我国地方政府制度创新的特点》，《广东行政学院学报》2003 年第 2 期。

赫治清：《我国古代的荒政》（上、下），《中国减灾》2009 年第 2、3 期。

杨瑞龙：《我国制度变迁方式的三阶段论——兼论地方政府的制度创新行为》，《经济研究》1998 年第 1 期。

赵克生：《"义民旌表"：明代荒政中的奖劝之法》，《史学月刊》2005 年第 3 期。

陈旭：《因灾求言与嘉靖八年初明世宗的改革》，《西南大学学报》（社会科学版）2013 年第 5 期。

丁煌：《政策制定的科学性与政策执行的有效性》，《南京社会科学》2002 年第 1 期。

臧乃康：《政府利益论》，《理论探讨》1999 年第 1 期。

李国友：《政府自身特殊利益问题初探》，《社会主义研究》1999 年第 5 期。

黄少安：《制度变迁主体角色转换假说及其对我国制度变革的解释——兼评杨瑞龙的"中间扩散型假说"和"三阶段论"》，《经济研究》1999 年第 1 期。

陈天祥：《中国地方政府与制度创新》，《中山大学学报》（社会科学版）2000 年第 6 期。

陈天祥：《中国地方政府制度创新的角色及方式》，《中山大学学报》（社会科学版）2002 年第 3 期。

郭小聪：《中国地方政府制度创新的理论：作用和地位》，《政治学研究》2000年第1期。

陈天祥：《中国地方政府制度创新的利弊分析》，《天津社会科学》2002年第2期。

张文：《中国古代报灾检灾制度述论》，《中国经济史研究》2004年第1期。

李向军：《中国古代荒政的产生和发展历程》，《中国社会经济史研究》1994年第2期。

卜风贤：《中国古代灾荒防治思想考辨》，《中国减灾》2008年第11期。

夏明方：《中国灾害史研究的非人文化倾向》，《史学月刊》2004年第3期。

卜风贤：《中西方历史灾荒成因比较分析》，《古今农业》2007年第3期。

王卫平：《朱元璋社会保障思想研究》，《华中师范大学学报》（人文社会科学版）2012年第4期。

汪雷：《转型时期中央与地方关系建构的路径分析》，《中国行政管理》2003年第8期。

段伟：《自然灾害与中国古代的行政区划变迁说微》，《历史地理》2012年第00期。

后　记

在即将修改完成书稿之际，还是有一些话要说的。1997年以来，在郑州大学攻读行政管理专业的本科、硕士后留校工作，去年又跨学科获得了中国史的博士学位。一直以来对中国古代国家治理的思想和实践颇感兴趣，也时刻关注着当代中国国家治理的新变化。然而，由于本人的懈怠，自认学术上还没有值得现在就刊印的成果。本书能够出版，首先要感谢郑州大学政治与公共管理学院对学科建设的重视，更离不开副院长余丽教授的鼓励和督促。本书从选题、修改以至篇章布局，都得到了余丽教授的悉心指导，在此，深表感谢！

感谢中国政治学会会长李慎明先生以及郑州大学当代资本主义研究中心对本书出版的资助，这种对学术支持的精神令人敬佩。感谢郑州大学政治与公共管理学院院长高卫星教授多年来的关心和帮助，以及在本书修改、出版过程中给予的支持。感谢郑州大学MPA教育中心余兴龙主任、MPA办公室的娄兴华老师和侯静老师，以及研究生办公室助管肖振伟、李京奇同学。他们分担了许多本该属于我的工作，才使我有更充裕的时间来完成这项艰巨的任务。感谢政治与公共管理学院科研与学科建设办公室邢海棠老师在本书出版过程中辛苦的付出。感谢郑州大学历史学院执行院长安国楼教授、政治与公共管理学院常培军老师，以及贵州省委党校李红松博士在查询、核对史料和经典文献方面提供的帮助。

还要感谢我的家人。父母已年过六旬，孩子还不到六龄。为缓解我的经济压力，父亲至今还在外打工。在完成书稿的这段日子，在家

后　记

待的时间远远少于在办公室工作的时间。母亲承担了家务、照顾孩子饮食以及接送他上学的繁重任务，却从无怨言。看着父母日渐苍老的容颜，看着孩子稚气未褪的笑脸，不止一次地感到惭愧和内疚。

最后，要感谢中国社会科学出版社的编辑老师们，平生第一本书能在如此权威的机构出版，既感荣幸，又觉惶恐。感谢你们对本书选题的认可，以及在校对、排版方面付出的辛劳。

渐入深秋，夜风更凉；虽已不惑，人生还长！

路漫漫其修远兮，吾将上下而求索！

2019 年 9 月 29 日夜